責任編集　植田和弘・國部克彦

中小企業の
環境経営イノベーション

在間敬子＝著

中央経済社

「環境経営イノベーション」シリーズの発刊に寄せて

　地球環境問題が21世紀最大の課題であると認識されて，すでにかなりの年月が経過した。その間にも地球環境の危機と問題対応の緊急性は一層増している。特に，気候変動問題，生物多様性問題，水資源を含む資源枯渇の問題は，地球規模での対策が求められる喫緊の課題である。これらの課題については，世界規模でいくつもの会議が開かれ，国内外で多くの環境政策が実施されてきた。企業や環境NGOも努力を重ねているが，現時点で十分な成果を達成しえたとは言えない。

　地球環境問題の深刻さが認識されながら，その克服に抜本的に有効な対策が取れない理由は，地球環境問題の原因が，人類の生活と繁栄を支えてきた経済活動そのものにあり，問題の解決には現代社会の基盤である経済システムそのものの革新が必要とされていることにある。したがって，地球環境対策は総論では賛成されるものの，各論では現在の権益を維持しようとする力が強く働き，実行されにくくなる。国際社会もこのような状況に手を拱いているわけではない。気候変動問題についてみれば，1997年には京都議定書を纏め上げて2005年には発効にこぎつけた。そして，2009年にはCOP15でより多くの国家の参加による気候変動への取り組みの意志が，不十分とはいえ確認された。また，環境税や排出量取引制度のような経済的手法も，EU諸国を中心に導入が進められ，日本でも導入に向けた検討が深められている。

　しかし，このような各国，国際社会の努力が，経済活動の中心である企業の現場において，十分に効果を発揮しているかといえば，疑問が残らざるをえない。地球環境問題は，現代社会の中心的経済主体である企業の積極的な取り組み無くして，解決の展望を見出すことはできない。企業に環境対応を実行させるためには，直接的な規制，間接的な規制，そして企業の自主的な活動の促進など，さまざまな政策をミックスして進めることが必要である。しかし，これ

までの政策は，経済というマクロからのアプローチと，企業現場におけるミクロのアプローチの乖離が大きく，必ずしも効果的であったとは評価できない。

経済と経営は隣接領域ではあるが，マクロレベルの理論とミクロレベルの実践との間の懸隔は意外に大きかった。この両者を架橋する理論の構築と先駆的取り組みが環境面でも求められている。そこで，本シリーズでは，環境経営イノベーションを鍵概念として，環境経済と環境経営の融合を追求することを目的としている。イノベーションは経済においても経営においても，発展のために不可欠の要素であり，駆動力と言ってもよい。同時に，イノベーションなくして地球環境問題に対応することはできないことが明らかになっている。環境を基礎にした文明史的転換とも言えるダイナミックな変化が動き出している現代においては，経済と経営を総合するイノベーションが必要であり，そこに環境経済と環境経営を融合して考えるべき学問領域が成立する。

本シリーズは，環境経済学の領域を植田が，環境経営学の領域を國部が担当し，それぞれの研究領域の最前線で活躍されている研究者に執筆をお願いし，刊行するものである。環境経済学や環境経営学に関するシリーズはすでにいくつか刊行されているが，その両者の融合を目指したものは，本シリーズが初めてである。この試みが，環境経済と環境経営の融合を促進し，地球環境問題の解決に寄与する取り組みや政策が生まれることを願ってやまない。

本シリーズの企画刊行にあたっては，中央経済社の山本継会長と酒井隆氏の熱意とご支援に負うところが大きい。記して感謝の意を表したい。

2010年9月

植田　和弘
國部　克彦

は　し　が　き

　2013年6月に京都で開催された「ダイアログ with パタゴニア：責任ある企業について話そう」に参加した時，パタゴニア社の副社長のヴィンセント・スタンリー氏が「我々がこれほど環境に配慮して企業活動を行っていても，環境への影響をゼロにすることはできないのだ」とおっしゃった。パタゴニア社は繊維のアップサイクルをはじめ先進的な環境活動を行っており，その実践を踏まえたスタンリー氏の言葉に，「責任ある企業」の重みを感じた。
　21世紀では「環境経営」という言葉に新鮮味はなくなっている。しかし，企業活動による環境への影響が不可避であるからには，環境経営の重要性は薄れていない。企業は環境経営によって環境問題の解決にアプローチできる。ただし，環境経営は組織で自然発生するものではなく，経営者が意図しなければ始まらない。環境経営の中身は画一ではなく多様である。それは，「自社が環境面でどうありたいのか」「自社と環境問題はどのように関わっているか」「どのような環境配慮が自社に求められているか」「環境面に役立てられる経営資源は何か」といった企業の戦略や組織マネジメントに関する意思決定にも係る事項だからである。
　1990年代以降，大企業製造業を中心に環境経営の取り組みが進み，中小企業にも波及してきた。しかし企業全体に普及するまでには至っていない。著者は，2004年頃「アジア諸国の産業発展と中小企業」をテーマにしたオープンリサーチに「環境面から研究してみないか」と声をかけていただき参加したことがきっかけで，中小企業の環境経営に焦点を当てることになった。当時は，EUのRoHS指令など化学物質の規制強化が進められており，何度かヒアリングしていた電子電気機器の製造業大企業では，取引先中小企業も含めた環境対策にも力を注いでいた。そこで，「製造業の中小企業は取引先大手企業からどのような環境配慮の要求をどの程度受けているのか」「中小企業はどの程度環境経

営を実施しているか」「取引先などの支援を活用しているか」という素朴な問題意識から研究を開始した。さらに，「中小企業の環境経営を推進する条件は何か」「中小企業に環境経営が普及する支援策は何か」という分析課題に取り組んできた。

　本書は「環境経営イノベーションシリーズ」の1冊である。2008年に本シリーズへの参加のお話をいただいてから，「環境経営イノベーションとは何か」「中小企業にとって環境経営イノベーションとはどのようなことか」についても研究過程で問い続けた。「イノベーション」は，「刷新，革新，新機軸」という意味である。経済や経営の分野においては，シュムペーターのいうイノベーション，すなわち「新製品の開発，新生産の方法，新市場の開拓，新原材料の開発，新組織の構築，および，これら5つの新たな組み合わせ」を含めた意味で用いられる。これらを踏まえると，環境経営イノベーションには，「環境経営という企業経営の新しい概念・スタイル」および「環境経営の諸活動による新たな環境に関する技術・原材料・生産方法・製品・市場開拓」という意味が抽出される。

　では，世界初，業界初といった革新的な環境ビジネスや先進的な環境活動でなければ「環境経営イノベーション」とは呼べないのだろうか。もちろん大企業だけでなく中小企業でも新たな環境技術や製品などで秀でた企業は少なくない。だが例えば，省エネ対策や環境マネジメントシステムを導入する場合，中小企業に限らずとも，既存の技術や手法等を採用することも多い。その場合はイノベーションとは無関係なのだろうか。イノベーション普及学では，イノベーションを「個人あるいは他の採用単位によって新しいと知覚されたアイデア，習慣，あるいは対象物」として捉える。つまり，イノベーションの新しさは「それを採用する人・組織にとっての新しさ」を意味する。本書では，環境経営イノベーションに，このイノベーション普及の意味でのイノベーションも含める。環境経営という考え方はもはや新しいものではないが，新たに環境経営を導入する企業にとって，環境経営は企業経営に新しいスタイルをもたらす

はしがき

イノベーションである。その諸活動において，新たなビジネスや技術が生まれる可能性がある。中小企業1社の環境負荷は同業種の大企業と比較すると小さい。しかし，企業の99％以上は中小企業であり，全体としての環境負荷は決して小さくはない。中小企業にも環境経営が普及することは社会にとって望ましく，環境政策という観点からも重要な課題の1つであろう。また，同様に，中小企業1社が貢献できる環境活動の効果は，大企業と比較すると相対的に小さい。しかし，個々の中小企業が環境経営の取り組みを進めると，全体として大きな効果に集積し，環境問題解決への中小企業からのアプローチとなりうる。

　本書の目的は，「環境経営とは何か」「環境経営は中小企業にどのようなイノベーションをもたらすのか」「中小企業が環境経営を推進する条件，中小企業の環境経営が普及する条件は何か」「環境経営というイノベーションを採用する中小企業をどのように支援すればよいか」を明らかにすることである。中小企業の環境経営に対する支援策として，本書では情報利用や環境コミュニケーションに焦点を当てている。それは，著者の研究過程において，積極的な環境経営を展開する中小企業が取引先等のアドバイスや学習会を活用し，自社にフィットさせて取り込んでいたことを見てきたからである。一般に，中小企業は大企業に比べて，経営資源面で制約が大きい。著者は「外部からの情報・知識の導入が環境面での情報的経営資源に何らかの役割を果たすのではないか。それが中小企業の環境経営推進の鍵となるのではないか」という素朴な問題意識を持ち，その分析課題にも取り組んできた。

　本書の第1章から第3章では，環境経営と環境経営イノベーションの定義を示した上で，「環境問題解決のアプローチ」「企業経営の新たなスタイル」「組織マネジメントの手法」という観点から環境経営を読み解き，中小企業との関わりを提示する。

　第4章では，大企業製造業の環境経営イノベーションを概観した上で，大企業製造業から中小企業への環境配慮要求が進んできた背景を抽出する。

　第5章では，第1章から第4章を総括した上で，環境経営イノベーションと

いう観点から中小企業に係る分析課題を提示し，既存研究の動向を紹介する。分析課題は，中小企業の「環境活動の実態」「環境経営要因・戦略・経済性」「環境ビジネス・イノベーション」「環境経営支援」という4つのカテゴリーに分類できる。第6章から第9章では，各カテゴリーの分析課題について著者の研究を紹介する。

第6章では，環境活動の実態に関して，著者が行ったアンケート調査から，2000年代初期の取引先からの環境配慮要求が製造業中小企業に及ぼした影響に焦点を当てて解明する。そこでは，要求への対応から始めた場合であっても，組織能力を向上させ環境性と経済性を高めた中小企業の事例を取り上げ，その企業の環境経営イノベーションについて前半に提示するフレームワークを用いて考察する。

第7章では，「環境経営要因・戦略・経済性」について第6章と同じアンケート調査データを用いて分析する。前半では，情報支援の利用や中小企業が求める情報支援，経営者意識といった事項を明らかにする。後半では，構造方程式モデリングにより，環境性と経済性，認証取得，情報支援利用，企業の内部要因（規模・形態・開発力等）や外部要因（環境配慮要求や市場環境）に関してモデルを設定し，中小企業の環境経営推進の条件を明らかにする。分析結果から，環境経営イノベーションの鍵となる要素を考察する。

第8章では，情報や環境コミュニケーションの場の提供という観点から，中小企業の「環境経営支援」について，著者が行ったヒアリング調査からいくつかの事例を紹介し，その効果をエージェントベースモデリングによりシミュレーション分析する。エージェントベースモデリングは人工社会をモデル化しシミュレーションする手法で，近年社会科学においても活用が進んでおり，その方法についても概説する。さらに第8章では，中小企業の多様性に焦点を当て，環境経営に関する中小企業のタイプと必要な支援についても考察する。

第9章では，「環境ビジネス・イノベーション」に焦点を当て，著者が行った中小企業へのヒアリング調査から，環境ビジネス・イノベーションを志向する中小企業の特性，環境ビジネス成功の条件，および，環境ビジネスに対する

はしがき

情報支援の効果を分析する。そこでは，環境ビジネス・イノベーションに取り組む中小企業の特徴の1つは，外部との関わりによる環境ビジネスの展開であることが示される。第9章の最後には，この点についてオープン・イノベーションの概念からも論じる。

　第10章では，第5章から第9章を総括した上で，中小企業の環境経営の既存研究に対して本書の分析による新たな知見を抽出し，その適用の限界についても述べる。さらに，今後の研究課題を示す。

　環境経営やビジネスに関して，日本の中小企業の先進的な取り組み事例やノウハウを紹介した調査レポートや著書はすでにいくつか公表されている。本書の第5章においても調査報告書等のリストを挙げており，関心がある読者の方は参照していただきたい。本書は事例やノウハウを紹介するものではなく，著者の学術研究をまとめたものであり，環境経営や環境政策の分野の研究者を主な読者として想定している。しかしながら，本書を通して，中小企業の経営者が，環境経営イノベーションに関するヒントを見つけてくださったら光栄である。また，中小企業の環境経営を推進されている行政の方々に，政策に関するインプリケーションを提供できれば幸いである。

　なお，著者は本書にかかわるこれまでの研究において，下記の研究助成を受けた。ここに記して謝意を表す。
① 　文部科学省私立大学学術研究高度化推進事業オープンリサーチセンター整備事業・専修大学社会知性開発研究センター／中小企業研究センター「アジア諸国の産業発展と中小企業」研究代表者：小口登良専修大学教授（当時），2004～2008年度。
② 　日本学術振興会・科学研究費補助金・基盤研究（C）「企業の環境コミュニケーション活動が社会と組織にもたらす環境的・経済的価値の分析」課題番号20510042，研究代表者：在間敬子，2008～2010年度。
③ 　日本学術振興会・科学研究費助成事業（学術研究助成基金助成金）・基盤

研究（C）「中小企業の環境経営を促進する有効な「環境コミュニケーションの場」に関する制度設計」課題番号23510057，研究代表者：在間敬子，2011～2013年度。
④　日本学術振興会・科学研究費助成事業（学術研究助成基金助成金）・基盤研究（C）「中小企業の経営課題解決と環境経営を両立させるオープン・イノベーション支援の設計」課題番号26340124，研究代表者：在間敬子，2014年度～（2016年度）。

これらの研究において，インタビューに快く応じてくださった企業，行政，NPOの方々に心よりお礼を申し上げる。本書ではヒアリングした企業名については匿名としている。また，ほそぼそと個人研究を続けてきた著者にも「環境経営イノベーションシリーズ」の1つを担当する機会をくださった植田和弘先生，國部克彦先生にも感謝申し上げる。

2015年12月

在間　敬子

目　次

「環境経営イノベーション」シリーズの発刊に寄せて　i
はしがき　iii

第1章　環境問題解決へのアプローチとしての環境経営　1

1　環境問題解決への環境マネジメントの視点 ……………………… 1
　(1)　環境問題の本質と環境マネジメント　1
　(2)　環境マネジメントの2つの視点　2
　(3)　ミクロとマクロの環境マネジメントの関わり　3
2　環境マネジメントと持続可能性 …………………………………… 5
　(1)　環境マネジメントにおけるバランスと時間軸　5
　(2)　持続可能性の概念　6
　(3)　持続可能性と企業評価　7
3　環境経営の定義 ……………………………………………………… 9
　(1)　環境経営のいくつかの定義と含まれる要素　9
　(2)　本書での環境経営の定義と3つのポイント　10
4　環境経営に関する3つのイノベーション ………………………… 12
　(1)　イノベーションとは　12
　(2)　環境経営イノベーションとは　13
5　中小企業に求められる環境経営イノベーション ………………… 14

第2章　企業経営としての環境経営　19

1　環境活動の領域 ……………………………………………………… 19

(1) 環境活動の3つの次元　19
　　(2) コンプライアンスと3領域の自主活動　23
　2　環境活動の決定要因と経営者の役割……………………………25
　　(1) 環境活動を決定する5つの要因　25
　　(2) 経営者の役割：環境経営の理念・戦略・組織マネジメント　27
　3　環境経営の戦略………………………………………………………31
　　(1) 環境経営を方向づける戦略フレームワーク　31
　　(2) 環境性と経済性を向上させる機会：環境活動選択の戦略　34
　4　ステイクホルダーとの関係と環境活動……………………………38
　　(1) 企業とステイクホルダー　38
　　(2) 企業の環境への取り組みとステイクホルダー　40
　　(3) ステイクホルダーとしての地球環境と企業　45
　5　企業の存在意義の変化と環境経営の意義…………………………46
　　(1) 企業の存在意義の変化　46
　　(2) 環境経営の意義　48
　6　働く誇りを共有する中小企業の環境経営…………………………50

第3章　組織マネジメントとしての環境経営　55

　1　環境経営を実践する組織マネジメントの条件……………………55
　　(1) 環境経営という経営スタイル　55
　　(2) 組織マネジメントの条件　56
　2　環境に取り組む組織のマネジメント手法
　　　──環境マネジメントシステム……………………………………58
　　(1) 環境マネジメントシステムとは　58
　　(2) 認証制度の役割　59
　　(3) 環境マネジメントシステムの認証規格の概要　62
　　(4) 環境マネジメントシステムの活用　67

3　環境経営における環境会計の役割……………………………68
　　(1)　環境価値の把握とアカウンタビリティ　68
　　(2)　環境性と経済性向上の機会と環境会計の活用　69
　4　組織や製品の環境影響の評価と環境経営指標………………72
　　(1)　組織の環境影響評価とマテリアル・バランス　72
　　(2)　製品のライフサイクルアセスメントと環境フットプリント　74
　　(3)　環境経営の指標　76
　5　環境経営の戦略策定のための手法……………………………78
　　(1)　AUDIO分析　78
　　(2)　ステイクホルダーとの関係性　79
　6　経営改善に活用する中小企業の環境経営……………………81

第4章　大企業の環境経営におけるイノベーション　85

　1　初期の環境経営イノベーションの特徴………………………85
　　(1)　環境政策とステイクホルダーの変化と日経環境経営度調査　85
　　(2)　第1回日経環境経営度調査から：初期の環境経営イノベーション　87
　2　環境経営の戦略のイノベーション……………………………90
　　(1)　規制先取りから経営の中枢へ　92
　　(2)　環境経営が経営戦略に　93
　　(3)　企業経営と環境経営の一体化によるCSVへ　94
　　(4)　継続される日経環境経営度調査の役割　95
　3　環境に取り組む組織体制のイノベーション…………………96
　　(1)　環境部門の経営への関与　96
　　(2)　経営層の環境目標への関与　98
　4　組織メンバーへの浸透のイノベーション……………………99
　　(1)　環境活動を促進する業績評価と組織文化　100
　　(2)　環境マネジメントシステム導入による環境教育の徹底　100

(3) 環境配慮の態度と行動のギャップを埋めるイノベーション　101
　5　環境経営実践手法採用のイノベーション………………………　103
　　(1) 環境活動の範囲の拡大に関する手法の採用　103
　　(2) サプライチェーン全体への活動の広がり　106
　6　中小企業への環境配慮の波及要因………………………………　107

第5章　中小企業の環境経営イノベーションに関する分析課題　113

　1　これまでの章のまとめ……………………………………………　113
　　(1) 環境問題解決のアプローチとしての環境経営　113
　　(2) 企業経営としての環境経営　113
　　(3) 組織マネジメントとしての環境経営　115
　　(4) 大企業の環境経営イノベーションの変遷と中小企業への波及　115
　2　中小企業の環境経営イノベーションの分析課題………………　116
　　(1) 企業経営としてのイノベーションに関する分析課題　116
　　(2) 技術・製品等の新開発としてのイノベーションに関する分析課題　117
　　(3) 環境経営のイノベーション普及に関する分析課題　117
　　(4) 分析課題の分類　118
　3　日本の中小企業の環境経営に関する実態調査の動向……………　118
　4　中小企業の環境経営に関する学術研究の動向……………………　121
　　(1) 環境経営の活動と戦略タイプ　121
　　(2) 環境経営の外部要因　123
　　(3) 環境経営の内部要因　123
　　(4) 外部要因と内部要因　126
　　(5) 環境性と経済性　126
　　(6) イノベーション　127
　　(7) 政策・支援　129

(8)　手法開発　133
5　分析課題と既存研究に対する著者の研究の特徴……………… 135

第6章　中小企業への環境配慮要求と環境経営イノベーション　137

1　本章の目的とアンケート調査の目的………………………………… 137
2　アンケート調査の方法………………………………………………… 139
　(1)　調査対象　139
　(2)　調査方法と調査実施期間　140
　(3)　調査票の概要　140
3　中小企業への環境配慮要求…………………………………………… 142
　(1)　環境配慮要求の項目　142
　(2)　取引先からの環境配慮要求　143
4　環境配慮要求による環境活動への影響……………………………… 146
　(1)　環境活動の評価指標　146
　(2)　環境配慮要求による環境活動への影響　148
　(3)　EMS認証取得への影響　151
　(4)　環境配慮要求とEMS認証取得による環境活動への影響の比較　152
5　環境配慮要求への対応から組織能力向上へ──S社のケース… 153
　(1)　S社のケース　153
　(2)　S社の環境経営と組織能力の向上　160
6　環境マネジメントシステム認証取得と環境経営イノベーション… 161
　(1)　S社の環境経営イノベーション　161
　(2)　認証取得と環境経営イノベーション　164

第7章 中小企業の環境経営推進の条件と環境経営イノベーション　169

1 本章の目的と統計分析の目的……………………………………… 169
2 中小企業の環境経営に関する情報利用と求める情報支援……… 170
　(1) 環境配慮要求と情報支援の利用　170
　(2) 中小企業が求める情報支援　175
3 経営者意識と不足する経営資源…………………………………… 178
　(1) 環境経営に対する認識　178
　(2) 不足する経営資源——専門知識・情報およびスキルをもつ人材　179
4 環境性と経済性……………………………………………………… 181
　(1) 環境性の指標　181
　(2) 経済性の指標　181
　(3) 環境性と経済性　182
5 中小企業の環境経営推進の条件——分析モデルと仮説………… 184
　(1) 分析に用いる変数　185
　(2) 分析モデルと仮説　190
6 中小企業の環境経営推進の条件——分析結果…………………… 192
　(1) 分析モデルにおける外生変数の相関係数　192
　(2) 基本モデルの分析結果：仮説の検証とモデルの修正　194
　(3) 修正モデルの分析結果　197
　(4) 環境性を向上させる直接的・間接的要因　197
7 環境経営の情報的経営資源と環境経営イノベーション………… 199
　(1) 環境経営推進の条件と情報的経営資源の獲得というイノベーション　199
　(2) 中小企業の環境経営戦略に関するインプリケーション　200

目　次

第8章　中小企業の環境経営イノベーションに対する支援──環境コミュニケーションの役割　203

1　環境コミュニケーションの定義と本章の目的……………… 203
2　中小企業の環境経営に関する環境コミュニケーションの場…… 205
　(1)　環境法規制に関する専門家によるアドバイスの提供　205
　(2)　経営活動プロセスに関する環境コミュニケーション　206
　(3)　中小企業の環境ビジネス支援　210
　(4)　社会貢献の機会の提供　212
　(5)　企業間ネットワーク構築による支援　212
　(6)　市民団体と企業の環境コミュニケーション　213
3　中小企業の環境経営のイノベーション普及
　　──エージェントベースモデリングの方法…………………… 213
　(1)　シミュレーション分析に必要な要素とエージェントベースモデリング　213
　(2)　環境問題とイノベーション普及に関するABM研究　216
　(3)　基本モデルの設定　217
　(4)　シミュレーションのパラメータ　224
4　中小企業の環境経営のイノベーション普及
　　──シミュレーション分析結果………………………………… 224
　(1)　基本モデルの妥当性　224
　(2)　基本モデルの分析結果　226
5　環境コミュニケーションによる支援の効果
　　──シミュレーション分析から………………………………… 233
　(1)　応用モデル設定　233
　(2)　応用モデルのシミュレーション結果　234
　(3)　環境政策へのインプリケーション　234
6　中小企業の多様性と環境経営への支援策の課題……………… 235
　(1)　中小企業のタイプの課題　235

(2) 環境経営に関する中小企業の分類　236
　(3) 中小企業の経営課題と環境経営　237

第9章　中小企業の環境ビジネス・イノベーション　241
　　　　　——成功する企業特性と情報支援の効果

1　本章の目的と分析課題 …………………………………………… 241
2　企業価値創出支援制度の目的と支援内容 …………………… 242
3　調査方法と調査対象企業の環境ビジネス・イノベーション …… 244
4　環境ビジネス・イノベーションに取り組む企業の特性 ………… 244
　(1) 中小企業のイノベーション能力　245
　(2) 環境経営のプロアクティブ性　246
5　成功する企業の特徴と情報支援の効果 ……………………… 249
　(1) 認定事業と情報支援の効果　249
　(2) 環境ビジネスとして成功する企業の特徴　250
　(3) 支援が環境ビジネスの成功に果たした役割　252
　(4) 制度デザインの課題　253
6　オープン・イノベーションの可能性 …………………………… 254
　(1) 分析課題に対する結果のまとめ　254
　(2) オープン・イノベーションの可能性　255

第10章　中小企業の環境経営イノベーション　261
　　　　　 普及に向けて

1　各章のまとめ …………………………………………………… 261
　(1) 環境経営と環境経営イノベーション：第1章〜第4章のまとめ　261
　(2) 中小企業の環境経営に関する分析課題：第5章　262
　(3) 環境配慮要求が中小企業に与えた影響：第6章　263

⑷　中小企業の環境経営推進の条件：第 7 章　　264
　⑸　中小企業の環境経営普及に対する環境コミュニケーションの役割
　　　：第 8 章　　267
　⑹　中小企業の環境ビジネス・イノベーション：第 9 章　　267
2　中小企業の環境経営に関する既存研究への新たな知見············ 268
　⑴　日本の中小企業の環境経営に関する実態調査への貢献　　268
　⑵　中小企業の環境経営に関する学術研究への貢献　　269
3　分析結果に関する留意事項·· 271
4　今後の研究課題··· 271

参考文献　274
索　　引　289

環境問題解決へのアプローチとしての環境経営

1 環境問題解決への環境マネジメントの視点

(1) 環境問題の本質と環境マネジメント

 大気汚染や水質汚濁などの公害問題,気候変動や生物多様性などの地球規模の環境問題,開発による自然破壊問題など,様々な環境問題が起こっている。植田(1996)は,多様な環境問題の共通点として,「人間社会を豊かにするために行っているはずの開発行為や経済運営が,その活動の基礎である環境を破壊して」[1] いると指摘する。環境問題は,環境破壊を目的とした行為から生じるのではなく,経済発展や利便性・快適性の追求という望ましいはずの経済活動を目的とする行為の中で起こってしまうのである。例えば,「経済発展を求める工業化の過程で産業公害が深刻化する」「治水や利水目的の大規模ダム開発が自然や住民の生活への脅威となる」「大量生産・大量消費といった物質的豊かさの追求が資源争奪を加速する」など,多くの例を挙げることができる。
 植田(1996)は,さらに,環境問題は「人間社会による環境のミスマネジメントの問題である」[2] と指摘している。様々な「良かれと思って」なされる経済活動において,気づかないうちに,あるいは,経済性を優先するために,天然資源の過剰消費や,汚染物質の排出など,環境に悪影響をもたらす。つまり,環境に対して適切なマネジメントがなされない。この点を踏まえて,本書では,「環境マネジメント(Environmental Management)」を「人間社会が環境を適

切にマネジメントすること」と定義する。「マネジメント」は，日本語の「管理」「処理」というよりも，英語の manage の意味にあるように，苦労の末「どうにか…する」，扱いにくいものを「なんとかうまく取り扱う」「巧に操縦する」というニュアンスを含む言葉である。企業経営も，経営資源をなんとかうまく扱って，利益を上げ，企業目的を達成するために行われる「マネジメント」である。環境マネジメントは，地球や地域の環境という資源を，環境問題が発生しないように，私達がなんとかうまく扱うことである。

(2) 環境マネジメントの2つの視点

環境問題の解決に向けたアプローチとしての環境マネジメントには2つの視点が必要である。

第1は，マクロレベルの環境マネジメントである。地球環境，大陸，国や地域，都市や地方など，環境を保全するエリアは様々だろうが，いずれにせよ，「全体としての」自然環境や汚染排出などをマネジメントすることが必要である。その主たる担い手は，政府・行政や，国際的な機関である。環境問題は経済活動と表裏一体であり，過去には，公的な介入がない場合には資源の過剰利用や汚染排出の問題が発生した。追加的な費用を要する汚染防止対策は，自主的には企業活動に反映されにくいという側面があった[3]。マクロの環境マネジメントは，政府・行政が環境政策を講じて，企業等に働きかけ環境への配慮を経済活動に組み込ませることである。環境政策では，取り組むべき環境問題の性質等によって手法やガバナンスのあり方は異なり[4]，その手法には，法規制によるコントロールだけではなく，経済的手法や自発的アプローチもある。また，政府・行政が規制を施し事業者が従うという従来のトップダウン型のガバナンスだけではなく，政府と企業，NPO などの協働や，「マルチ・ステイクホルダー・プロセス」と呼ばれる「関係するステイクホルダーの対話による解決へのアプローチ」といった新しいガバナンスも登場している[5]。

第2は，ミクロレベルの環境マネジメントである。これは，公共部門・民間部門を問わず，事業を行うあらゆる組織が，その活動による環境負荷を減らし，環境に配慮した活動を行うという視点である。ミクロレベルの環境マネジメントを担う主体には全ての組織が含まれる。「環境経営」は企業による環境マネ

ジメントである。たとえ大企業であっても,地球全体から見れば一部の存在にすぎず,その点で環境への影響は限定されていると言えよう。しかし,ミクロレベルの環境マネジメントの意義は,「個々の小さな取り組みでも,全体で総合すれば大きくなる」という効果にあり,社会的ジレンマ[6]という側面を持つ環境問題解決へのアプローチとなる点にある。

『広辞苑(第6版)』によると,ジレンマとは,「相反する2つの事の板ばさみになって,どちらとも決めかねる状態」である。つまり,こちらを立てればあちらが立たない,中国語での「両難」である。社会的ジレンマとは,個々の合理性と全体合理性が一致しない「両難」の状態を指す。個々には発展や利益を求めて「良かれと思って」している経済活動が,積み重なって,「全体としてよくない」環境の状態を引き起こしているという点で,環境問題は社会的ジレンマの1つである。特に地球規模の問題の場合,個々が及ぼす影響は小さく「自分ひとりくらいは」「自社1社くらいは」「自国くらいは」と考えてしまう[7]。そのような態度が多ければ,社会全体として,社会的ジレンマに陥ってしまう。しかし,たとえ影響が小さくても「自分が」「自社が」「自国が」取り組むと,それらの小さな積み重ねが総合すれば環境問題の解決に近づく[8]。ミクロな環境マネジメントの意義は「ミクロな活動が集まることの大きさ」にある。

(3) ミクロとマクロの環境マネジメントの関わり

図表1-1に示すように,ミクロの環境マネジメントとマクロの環境マネジメントは,次の4点で相互に関係しあう。

第1に,ミクロの環境マネジメントはマクロの環境マネジメントの影響を受ける。歴史的には,産業公害に対して政府・行政が汚染排出基準などを設けて規制し,該当する事業者が順守することによって汚染排出が改善されてきた。また,厳しい規制がきっかけとなり,硫黄酸化物の排出削減技術や自動車の排ガス防止技術など,環境技術や製品開発に影響を与えた事例もある。近年では,将来の環境規制強化を見据えて,規制値より厳しい基準で汚染排出を管理する企業や新たな環境ビジネスに着手する企業も少なくない。

第2に,ミクロな環境マネジメントがマクロな環境マネジメントに影響を及

■図表1-1　環境マネジメントの2つの視点

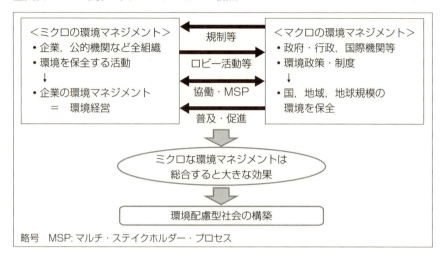

略号　MSP：マルチ・ステイクホルダー・プロセス

ほしうる。産業界での環境への取り組み状況次第で，導入すべき環境政策は異なるであろう。環境面でトップクラスの取り組みを行う企業の意見が，ロビー活動等を通して，新たな環境政策の導入に影響する場合もありうる。

第3に，環境基本法で協働原則が謳われているように，環境問題を解決するためには，行政や企業を含め多様な主体間の協働や，マルチ・ステイクホルダー・プロセス（MSP）によるアプローチが必要である。協働には，住民と企業と行政，企業とNPO，企業と行政，地方と都市の行政間など，様々なパターンがあり，環境省（2003）においてもその必要性が指摘されている。

第4に，社会的ジレンマを回避するためには「ミクロな環境マネジメントの普及」が不可欠であり，それを担うのがマクロな環境マネジメントである。1990年代以降，環境ラベルや環境マネジメントシステムの認証制度といった「自主的アプローチ」と呼ばれる環境政策が増えている。これらは，企業の環境対策の促進や，環境配慮型製品の供給と需要の促進といった「環境配慮の普及」に対して役割を果たすことが期待されている。

ミクロな環境マネジメントの普及によって，社会の環境配慮が進む。環境配慮型社会の構築は，環境問題解決を図るマクロな環境マネジメントの究極の目的である。ミクロな環境マネジメントは，その目的に貢献しうる個々の組織か

らのアプローチである。ミクロの環境マネジメントとマクロの環境マネジメントの両者は，環境問題の解決に不可欠な両輪である。

2　環境マネジメントと持続可能性

(1)　環境マネジメントにおけるバランスと時間軸

　個人や組織がどの国や地域に属していようとも，残念なことに地球は1つしかない。地球は，地球外と，エネルギー以外には物質の出入りがない閉じたシステム（クローズド・システム）であり，地球の資源が不足したからといって，地球外から持ってくることはできない[9]。ミクロやマクロの環境マネジメントでは，エネルギーや資源の利用や環境対策の負担に関して，誰がどのように取り組むかという課題が発生する。1つの地球という事実は，環境マネジメントについて，利用や負担の衡平性と時間軸について，以下の2点を考慮する必要があることを示唆している。

　1つは，同じ世代，つまり現代の世代という時間における衡平性である。これは世代内衡平性と呼ばれる。同じ世代において多様な国・地域や組織が，1つの地球に存在する資源を利用している。例えば，レアアースのような希少資源では争奪が起こっているし，人口の多い地域に必ずしも水賦存量は豊富ではなく用途間や地域間の水の配分問題も発生している。国境を越える環境汚染の問題や地球環境問題では，様々な組織，地域，国が協力して解決に向けて取り組まねばならないが，例えば気候変動問題に対する先進国と途上国の意見の相違[10]で示されるように，一筋縄ではいかない課題である。だが，なんとか適切に地球環境をマネジメントしなければならない。環境マネジメントにおいては，自分だけという狭い視点ではなく地域等を超えた広い範囲で問題を捉えることが求められる。

　2つは，現代の世代と将来の世代という長期の時間における衡平性である。これは世代間衡平性と呼ばれる。現代の世代は，過去の世代より1つの地球を受け継ぎ，資源等の恩恵を受け経済活動を行っている。現代の世代は，将来の世代が少なくとも同じ程度の恩恵を享受できるように地球を引き渡す責務がある。そのために，なんとか適切に地球環境をマネジメントしなければならない

のである。環境マネジメントにおいては，長期の時間軸で課題に取り組むことも求められる。

(2) 持続可能性の概念

持続可能性（サステナビリティ，Sustainability）は，科学的には2つの意味を持つ。第1は，「ある海洋から採取される特定の魚類」「ある森林から採取される特定の植物」というように，特定の再生可能資源についての持続可能性である。ある資源が持続可能であると言えるのは，ある資源をある一定割合で収穫するとき，将来の特定の期間でも同じ割合で収穫可能な場合である。第2は，生態系についての持続可能性である。生態系が持続可能であると言えるのは，将来の特定の期間においても本来の生態系の機能が維持されている場合である。ある生物種の個体数において，将来にも維持しうる最大個体数は環境容量（Carrying Capacity）と呼ばれる。地球が人類や生態系を維持するポテンシャルは有限なのである[11]。環境容量は，「資源の再生産能力」や「自然環境が本来もっている浄化能力」，さらには「地球が持続可能であるための環境負荷の最大値」という意味でも用いられる[12]。ある程度の汚染物質が排出されても，自然の浄化能力を超えなければ地球環境への負荷はあまりかからない。しかし，その限度を超えると悪影響が発生し，環境問題が生じる。

地球環境と経済活動の観点から「持続可能な開発（持続可能な発展，Sustainable Development）」という言葉が使われ始めたのは，1980年代である。国連の「環境と開発に関する世界委員会（World Commission on Environment and Development, WCED）」[13]が1987年に公表した報告書『Our Common Future』をきっかけに広まった。持続可能な開発は「将来の世代のニーズを満たす能力を損なうことなく，今日の世代のニーズを満たすような開発」である。これは世代間の衡平性を意味するが，持続可能な開発には，「世界中の貧困状態の人々が人間としての基本的なニーズを満たせるような開発であるべき」という世代内の衡平性も含まれている[14]。1992年に開催された地球サミットでは，持続可能な開発を実現するための取り組みについて議論された。採択されたリオ宣言の第7原則には，先進国と途上国の責任のあり方について，その発展の経緯を踏まえて「共通だが差異ある責任」という基本原則が

盛り込まれた。

(3) 持続可能性と企業評価

　地球や社会の持続可能性だけではなく，近年では，企業活動に関して，「企業の持続可能性」「持続可能な企業」という言葉も使われる。企業は，1回きりの事業で市場退出することを目的とするケースはまれであり，ゴーイング・コンサーンと呼ばれるように，倒産することなく継続的に存続し発展することを目指している。この企業の継続性という意味での「持続可能性」に関して，従来の企業評価では，売上や市場シェア，利益，資産といった企業の財務面のパフォーマンスが用いられてきた。

　しかし，近年では，企業の環境や社会への取り組みなど非財務面のパフォーマンスも企業評価に項目として取り入れられるようになっている。Senge et al.（2008）は，「環境」「社会」「経済」の関係について，図表1-2の左図で示すように，3つの円の包含関係として提示している。地球環境が最も大きな存在で，人間社会はその中にあり，経済はさらに小さな存在で環境と社会の一部をなしている。企業は経済における一主体である。Senge et al.（2008）は，ネルソン元上院議員でインターフェイス社CEOの「経済は自然の100％子会社

■図表1-2　持続可能性の関係性

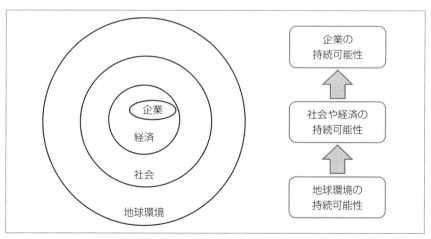

（左図の出所）Senge et al.（2008）のFig. 8.1に筆者加筆

のようなものであり，その逆ではない」という言葉を紹介し，企業がその事実に気づく必要性を指摘している[15]。図表1-2の右図に示すように，企業が継続して活動するには，経済や社会の持続的な存在が必要であり，それは地球環境が持続可能でなければ成り立ち得ない。

　ジョン・エルキントンは，WCEDが報告書を発表した1987年に，ビジネス分野における「持続可能な成長」の実現を追究するために，世界最初の環境専門コンサルティング会社「サステナビリティ社（SustainAbility）」をイギリスで設立した。エルキントンは，企業が持続可能な成長を遂げるためには，「社会面・財務（経済）面・環境面」の3つの側面に配慮した活動を実施しなければならないという考え方を提示し，3つの側面の企業評価について「トリプルボトムライン」の概念を提唱した。ボトムラインは決算書の最終行を意味しており，トリプルボトムラインは，企業に3つの側面でバランスがとれた経営を行うことを求めている[16]。

　2005年から毎年，カナダのコーポレートナイツ社（Corporate Knights）が，「世界で最も持続可能な100社（Global 100 Most Sustainable Corporations in the World，通称グローバル100（Global 100））」を選定し，世界経済フォーラム（World Economic Forum）の年次総会（ダボス会議）に合わせて公表している。これは，一定規模以上の時価総額をもつ大企業を対象に，環境性・社会性・ガバナンス（Environment, Society, Governance, ESGと呼ばれる。）」に関して，12の評価項目に基づき4段階のスクリーニングを通して，優れた企業を選定するものである。環境面の評価項目は，エネルギー，二酸化炭素，水，廃棄物に関する4つの生産性である。2014年のGlobal 100では，65位の大和ハウス工業が日本企業のトップであった[17]。企業の格付けや評価において，トリプルボトムラインの概念に基づく環境性・社会性・経済性に関する指標を用いることや，財務面に加えてESGという非財務面も評価する動きが広がっている。これらの評価において，環境性は重要な指標となっている[18]。

3　環境経営の定義

(1)　環境経営のいくつかの定義と含まれる要素

　先に述べたように，環境問題解決へのアプローチとして，マクロとミクロの両輪の環境マネジメントが必須である。環境経営は，ミクロの環境マネジメントのうち，企業が行うものを指す。この節では，環境経営の本書での定義を提示したい。環境経営は，第3章で取り上げる環境マネジメントシステムを含むものではあるが同義ではない。環境経営は，英語では，以前はEnvironmental Management，あるいは，Corporate Environmental Managementと表されていたが，近年はGreen Managementと表記されることが多い。

　「環境経営」という用語について，統一された定義はない。例えば，國部他（2012）では，環境経営は「企業経営のあらゆる側面に環境配慮を組み込む経営スタイル」であり，「企業経営の隅々にまで環境の意識を浸透させた経営」と定義している。この定義における企業経営の隅々とは，購買・製造・物流・販売などのライン部門の活動だけではなく，資金調達・投資・人事などのスタッフ部門の活動を含むものである[19]。環境経営の定義に関する研究文献としては，Haden et al.（2009）があり，定義に関する既存研究が網羅されている。Haden et al.（2009）はレビューを踏まえて，環境経営の包括的な定義として，「持続可能性，廃棄物削減，社会的責任，および競争優位を達成するために，継続的学習や開発を通して，また，組織の目標・戦略に十分に統合された環境の目標・戦略を包含することによって，組織全体にわたりイノベーションを応用するプロセス」と提示している。この定義によれば，國部他（2012）と同様に，環境経営は，組織全体にわたるプロセスにおける活動である。それに加えて，環境経営は，本来の企業経営において重要な「戦略」や「競争優位」の視点，その構築に不可欠な組織能力に関わる「イノベーション」や「学習」の視点も含む。それらを通して，環境経営は「社会的責任」を果たし「持続可能性」を達成するものである。

　Haden et al.（2009）が示すように，環境経営は「企業の社会的責任（Corporate Social Responsibility, CSR）」と関係がある。谷本（2004）は，

CSRを,「企業活動のプロセスに社会的公正感や環境への配慮などを組み込み,ステイクホルダー(株主,従業員,顧客,環境,コミュニティなど)に対しアカウンタビリティを果たしていくこと」であり,その結果,「経済的・社会的・環境的パフォーマンスの向上を目指すこと」であると定義している[20]。この定義を踏まえて,在間(2008a)では,環境経営を「企業理念を組織の中心に位置づけ,企業活動のプロセスに環境配慮の視点を組み込み,環境パフォーマンスを向上させて,同時に経済パフォーマンス向上を目指すこと」であり,「その結果,環境配慮型社会の構築に貢献すること」と定義している。

(2) **本書での環境経営の定義と3つのポイント**

本書では,環境経営の定義について,基本的には上述の在間(2008a)の定義を採用している。この定義には3つのポイントがある。それらは,「環境理念」「企業活動のあらゆるプロセスでの環境配慮」「環境性と経済性の向上」である。これらのうち「企業活動での環境配慮」に関しては次章で扱うが,他の2点について,ここで説明しておきたい。

まず,「環境理念を組織の中心に位置づけること」とはどのような意味であろうか。先に述べたように,環境への悪影響は,社会や市場にとって望ましい経済活動と表裏一体の関係にある。環境を保全しようという意識がなければ,故意でなくても汚染や自然破壊を引き起こしてしまいかねない。そこで環境法規制があるわけだが,それを順守するだけでなく一歩進んだ活動をするには,意識して取り組む必要がある。つまり,環境経営という経営は,経営者がまず「わが社は環境保全に取り組むぞ」という意思表明をして初めてスタートする。経営者の環境保全に取り組む意思表明を組織に浸透させるべく明文化したものが「環境理念」である。その環境理念は,単にお題目として唱えるだけでは意味がない。全構成員が共感して組織に浸透し,環境理念を具現化するために組織の構成員が行動することで,価値ある活動が生まれるのである。

次に,「環境性と経済性の両者を向上させること」という意味を考えよう。例えば,省エネ対策の場合,実際に使用するエネルギー削減につながれば,エネルギー使用量という環境性を表すパフォーマンスは向上する。たとえ省エネ設備の導入に多大な費用がかかっても,継続的に省エネできることで月々の燃

料費等が下がり,ペイバック期間がすぎれば設備費用の元が取れ,経済面でもプラスが発生する。また,省エネ型の製品など本業に結びつけることができる場合には,製品差別化の機会となりうる。環境性だけではなく,何らかの経済的メリットをもたらす活動を見つけることが,利益を追求する企業が継続して環境活動を行うためには必要である。経済性が向上すれば,さらなる環境性向上のための活動にステップアップすることも可能だろう。環境経営の目標として,環境性と経済性のプラスの循環に目を向けることが重要である。その目標を達成するには,Haden et al.(2009)の包括的な定義に示されるように,「戦略」や「競争優位」の視点と,「イノベーション」や「学習」という組織能力が不可欠である。

　谷本(2004)は,CSRに関して,企業と社会の双方向の関係を指摘している。国・地域,時代によって,企業や社会の関係は変化し,企業に求められるCSRは変化する。また,その立場(株主,従業員,消費者,顧客,環境,コミュニティなど)によって企業に期待する役割も異なる。これらの点を踏まえて,谷本(2004)は,企業は「いかにCSRを果たしていくか」が求められ,社会は,企業のCSRに関する取り組みを,企業評価として利用するために仕組みを作ることが求められると指摘している[21]。

　このような指摘は環境経営にも当てはまる。地理的な条件や時代,産業分野により,企業が関わる環境問題は異なり,ステイクホルダーが企業に求める環境配慮も変化する。企業が環境経営に取り組むことと,企業の環境経営を評価することの両者が必要である。企業評価への社会性や環境性の視点については,先にも述べたように,近年,企業の持続可能性をはかる重要な指標となっている。その意味では,在間(2008a)の定義では明確に記されていないが,環境経営の定義には,長期的な時間軸と持続可能性の概念も含むべきであると言える。企業とステイクホルダーの関わりや,ステイクホルダーの環境配慮の要求に関する最近の動きについては,次章で扱う。

4　環境経営に関する3つのイノベーション

(1) イノベーションとは

　本節では，イノベーションと環境経営の関係を整理しておきたい。
　「イノベーション」は，一般的に「刷新，革新，新機軸」という意味である。経済や経営の分野においては，「技術革新」だけでなく，「新製品の開発，新生産の方法，新市場の開拓，新原材料の開発，新組織の構築，および，これら5つの新たな組み合わせ」[22] を含めた意味で用いられる。『広辞苑（第6版）』を見ると，「イノベーション」には，これら2つが記載されている。
　では，イノベーションの「新しさ」は，誰にとって新しいことを指すのだろうか。例えば，「技術革新」という場合，「世界初」「日本初」「業界初」というように社会や業界など全体にとっての新しさを指す場合が多いだろう。「新製品」という用語を用いる場合は，業界のその製品カテゴリーで初という意味で使われることもあれば，製品カテゴリーでの新規性はないが自社にとって初という意味でも使われる。企業の新組織あるいは組織刷新という場合も，その企業内での新たな組織体制という意味である場合がほとんどだろう。このように，イノベーションの「新しさの次元」は，社会全体，産業界，企業・組織というように複数存在し，1つではない。
　イノベーション普及学という分野では，「それを採用する人や組織にとっての新しさ」としてイノベーションを定義している。イノベーション普及学は，主として「新製品や新技術を採用するという行為はどのように広まるか・どのように広めることができるか」に焦点を当てて調査研究を行う分野である。イノベーション普及学の礎を築いたロジャーズは，「イノベーション」を「個人あるいは他の採用単位によって新しいと知覚されたアイデア，習慣，あるいは対象物」[23] と定義している。新アイデア，新製品，新技術，新組織等は，それを最初に生み出した人や組織にとって，また，それが社会で初であれば社会にとって，新しいイノベーションであるのはもちろんである。だが，イノベーション普及の意味では，たとえ一番手ではなくても，対象を新しいと思って採用する人や組織にとって，その対象物は「イノベーション」という意味を持つ

のである。

(2) 環境経営イノベーションとは

　以上のイノベーションの意味を踏まえると，環境経営に関するイノベーションには，以下の３つの意味があると指摘できる。本書では，「環境経営イノベーション」を，これら３つの意味を含む概念として用いている。

　第１は，「企業経営の新しい概念・スタイル」というイノベーションの意味である。環境経営が登場する前は，主として産業公害に関する法規制の順守が，企業の環境活動の中心であった。これは，公害対策，環境対策と呼ばれ，環境経営とは呼ばれなかった。定義に示されるように，環境経営は，経営者が環境に取り組む意思を環境理念で明確化し，組織の中心に位置づけ，それを具現化するために，環境配慮の視点を戦略的意思決定や組織マネジメントに反映させることである。つまり，環境経営は，公害対策や環境対策という概念には含まれない概念であり，企業経営の新たなスタイルの提案なのである。その意味において，環境経営の考え方自体がイノベーションとしての意味を持つと言える。

　第２は，環境経営を通した，新製品の開発，新生産の方法，新市場の開拓，新原材料の開発という意味でのイノベーションである。環境経営の諸活動において，新たな環境技術の開発，省エネ・省資源や環境負荷削減となる新たな生産方法や原材料の開拓，新たな環境ビジネスの創出や市場の開拓がなされてきている。また，環境に配慮した組織マネジメントを行うための手法や，企業活動の環境負荷について計測や算定する手法，環境面での会計の手法なども登場している。これらはシュムペーター（1977）が言うイノベーションで，環境に関わる活動である。つまり，環境経営は，イノベーションを生み出す活動を含んでいると言える。

　第３は，イノベーション普及による社会の変革という意味である。新たな経営スタイルとしてのイノベーションである環境経営は，普及することで社会全体の環境性向上という価値をもたらす。先に述べたように，個々の組織の，ミクロな環境マネジメントによる小さな環境活動は，総合すれば大きな効果を生み出し，そのことの意義は大きい。環境経営の普及は，社会に環境配慮を組み込む変革をもたらす。その意味で，環境経営というイノベーションを普及させ

ることに価値があると言える。

　環境経営という言葉を聞いても，21世紀の現在では「新しさ」のイメージは沸かない。しかし，新たに環境経営を導入する企業にとって，環境経営は企業経営に新しいスタイルをもたらすイノベーションである。また，企業は，環境経営の活動の過程で，環境に関するノウハウや技術など，企業にとって新しい情報的経営資源を蓄積でき，環境ビジネスの機会獲得に結びつく場合もあるだろう。さらに，1社でも新たに環境経営を採用することは，環境経営を実践する企業集合の一員になることであり，環境配慮型社会への変革への貢献である。これらの意味で，すでに普及しつつある環境経営を，まだ取り組んでいない企業が新たに採用することにも，環境経営イノベーションの可能性があると言える。

　さらに，ミクロとマクロの環境マネジメントの両輪という観点から，これら3つのイノベーションとしての意味をもつ環境経営を普及させるために，政府・行政による環境政策や，経済団体等による促進支援，格付機関等による優れた環境経営や環境ビジネスを評価する仕組みなども不可欠であると言えよう。

5　中小企業に求められる環境経営イノベーション

　先に述べたように，1992年の地球サミットを境に，環境理念を打ちたて環境経営に取り組む大企業が増えた。中小企業の中には，先進的な環境対策を進めてきた企業や，環境規制の強化や取引先大企業の要請を受けて環境経営の取り組みを始めている企業も少なくはない。ただし，中小企業の全体に浸透するまでには至っていない。

　大企業と中小企業の分類は，国によって違いがあるが，概ね資本金や従業員数などに基づき定義されている。日本では，図表1-3に示すように，中小企業法で定義されている。なお，本書では，中小企業の定義を越える企業を「大企業」としている。従業員数が数千までの製造業などに対して「中堅企業」という呼び方もあるが，本書では区別していない。中小企業は，日本の全企業数のうち99.7％を占めている。経済性においては，全付加価値のうち中小企業の占める割合は53.7％である。個々の中小企業の経済規模は全体から見ると小さいが，社会全体として見ると大きな割合を占めていることがわかる。また，全

第1章 環境問題解決へのアプローチとしての環境経営

■図表1-3　中小企業法における中小企業の定義

	業種	資本金または出資総額	常時使用する従業員数
1	製造業・建設業・運輸業および2〜4以外	3億円以下	300人以下
2	卸売業	1億円以下	100人以下
3	サービス業	5千万円以下	100人以下
4	小売業	5千万円以下	50人以下

（出所）中小企業法第1章総則第2条より筆者作成

　正規雇用者のうち中小企業で働く人は62.8％にのぼり，多くの人の働く場を提供している[24]。つまり，中小企業は社会において経済的に重要な存在であると言える。

　中小企業全体としての環境負荷の大きさは，あまり明確ではないが，例えば，Hillary（2000）は，中小企業の環境負荷への寄与は約70％であるだろうとしている[25]。日本での推計も少ないが，例えば，中小企業庁（2010）では，二酸化炭素排出量に占める中小企業の割合を，産業部門では11％，業務部門では43％と推計しており，中小企業が排出量の削減に取り組むことの重要性を指摘している。経済性だけではなく，環境性においても，個々には中小企業の影響は小さいかもしれないが，中小企業全体としてみると決して小さくはない。

　中小企業が環境経営に取り組むことは，やはり環境経営イノベーションに関して3つの意義がある。それらは，前節で述べたように，「環境経営という新たな経営スタイルの採用」「環境に関する技術・手法・ビジネス等の創出の可能性」「環境配慮型社会の変革に対する小さいけれど集積への大きな貢献」である。日本だけではなく世界全体でも中小企業は99％以上を占めている。中小企業に環境経営イノベーションが普及することは，地球環境の持続可能性に大いに貢献できる。その意味では，個々の中小企業が持続可能性に対して果たす役割は決して小さくはない。数が多い中小企業は，それぞれの環境経営を通して，社会の環境問題解決の大きな力になりうる。

■ [注]─────────

1) 植田（1996）p.3。
2) 植田（1996）p.3。
3) 経済学では環境問題は外部不経済の1つであり，外部不経済の内部化には政府の介入が必要である。
4) 環境政策については，例えば，倉阪（2015）や森他（2014）を参照されたい。
5) 新しいガバナンスに関する概念として，例えば，松下（2002, 2007）は「環境ガバナンス」を，谷本（2012）は「グローバル・ガバナンス」を，それぞれ提示している。環境省（2012）では「マルチ・ステイクホルダー・プロセス」の概念が1992年の地球サミットで採択されたアジェンダ21でも示されていたことを指摘している。これらの概念に関しては，例えば，在間（2015）を参照されたい。
6) 社会的ジレンマを指摘したのは，Hardin（1968）の「共有地の悲劇」である。これは，共有地に牛を放牧している農民が，自分の利益向上のために放牧する牛の数を増加させることにより，結果として過放牧になり，共有地が荒廃してしまい，農民の利益も減少してしまうという寓話である。社会的ジレンマと環境問題については，盛山・海野（1991），藤井（2003），大沼（2007），在間（2010a）等を参照されたい。
7) 山岸俊男（1990）を参照されたい。
8) 環境省（2003）では，個々の環境負荷を与える行動の積み重ねによる環境負荷の増加と，その対策の重要性を指摘している。
9) 2014年4月18日のニュースで，アメリカ航空宇宙局（NASA）によって地球とよく似た惑星「ケプラー186f」が発見されたことが報じられた。水の存在の可能性等が指摘されているが，太陽系からは500光年も離れているため容易にはアクセスできない。閉じたシステムである地球に関しては，例えば，Botkin & Keller（2012）p.37を参照。
10) 例えば，在間（2014）を参照。
11) 科学的な持続可能性と環境容量については，Botkin & Keller（2012）pp.8-10に基づく。
12) 例えば，環境省（2001）の第1章第1節1「地球の環境容量と物質循環上の問題」を参照。
13) 議長の名前からブルントラント委員会とも呼ばれる。
14) WCED（1987）のpp.8-9。この解釈については，例えば，環境省（1992）の総説・第2章第1節の解説にも記されている。
15) Senge（2008）原書の第8章 pp.102-103。
16) トリプルボトムラインの考え方は，Elkington（1999）の"The Triple Bottom Line: Sustainability's Accountants"を参照。
17) コーポレートナイツ社（Corporate Knights Inc.）のグローバル100については，http://www.corporateknights.com/report-types/global-100（アクセス日：2014年3月6日）http://global100.org/global-100-index/（アクセス日：2014年3月6日）を参照。
Global 100の12の評価項目は，本文に示した環境面の4つの生産性以外には，投資の売上に対する比率で表すイノベーション能力，支払った税金，従業員平均賃金に対するCEOの報酬の比率，年金基金の状況，安全性のパフォーマンス，従業員退職率，リーダー層の多様性として女性役員比率，持続可能性のパフォーマンスと経営層報酬との関連の8つがある。
18) 企業評価や企業の情報開示については，本書と同じ「環境経営イノベーションシリーズ」の水口（2011）や國部（2013）を参照。

19) 國部他（2012）p.2。
20) 谷本（2004）p.5。
21) 谷本（2004）pp.2-31。
22) これは，Schumpeter（1926）邦訳シュムペーター（1977）上巻 pp.182-183に由来している。
23) Rogers（2003）の邦訳（2007）p.16を参照。
24) 中小企業庁（2012）p.305。
25) Hillary（2000）p.11。

第2章

企業経営としての環境経営

1 環境活動の領域

(1) 環境活動の3つの次元

　本書では，環境経営の定義を，「環境理念を組織の中心に位置づけ，企業活動に環境配慮の視点を組み込み，環境性と経済性の向上を目指すこと」としている。第1章第3節では，この定義には「環境理念」「環境性と経済性の向上」「企業活動のあらゆるプロセスに環境配慮の視点を組み込むこと」という3つのポイントを挙げ，前者2つの意味を述べた。ここでは，定義の第3のポイントである「企業活動のあらゆるプロセスでの環境配慮」について取り上げる。すでによく知られたことではあるが，環境経営では，公害対策より幅広い環境活動が含まれる。そのことは，企業経営に「新たな活動の選択肢」をもたらすという意味がある。ここでは，環境活動の選択肢について，以下で述べるように「3つの次元」というフレームワークを用いて整理しよう。

　谷本（2004）は，CSRの活動について，次の3つの次元を提示している[1]。第1は，「経営活動のプロセスに社会的公正性・倫理性，環境への配慮の組み込み」で，「環境対策，採用や昇進の公平性，女性の登用，人権問題，製品の品質や安全性，途上国での労働環境，軍事兵器産業との関係，情報公開など」がある。第2は，「社会的商品・サービス，社会的事業の開発」であり，「環境配慮型商品の開発，障害者・高齢者支援の商品・サービスの開発，エコツアー，

■図表2-1　環境経営における活動の3つの次元

活動の次元	キーとなる視点
経営活動プロセスでの環境配慮	・基本的な活動：工場・オフィス・店舗などでの環境負荷削減 **拡張の視点** ・規制の範囲：現在の規制より厳しい自主基準，対象外の活動 ・時間軸：将来の規制対応，天災・事故による環境リスク削減，気候変動への適応 ・事業プロセスの範囲：取引先も含めた活動，グリーンサプライチェーンマネジメント ・自社の組織：バリューチェーン全体での環境活動
環境ビジネス	**分類の視点**（図表2-2参照） ・環境問題解決型　・環境問題解決支援型　・環境配慮型
社会貢献	**活動種類の視点** ・経営資源の活用（人材・施設や設備・資金・専門技術や知識） ・自社からNPO・NGOなどへの貢献 ・多様な組織との連携や協働の機会

バリアフリーツアー，フェアトレード，地域再開発に関わる事業，SRIファンドなど」がある。第3は，「企業の経営資源を活用したコミュニティへの支援活動」で，「金銭的寄附による社会貢献活動，施設・人材などを活用した非金銭的な社会貢献活動，本来業務・技術など活用した社会貢献活動」がある。

谷本（2004）のトピックスでも取り上げられているように，CSRの活動を構成する主要な要素の1つに環境配慮は位置づけられる。したがって，これらの3つの次元は，環境経営の活動についても当てはまる。つまり，環境経営の活動も，「経営活動のプロセス」「製品・サービス・事業」「社会貢献」の3つの次元に分類できる。以下でそれぞれについて説明しよう。それらをまとめたものを，図表2-1に示す。

① **経営活動のプロセスにおける環境配慮**

第1の次元は，経営活動プロセスでの活動である。これは，自社の工場・オフィス・店舗等において，エネルギー利用，廃棄物，大気や水質への汚染物質といった環境への負荷を減らす活動である。製造現場では公害対策時代から継続的に取り組まれているが，新たな選択肢として追加しうる4つの拡張ポイントがある。

1つは，規制の範囲の拡張である。大気汚染の排出基準や水質汚濁の排水基準等について，都道府県の条例では，規制値を国より厳しくすることが認められており，上乗せ規制をしている自治体は少なくない。現在，環境経営に取り組む多くの企業では，条例よりもさらに厳しい自主基準を設定し汚染排出を防止している。また，規制対象外の廃棄物や環境負荷に対しても自主基準を設定し削減に取り組む企業もある。このように現在の規制の範囲を越えるという選択肢がある。

2つは，活動の時間軸の拡張，つまり長期的な視点である。環境政策においては，しばしば，未規制の化学物質が新たに規制対象として追加されることや，国際環境条約への批准や議定書採択に伴い新たに国内法が制定されることがある。将来の規制を見通した活動は拡張選択肢の1つである。また，例えば地震が発生した場合，廃油が入った容器が倒れて流出すれば土壌汚染などの悪影響が発生する。天災や事故などが発生した場合に起こりうる環境への影響を想定し未然防止対策を講じることは，長期的視点の活動であり，発生した場合の環境リスクを減らすことができる。この他にも，長期的視点の活動には，起こりつつある気候変動への適応も含まれる。将来の気候変動に適応するためには，変化を予測して，生産拠点や原材料の見直しなど，事業リスクに備えることが必要になるだろう。

3つは，事業プロセスの範囲の拡張で，自社だけでなくサプライチェーンの環境活動へと範囲を広げることである。サプライチェーンは，ある製品について，原材料の調達から，製造，物流，販売を通して顧客に至るまでの一連のプロセスで，中核となる企業を中心に複数の関係企業で構成される。サプライチェーンマネジメントは，サプライチェーンでモノと情報を管理し，全体としての経営効率を上げることである。モノと情報に環境管理を加えたものがグリーンサプライチェーンマネジメントである。

4つは，自社で環境活動を行う組織の拡張である。企業は，経営資源を投入し製品を供給するプロセスにおいて付加価値を生み出す。付加価値に関して，購買・製造・物流・販売という主活動を担うライン部門はもちろんのこと，資金調達・人事・管財といった支援活動を担うスタッフ部門も含め，それぞれが何らかの役割を果たしている。バリューチェーンは，企業経営において多様な

役割によって価値が生み出される連鎖の過程を指す。4つ目のポイントは，バリューチェーン全体に環境活動を拡張し，環境面での価値連鎖に目を向けることである。

② 環境ビジネス

環境経営における活動の第2の次元は，「事業そのもの（ビジネス・本業）」で，いわゆる環境ビジネスである。環境ビジネスに関して一貫した定義は存在していない。OECD（1999）は環境問題領域に基づく環境ビジネス分類を提示している。岸川（2010）では環境ビジネスに関する既存の分類が整理されている。在間（2011）は，「環境問題の解決へのアプローチ」という視点から，図表2-2に示すように環境ビジネスを3つに分類している。

「環境問題解決型」は，環境問題の解決に直接的に結びつく製品・サービスである。例えば，水質浄化設備やばい煙除去装置，風力や太陽光などの発電設備や発電事業，廃棄物の回収・リサイクル事業，食品廃棄物の再資源化装置や食品リサイクル・システム事業などがある。

「環境問題解決支援型」は，環境問題の解決を間接的に支援する製品・サービスである。例えば，大気や水質汚染など環境負荷のモニタリングシステムサービス，グリーン電力証書や二酸化炭素の排出枠の仲介ビジネス，環境経営に関するコンサルティングなどがある。

「環境配慮型」は，原料採取から製品の廃棄・リサイクルに至るライフサイクルの一部で環境負荷を低減した製品・サービスである。例えば，石油原料利用を削減した薄型容器や，走行時の排気ガスを低減した自動車，省エネ型家電，飛行機等の利用に関する二酸化炭素排出量をオフセットした旅行などがある。

■図表2-2　環境問題解決へのアプローチからの環境ビジネス分類

	タイプ	説明
環境貢献型	環境問題解決型	その製品やサービスを用いることが直接的に環境問題の解決に結びつくもの
	環境問題解決支援型	計測・管理・コンサルティングなど，環境問題の解決を間接的に支援する製品やサービス
	環境配慮型	ライフサイクルにおいて環境負荷を従来よりも削減した製品やサービス

（出所）在間（2011）を踏まえて筆者作成

なお、以下では「環境問題解決型」と「環境問題解決支援型」を合わせて「環境貢献型」と呼び「環境配慮型」と区別する場合もある。

③ 社会貢献活動

第3の次元は、「社会貢献活動」である。谷本（2004）が示すように、ヒト・モノ・カネという経営資源、技術や専門知識という情報的経営資源、および、自社の製品・サービスを活かして、様々な社会貢献を行うことが可能である。例えば、環境保護に取り組むNPOやNGOへの寄附や環境活動への助成、自社の敷地での環境イベント、自社の環境技術を用いた途上国での汚染削減への貢献、太陽光パネル等の自社製品を地域の防災等のために提供、自社の環境専門家による地域の学校での環境教育、自社の社員ボランティアによる地域清掃や自然保護活動への参加などがある。

社会貢献活動では、企業からNPOへの寄附のように一方向の活動だけではなく、地域のNPOや行政、学校などとの連携や協働による活動がある。例えば、学校の環境教育では、地域の教育委員会や商工会議所などが、環境学習を実施したい学校と環境の知識や人材を提供したい企業のマッチングを行っている場合もある。社会貢献活動は、他の組織との連携や協働の機会を見つけることにもつながる。

(2) コンプライアンスと3領域の自主活動

環境活動には、次の「2つの軸」もある。第1の軸は、「環境面でのコンプライアンス」である。コンプライアンスは一般には法令順守[2]という意味で用いられることが多く、基本的には環境法規制の順守を指す。コンプライアンスという用語は単なる法令順守だけではなく、取引先や業界、地域、組織などのルールに従って活動するという意味も含めて用いられる場合もある[3]が、本書では狭義の意味で用いている。第2の軸は、コンプライアンス以外の「自主的な活動」である。環境活動の3つの次元について、以下のような活動が含まれる。経営活動プロセスの環境配慮では、先に述べた4つの拡張ポイントに含まれる活動である。環境ビジネスでは、製品自体に関わる環境法規制に対応した活動以外は全て含まれる。社会貢献は、もともと自主的な意味合いが大きく、ほとんどが第2の軸で捉えられるだろう。

■図表2-3　環境活動の領域

2つの軸＼3つの次元	経営活動プロセス	製品・サービス	社会貢献
自主的な活動	領域Ⅰ	領域Ⅱ	領域Ⅲ
コンプライアンスの活動	←　　基本的活動の領域　　→		

　この2軸は，後述する環境マネジメントシステムの国際標準規格ISO14001の要求事項に基づいている。ISO14001では，組織に，該当する環境法規制をリストアップしその要求事項を把握し順守すること，および，自主目標を設定し順守することを求めている。ただし，ISO14001では，自主目標は何でもよいというわけではなく，環境影響評価を実施し，環境への影響が大きいものを選ぶことを求めている。

　環境活動の3つの次元と2つの軸を考慮すると，企業が取り組むことが可能な活動領域は，図表2-3のように分類することができる。

　図表2-3で，「基本的活動の領域」はコンプライアンスに関わる活動である。この領域の活動を実施しなければ，行政からの勧告や操業停止や罰金などのペナルティが課される場合や，業界や地域での存在が困難になる場合などがある。企業にとって製造プロセスか製品そのものかに関わらず，法律や条例に従うことは必須である。社会貢献でも，例えば業界や地域などで義務的な意味合いをもつ場合は，基本的活動の範囲に含まれるかもしれない。しかし，最初は義務として貢献活動に参加していても継続する間に活動が定着し意欲が出てくるケースもあり[4]，その場合には必ずしも義務的な意味ではなくなるだろう。このような点を踏まえて，図表2-3では，社会貢献を自主的な活動のみとして表している。

　図中の領域Ⅰから領域Ⅲは自主的活動で，それぞれ，環境活動の3つの次元に対応している。領域Ⅰは経営活動プロセスにおける環境配慮，領域Ⅱは環境ビジネス，領域Ⅲは社会貢献活動である。

2 環境活動の決定要因と経営者の役割

(1) 環境活動を決定する5つの要因

　図表2-3において，基本的活動は必須であり，公害対策時代から取り組まれてきたものである。環境経営では，基本的活動に加えて，領域Ⅰ，Ⅱ，Ⅲの自主的環境活動について，取り組む活動を適切に選択する必要がある。もちろん「追加的な自主的活動は何もしない」という選択肢もある。したがって，まず「コンプライアンスを越える範囲で自主的に，積極的に環境活動に取り組むかどうか」に関して決める必要がある。

　法規制順守にとどまらない積極的な環境経営を行う企業の要因について，様々な実証研究がなされている。González-Benito（2006）は，既存研究レビューから総括し，「ステイクホルダーの圧力」「立地や業界等の外部要因」「規模，国際化，バリューチェーンでの位置，経営や戦略に対する態度等の企業属性」を挙げている。ここでは，これを踏まえて，図表2-4で示す5つの要因を指摘する。

　第1は，環境保全に取り組もうという経営者の意思である。第1章で述べたように，環境経営は経営者の意思決定なくしては始まらない。「法規制順守を越えて環境に取り組むのか」「自社は環境面でどのようにありたいのか」という点についての経営者の考えが環境経営の基礎にある。第1章で述べたように，「経営者の環境保全に取り組む意思表明を組織に浸透させるべく明文化したもの」は環境理念であるので，第1のポイントは環境理念であるとも言える。ただし，経営者の意思は単独で存在するのではなく，以下で述べるステイクホルダーとの関係や経営資源の保有といった事柄との関係もあるだろう。

　第2は，自社の環境問題との関わりである。経営活動プロセスにおける環境負荷の大きさ，製品の環境性のパフォーマンスについて詳細に知るためには，組織の環境影響評価や製品のライフサイクルアセスメントといった手法が役立つ。それらの手法の概要は第3章で紹介する。

　第3は，企業とステイクホルダーとの関係性である。企業が公害対策時代から取り組む環境法規制の順守という活動は，「企業とステイクホルダー」とい

■図表2-4　環境活動の選択

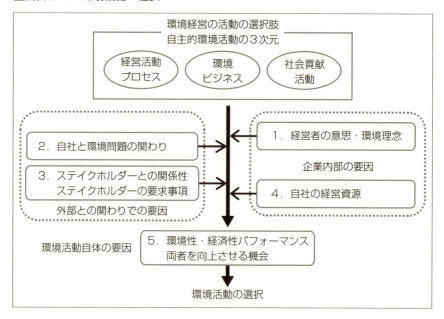

う観点では，政府や地方自治体という企業にとって影響力の大きなステイクホルダーの要求事項に対応することを意味している。企業は，競合他社の事業活動や，大口の取引先・顧客などからの様々な要求にも直面している。企業は，様々な要求事項の中から「誰のどのような要求に応えるのか」を決める必要がある。ステイクホルダーと企業の関係性については本章の第4節で取り上げる。

　第4は，自社の経営資源である。経営資源[5]とは，「経営活動をする上で必要なさまざまな資源や能力」で，ヒト・モノ・カネ・情報がある。企業の内部に蓄えられる情報的経営資源には，技術・スキル・ノウハウ等がある。これは，取り組もうとしている環境活動を実行するに際して，「環境技術や知識を持つ人材や意欲のある人材がいるか」「資金や設備などはあるか」「自社の事業を応用できるか」「外部に人脈はあるか」といった事柄を検討することを意味している。また，「その活動を通して，どのような技術や知識などがもたらされるか」といった組織能力の向上にも目を向ける必要があるだろう。

　第5は，環境活動の環境性と経済性のパフォーマンスである。環境経営の定

第2章　企業経営としての環境経営

義で述べたように，環境経営は，環境性と経済性の両方のパフォーマンスも向上させることを目指すものである。したがって，環境活動の選択の際には，「当該活動によって環境負荷の削減量はどの程度か」あるいは「環境面でどのような貢献なのか」という環境性のパフォーマンスを把握する必要がある。さらに，「費用はどれだけ必要か」や「費用削減の効果は生じるか」「環境ビジネスで利益は獲得できるか」といった経済性のパフォーマンスも把握することも重要である。つまり，これは「環境性と経済性を向上させる機会」となる環境活動を見出すことを意味している。この点については本章の第3節で取り上げる。

図表2-4に示すように，第1の経営者の意思と第4の経営資源は，企業内部の要因，第2の環境問題との関係および第3のステイクホルダーとの関係性は，企業外部の要因である。また，環境活動の環境性と経済性のパフォーマンスは環境活動そのものに関する要因である。

なお，後述するが，地球環境も1つのステイクホルダーとして捉えることができるので，第2と第3はまとめてステイクホルダーとの関係性とも言うことができる。また，企業の内部要因と外部要因は必ずしも明確に区別できるわけではない。例えば，自社と環境問題の関わりという点は，自社の規模や事業内容，海外との取引の有無といった企業属性と関連しており，ステイクホルダーの影響力はサプライチェーンにおける自社の位置づけとも関連している。

(2)　経営者の役割：環境経営の理念・戦略・組織マネジメント

上述の5つの要因を考慮して環境活動を選択することは，環境経営の活動について「戦略を立てる」という意思決定である。選択した環境活動を実行するには，「どの部門あるいは誰が，いつ何をするか」「どのように事業を進めるか」という計画や方針を立てる必要がある。新たな体制や仕組み，手法の導入が必要になる場合もあるだろう。また，実行の過程では，「うまく進んでいるか」「進んでいない点は何か」「どのように修正するか」といった検討も必要である。実行後には，環境性や経済性の評価も求められるだろう。これらは，環境経営の活動についての「組織マネジメント」である。

企業で，経営戦略や組織マネジメントにおける重要な事項の意思決定は，経

営者の役割である。企業経営に関しては様々なテキストがあるが，ここでは，坂下（2000）で示される「戦略を立てる」「組織をつくる」「人を動かす」[6]というフレームワークを用いて，環境経営における経営者の役割を整理しよう。

企業経営において，経営者はまず，「どのような会社になりたいのか」「どんな事業をしたいのか」という企業理念やビジョンをもち企業の目的を明確にする。それを具現化するために，経営者は，経営戦略を立て，組織をつくり，人を動かすというマネジメントに関する意思決定を行う。これらは一方向の流れではなく，組織の影響を戦略は受け，保有する人材などの経営資源によって可能な戦略や組織が決まるというような流れもある。当然ながら，戦略を立て組織で実行するためには経営資源が必要であり，経営資源の拠出や蓄積に関する

■図表2-5　環境経営における経営者の役割

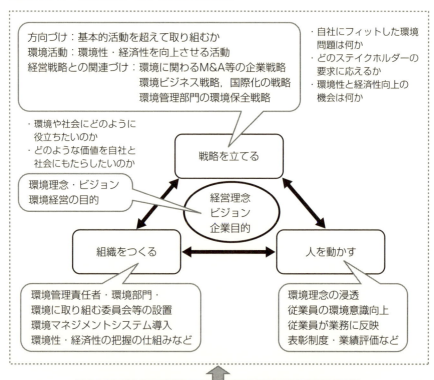

意思決定も，重要な経営者の役割である。

これを踏まえると，環境経営の意思決定に関する経営者の役割には，次の5つがある。図表2-5に示す。

① 環境経営の理念や目的の明確化

第1は，環境理念や環境経営の目的の明確化である。先にも述べたように，環境経営は経営者の意思表明がなければ始まらない。これは，単に「環境保全に取り組む」という言葉で表現することではない。経営者は「環境活動を通して，環境や社会に対してどのように役立つ会社になりたいのか」「環境活動を通して，自社と社会にどのような価値をもたらしたいのか」という自社の環境経営の理念や目的を明確にする必要がある。

環境理念は経営者の環境経営に対する考えを明文化したものである。1992年の国連「地球サミット」で採択された「アジェンダ21」の第30章には，「企業や産業界の役割」という項目があり，環境マネジメントを最優先事項とすべきという旨が記されていた。日本でも，当時，環境意識が高まったこともあり，大企業では環境理念を制定したり企業理念に環境を取り入れたりする動きが活発化した[7]。現在では，多くの企業が環境や社会面での理念を掲げている。それらは，環境理念として示されている場合もあれば，経営理念に環境保全に関する内容が含まれている場合もある。

② 環境経営に関する戦略の意思決定

第2は，環境活動の戦略を立てることである。これには3つの事項がある。

1つは，上述のように，コンプライアンスを超えて自主的な活動にも取り組むかという「環境経営の方向づけの戦略」である。2つは，環境活動の選択に関する戦略である。経営者は，自社の環境経営の理念や目的を踏まえて，先に述べたように「自社にフィットした活動は何か」「どのステイクホルダーのどのような要求に応えるのか」「環境性と経済性を向上させる活動は何か」といった事柄を考慮して，これらの戦略に関して意思決定を行う。この2つに関して，本章の第3節で述べる。

3つは，選択した環境活動について，経営戦略という視点から位置づけを決めることである。企業の環境活動の多くは，環境管理部門を中心に展開されており，それらは経営戦略の分類では，職能別戦略に位置づけられる場合が多い

と考えられる。しかし，環境ビジネスに取り組む企業も多い。本業に関わる環境活動は，事業戦略や企業戦略との関連で位置づけ，戦略を立てることが必要になる。例えば，既存の製品を環境配慮型にする場合には，製品の差別化という競争戦略の観点から，自社の環境ビジネスを拡大する場合には，他社との提携など企業戦略の観点から，それぞれ捉え直すことができる。さらに，例えば途上国において環境ビジネスを活かしたBOPビジネスを手がける場合には，途上国の事情なども踏まえた国際化の戦略として，活動を位置づけることもできる。

③ 環境に取り組む組織の構築

第3は，環境理念に基づいた戦略を具現化するために組織をつくることである。組織構造面では，環境管理責任者として役員や部長クラスを配置することや，環境管理部門を設置すること，様々な環境問題に対応するために組織横断的な委員会を創設することといった組織づくりがある。環境マネジメントシステムは，組織づくりを含めて，企業活動において環境に取り組むために「方針や目標を設定し・計画を立て・ルールを決め実行し・見直す」といったオペレーションを機能させる有用な手法である。本書でも第3章で紹介する。また，環境経営の実施による成果等を把握するためには，企業活動による環境負荷，環境活動に要した費用のような，環境性と経済性に関する情報の把握や管理が必要になる。

④ 環境活動に人を動かす

第4は，従業員を環境面でも動かすことである。環境への取り組みを通じて環境性や経済性を向上させるためには，経営者が環境理念を組織に浸透させて，環境に取り組む従業員のモチベーションを高める必要がある。それを支えるインセンティブ設計としては，優れた取り組みを行う部門の表彰や，管理職の業績評価に環境面の項目を導入することなどがある。ただ，従業員は，インセンティブを与えられて環境配慮の動機づけをされて活動するだけではなく，従業員自らボトムアップに組織に働きかけ環境面での取り組みに影響を与える場合もある[8]）。

⑤ 経営資源の拠出や蓄積の意思決定

第5は，経営資源に関する意思決定である。環境経営においても，企業経営

と同様に，環境活動の戦略を立て，組織マネジメントで実行するには，経営資源の拠出が必要である。また，環境活動を通じて，どのような経営資源を蓄積するかも経営者が決める必要がある。

3 環境経営の戦略

(1) 環境経営を方向づける戦略フレームワーク

どのような企業でも経営資源は有限である。したがって，経営者は，環境経営に対して「積極的に取り組むのか」，取り組む場合には「どのように取り組むのか」という環境経営の方向性について意思決定をする必要がある。ここでは，Schaltegger et al. (2003) をベースに，環境経営を方向づける戦略フレームワークを提示する。

Schaltegger et al. (2003) は，環境面で企業が直面する潜在的な脅威と機会という観点から，企業が取りうる環境経営について4つの戦略を示した。潜在的な脅威には，将来の規制強化や他社の動向などがある。この点については企業とステイクホルダーの関係性に関する第4節で取り上げる。潜在的な機会には，主として環境ビジネスによる利益獲得の機会があるが，それらをなしうる経営資源という企業内部の条件も不可欠であろう。この点を踏まえて，図表2-6は，Schaltegger et al. (2003) の図に加筆修正している。以下で4つの戦略の意味を述べる。

■図表2-6　環境経営を方向づける戦略フレームワーク

		潜在的な機会 (経営資源に基づく機会実現可能性)	
		小	大
潜在的な脅威	大	防衛型戦略 (Defensive Strategy)	革新型戦略 (Innovative Strategy) 環境面でのCSVの可能性
	小	無関心／無差別型戦略 (Indifferent Strategy)	積極型戦略 (Offensive Strategy)

(出所) Schaltegger et al. (2003) 第13章の4つの環境戦略をもとに筆者が加筆修正

① 無差別型戦略／無関心型戦略

潜在的な脅威，潜在的な機会（内部資源に基づく実現可能性も含めた意味。以下，同様）ともに小さい場合，企業は，無差別型戦略（indifferent strategy）を取ることができる。この戦略には，自社に該当する環境法規制を忠実に順守する活動に留めることや，自主的活動をする場合でも同業他社と同程度の活動に留めることが含まれる。つまり，「環境面で他社と差別化しない戦略」という意味である。ただし，この場合にも，大きな投資を必要としない廃棄物削減や資源利用削減のような節約活動で，廃棄物や資源のコストを削減することは可能である。この点を踏まえると，無差別型戦略は，環境で「目立つことのない活動でメリットを得る戦略」とも言える。

環境に関する法規制が緩い地域や，取引先や消費者の環境配慮の要求がない場合などは，環境活動に無関心でいられるかもしれない。そのような場合には「無関心型戦略」と呼ぶことできるだろう。しかし，CSRやESGへの要求が高まるにつれて，企業が環境問題に全く無関心な態度をとることができる状況は減少している。また，環境活動は幅広く，たとえ経営者の環境意識が高くなくても，コスト削減のために節電や資源利用の削減を「当たり前の活動」として取り組んでいるケースも少なくない。その場合にも，無関心型と呼ぶよりも無差別型のほうが当てはまるだろう。

② 防衛型戦略

防衛型戦略（defensive strategy）は，潜在的な機会は小さいが潜在的な脅威は大きい場合に取りうる戦略である。例えば，近い将来に環境税の新設や環境規制の強化が予測される場合，該当する企業にとって新たなコスト増加要因となりうる。法令違反に対して命令や企業名公表などの行政処分や罰則が加わる場合には，対応が遅れると企業のイメージダウンになり，事業へのマイナスの影響も発生しうる。防衛型戦略は，このような脅威を回避するために何らかの活動をすることを指す。例えば，企業や業界・経済団体が規制強化の猶予や設置予定基準の緩和を求めて，政府に働きかけるロビー活動がある。

防衛型戦略はネガティブなイメージだが，もう1つの，どちらかと言えば「ポジティブ」と呼べるパターンも可能である。例えば，政府が将来に新たな環境政策の導入を検討している場合に，先取りして環境活動に取り組んできた

企業や業界がイニシアチブを取り，自社や業界の取り組みを標準として採用されるように働きかけるというケースである。つまり，それは，厳しい政策が導入されるくらいなら，先取りして自主的に環境活動を実施し，その実績で「モノを言う」方が有利だと考える企業や業界の戦略である。

いずれにせよ，防衛型戦略は「自社や業界のパワーを活用してモノを言う戦略」である。単独で防衛型戦略が取れる企業は，一部のグローバル企業など，国内外で大きな影響を与える存在である場合に限られるだろう。通常，企業は業界団体や経済団体に所属して，それらが圧力団体としてロビー活動を行う。

③ 積極型戦略

積極型戦略（offensive strategy）は，潜在的な脅威が小さく潜在的な機会が大きい場合に取りうる戦略である。環境政策の面で，潜在的な脅威が小さく機会が大きい場合として，環境対策への補助金，環境技術の導入への支援，環境に関わる事業の振興などが実施されるケースを挙げることができる。これらの環境政策や産業政策がある場合，企業は積極的に環境対策や環境ビジネスに取り組むことが可能である。近年の具体例としては，再生可能エネルギーの固定価格買取制度の導入により太陽光パネル等の環境ビジネスが促進された事例を挙げることができる。他のケースとして，環境配慮型製品を求める消費者が多い場合に環境面での製品差別化があるだろう。いずれにせよ，「政策や市場が後押しする機会を活かす戦略」であると言える。

④ 革新型戦略

革新型戦略（innovative strategy）は，潜在的な脅威，潜在的な機会ともに大きい場合に取りうる戦略である。例えば，1970年代の自動車の排ガス規制や低燃費規制，1990年代のゼロ・エミッション規制では，低排出エンジンやハイブリッド技術などのエコカーの開発が進み，市場でのビジネスチャンスも生まれた。また，食品リサイクル法の改正を契機として，店舗等で食品廃棄物を回収して堆肥化し，その堆肥で育てた野菜を店舗で売るといった食品リサイクル・システムという仕組みも生まれた。革新型戦略は，これらのように，「それまでとは異なる技術・製品・仕組みによって新たな環境ビジネスを展開し，環境政策への対応と利益獲得の機会創出を同時に果たす戦略」である。

また，環境問題が非常に深刻であり環境リスクの面で脅威が大きい場合にも，

革新型戦略を取りうる。例えば，途上国の中には安全な水の獲得が困難な地域がある。住民の水資源に関する健康や安全の要求は切実であるにもかかわらず，政府が財源上の理由などで，インフラ整備や規制を十分に行えない場合もある。そのような地域に対して，安い価格で手軽に使える水浄化剤という環境問題解決型製品によるBOPビジネスが登場した。このように，革新型戦略には，「環境・社会の課題に対し革新的な解決策となる製品や仕組みを提供することで利益の機会を獲得する戦略」も含まれる。

⑤ 革新型戦略による共有価値の創造

Porter & Kramer（2006）は，従来のCSRでは，企業市民として社会への貢献活動が中心であったのに対し，自社にフィットした社会的課題に着目し，事業活動と社会的課題の解決を結びつけた戦略的な視点が重要であることを指摘し，「戦略的CSR」の概念を提示した。Porter & Kramer（2011）は，戦略的CSRの概念をより明確化して，「CSV（Creating Shared Value），共有価値（共通価値）の創造」という概念を提示した。これは，環境問題など社会的課題に対して本業でのアプローチによって，社会的課題の解決に寄与し，企業の競争力も向上させようという戦略のあり方である。それによって，社会的価値と企業価値を同時に向上させることが可能になる。

Schaltegger et al.（2003）が提示した革新型戦略は，新たな技術・製品・仕組みというイノベーションによって，社会の環境問題解決に貢献し，企業自身も利益の機会を獲得するものであり，「環境面での共有価値の創造」を含む考えである。例えば，上に挙げた自動車の排出ガスや燃費規制に対応したエコカーは都市の大気汚染への対策や省資源に，水浄化剤は途上国の水資源問題や貧困問題に，それぞれ寄与するビジネスで，CSVの概念に当てはまる事例である。この点を踏まえて，図表2-6において，革新型戦略に「環境面でのCSVの可能性」と記している。

(2) 環境性と経済性を向上させる機会：環境活動選択の戦略

上述のように，環境経営では，コンプライアンスの基本的活動以外に「3次元の自主的環境活動」の選択肢があり，経営者が戦略的に意思決定する「裁量の余地」がある。環境経営は，環境性と経済性のパフォーマンスを同時に向上

させることを目指すものであり，図表2-4に示したように，3次元の自主的環境活動に関して，取り組む環境活動を選択するためには，活動について環境性と経済性の向上の機会を見つけることが重要である。

ここでは，Esty & Winston（2006）が提示する戦略フレームワークを用いて，環境経営の活動について，環境性と経済性を向上させる4つの機会があることを説明しよう。図表2-7は，4つの機会と，先に示した環境活動の3つの次元の関連も考慮して，Esty & Winston（2006）のフレームワークを加筆修正したものである。図表2-7に示すように，環境性と経済性を同時に向上させる機会は4つに大別できる。それらに，本書では「環境コスト」「環境リスク」「環境ビジネス」「環境ブランド」と名づけている[9]。以下では，それぞれの領域について説明しよう。

① 環境コスト領域

環境コスト領域は，図表2-1に示した環境活動の3次元における「経営活

■図表2-7　環境性と経済性を向上させる機会

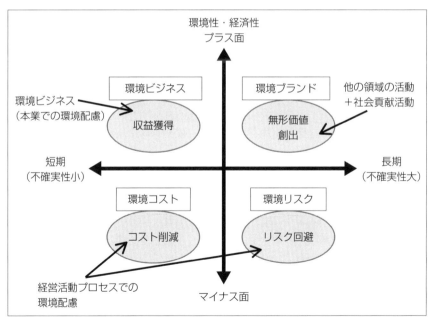

（出所）Esty & Winston（2006）p.102のStrategy Frameworkを踏まえて筆者が加筆修正

動プロセスにおける環境配慮」の活動領域である。経営活動のプロセスでは，エネルギーや自然資源が利用され，様々な環境汚染物資や廃棄物が排出される。投入されるエネルギーや資源，および，排出される環境汚染物質や廃棄物は，環境負荷と呼ばれる。それらは環境にマイナスの影響がある。それらのマイナスの影響を減らす活動がこの領域に該当する。エネルギーや資源の利用には費用がかかり，廃棄物や汚染物質を処理する場合にも費用が必要になる。環境負荷を減らすことは，これらの費用削減に結びつく。もちろん，環境負荷を減らすために新たな設備投資が必要になる場合もある。そのような場合は，処理コストの低減によるペイバック期間後に，コスト削減の恩恵を受けることになる。いずれにせよ，環境コスト領域は，「環境へのマイナスの影響を減らすことで，経済面でのマイナスも減らす」という活動である。

② 環境リスク領域

環境リスク領域は，3次元のうち「経営活動のプロセスにおける環境配慮」であるが，図表2-1の時間軸の拡張に係る長期の視点での活動である。例えば，先にも述べたが，予期せぬ天災や，工場等での事故が発生した場合には，汚染物質の流出による環境破壊や，人の健康被害が起こりうる。企業はそれらをできる限り想定して対策をする必要がある。備えにより，緊急事態に発生する環境リスクや健康へのマイナスの影響を小さくすることが可能になる。環境破壊や健康への被害が発生してしまうと，環境復元の費用や，健康被害への補償費用などが必要になる。また，対応を誤ってしまうと企業へのマイナスイメージが広まり操業不能の事態にもなりかねない。環境リスクを防ぐ活動はそのような経済的ダメージも防ぐことになる。つまり，環境リスク領域は，「不確実性の大きな出来事を想定して対策を講じることで，環境リスクを減らし，発生した場合の経済面でのマイナスも減らす」活動である。不確実性があるすべての起こりうる事態を想定することは難しく，時間をかけて徐々に積み上げて取り組むことが必要である。その点で長期の視点が必要な活動と言える。

③ 環境ビジネス領域

環境ビジネス領域は，本業のビジネスによる環境問題へのアプローチである。図表2-2に環境問題解決の視点からの環境ビジネスの分類を示したが，いずれのタイプにせよ，環境ビジネス領域は，「環境面で有用なビジネスを行うこ

とで，経済面でも利益の獲得に結びつける」活動である。ただし，通常のビジネスでもそうであるように，環境ビジネスを手がけることが必ずしも売上や利益に結びつくわけではない。環境ビジネスが成功する条件として，例えば，在間（2011）は，「「環境＋α」の価値があること」や，「環境政策のトレンドにフィットしていること」を指摘している。

Ottman et al.（2006）は，環境ビジネスの「近視眼的環境マーケティング（Green Marketing Myopia）」の失敗を指摘している。これは，製品の環境配慮のみに焦点を当て環境意識の高い消費者だけをターゲットにしてしまうニッチ市場の環境ビジネスが該当する。Ottman et al.（2006）は，企業に，「消費者は環境配慮以外の理由で製品を購入する」という事実に目を向けることを提示している。Ottman et al.（2006）は，成功する環境マーケティングの条件として，コスト，性能，健康・安全，利便性，ステイタスシンボルといった顧客の「メインストリームのニーズ」を満足させること，「環境品質」の信頼性を確保すること，および，消費者の知識を向上することの3点を挙げている[10]。ただし，環境問題の解決やライフサイクルでの環境負荷に寄与する環境ビジネスであっても，他の別な問題を引き起こすケースもある。例えば，トウモロコシ等穀物由来のバイオ燃料は，食用と燃料用の競合が起こり穀物価格の高騰をもたらし，途上国の貧困に悪影響を与える場合もある。そのような点で留意が必要である。

④　環境ブランド領域

環境ブランド領域は，「環境面での企業価値の向上を目指す活動」である。ブランド構築は短期でなしうるものではないように，この領域の活動は長期的な視点が必要である。

図表2-1で示した環境活動の3次元における「社会貢献活動」はこの領域の活動に含まれるが，社会貢献を行う企業が，工場で環境汚染を引き起こしていたら，実施した貢献活動は社会において評価されない。環境コストや環境リスク領域での地道で継続的な環境へのマイナスの影響を減らす活動が，社会貢献活動の背景として求められると言える。また，環境問題解決に結びつく画期的な製品を発売し市場で評価される場合でも，長年研究開発を行った成果である場合も少なくはないだろう。これらのように，この領域の活動は，「他の領

域の活動や社会貢献活動を積み重ねることによって，環境面でのブランド力獲得を目指す活動」と言うことができる。ただし，事故などの際に対応を誤れば，構築したブランドも容易に崩れてしまう。環境ブランド獲得の可能性については，不確実性が大きい。

環境ブランドを構築できれば，ビジネスや資金調達などで有利になる。ビジネスでは「ブランド力による差別化」[11]の機会になりうる。先にも述べたが，環境格付などで高い格付けを得ることができれば，融資の際に優遇されるなど金融面でメリットがある。また，ESGの非財務情報も財務情報と同様に投資家が求めており，環境性のパフォーマンスが高ければ，資金調達面でも有利になりうる。

4　ステイクホルダーとの関係と環境活動

(1)　企業とステイクホルダー

上述のように，環境経営の方向性を決めることや，環境活動を選択することにおいて，「企業とステイクホルダーの関係」は重要な要因である。

ステイクホルダーは，「利害関係者」と表現されるが，企業と取引する人・組織だけでなく，企業に対して利害を主張する人・組織，意見や要求を投げか

■図表2-8　企業とステイクホルダー：一般的な図式

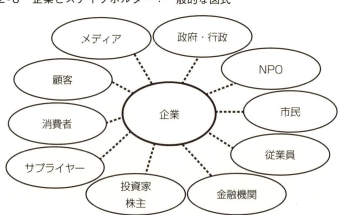

ける人・組織まで含めた概念である[12]。通常，企業のステイクホルダーは，図表2-8のように表される。このような図式から，企業が多様なステイクホルダーと関係があることがわかる。

　この一般的な「企業とステイクホルダーの関係」の図式を，伊丹・加護野（2003）の「企業が直面する4つの市場」[13]，および，第1章の図表1-2で示した「企業，経済，社会，環境の包含関係」のフレームワークを用いて，再検討してみよう。伊丹・加護野（2003）で示されるように，企業は，製品・サービス市場（以下，製品市場），原材料市場，金融・資本市場，労働市場という4つの市場に直面し，事業活動を行っている。図表1-2で示されるように，企業は経済の一員であり，経済は人間社会の様々な活動の一部であり，地球環境は経済活動を含めた人間社会の基盤である。これらを踏まえると，企業とステイクホルダーの関係は，図表2-9のように図式化することができる。

　企業は，4つの市場のステイクホルダーとの関わりで事業をマネジメントしている。製品市場では，企業は消費者のニーズに応えて，競合企業と差別化し顧客に魅力ある製品を提供する必要がある。原材料市場では，企業は，製品に

■図表2-9　企業とステイクホルダーの関係

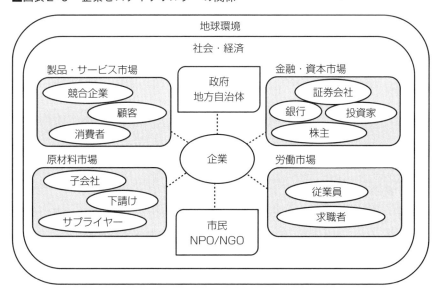

必要な原材料を安定した価格や品質で，子会社や下請け企業などサプライヤーから調達しなければならない。労働市場では，企業は自社に必要な人材を獲得する必要がある。従業員に対しては，報酬や評価など適切なインセンティブ設計を通してモチベーションを高め，企業の目的や事業目標を達成するために仕事をしてもらわなくてはならない。金融・資本市場では，銀行からの融資，株式や社債の発行などにより，資金調達を行う。企業は，社会のステイクホルダーとの関わりにおいても，政府の様々な政策や，地域住民やNPO・NGOから受ける要望に，必要に応じて適切に対応していかなければならない。

このような活動は，「ステイクホルダーから企業への要求」に応じるという一方向なものだけではない。企業から新製品の提案などで顧客に働きかけるといった，「企業からステイクホルダー」という関係もある。また，企業とNPOが協力しあって社会的事業を行うというような「企業とステイクホルダーの協働」という関係もある。

(2) 企業の環境への取り組みとステイクホルダー

上述のように，企業は，市場や社会におけるステイクホルダーとの関わりで，事業や地域活動などをマネジメントしている。ここでは，企業の環境活動とステイクホルダーの関わりに焦点を当てる。図表2-10は，企業の環境活動に関連するキーワードを挙げ，市場や社会のステイクホルダーとの関係に基づき分類したものである。企業の業種，立地，規模，事業形態などは多様であり，個々の企業が直面するステイクホルダーも多様である。また，時代の変化や企業の発展に伴って，企業が直面するステイクホルダーも変化する。したがって，企業の環境活動とステイクホルダーに関わる全てを取り上げることはできない。図表2-10は主なキーワードに限定している。以下では，それぞれについて簡単に説明しよう。

① 製品・サービス市場

製品・サービス市場（以下，製品市場）では，例えば1999年から開催されている「エコプロダクツ展」に見られるように，様々な環境技術や環境ビジネスが展開されている。それに関連して，製品の原料採取から廃棄に至るまでの環境負荷を把握する「ライフサイクルアセスメント（LCA）」や，製品の設計段

第2章 企業経営としての環境経営

■図表2-10　ステイクホルダーの環境配慮の要求

	カテゴリー	環境面での主なキーワード
4つの市場	製品・サービス市場 （顧客・消費者・競合企業）	環境ビジネス（環境配慮型製品，環境貢献型製品），環境問題に関するソーシャルビジネスやBOPビジネス，環境技術，環境適合設計，ライフサイクルアセスメント（LCA） 環境ラベル，環境フットプリント グリーンコンシューマ，ロハス（LOHAS），グリーン購入（調達），環境マーケティング，グリーンウォッシュ　など
	原材料市場 （子会社・下請け・サプライヤー）	グリーン購入（調達），グリーンサプライチェーンマネジメント，環境負荷の小さい原材料　など
	金融・資本市場 （銀行・証券会社・株主・投資家）	ESG（環境・社会・ガバナンス）の非財務情報，環境報告書，統合報告，環境格付，環境融資，スコープ3，カーボンディスクロージャー，エコファンド，SRIファンド，社会的責任投資，排出枠など環境価値の取引市場　など
	労働市場 （従業員，求職者）	環境理念，環境面の業績評価，ボランティアなどの活動支援，プロボノ，従業員や求職者の社会・環境に役立つ仕事への欲求　など
社会	政府・行政	環境法・環境規制，様々な環境政策，公害防止協定・環境管理協定　など
	市民，NPO・NGO	グリーンウォッシュなど企業の取り組みの監視や評価，事業型NPO/NGOによる環境ビジネス，ステイクホルダーダイアログなどのコミュニケーション，パートナーシップによる活動　など
	共通事項	環境情報の把握・開示， 環境コミュニケーション　など

階から環境負荷削減を考える「環境適合設計」といった手法の利用も進んでいる。「グリーン購入・グリーン調達」は環境に配慮した製品を優先的に購入することである。2000年に制定されたグリーン購入法[14]は，環境配慮型製品に需要が転換することを目的として，国の各省庁，独立行政法人，特殊法人にグリーン購入を義務づけ，都道府県や市町村には努力義務を課している。1996年にはグリーン購入に関する情報発信や啓発を目的として，グリーン購入ネットワークが設立されており，行政団体，企業，NPOなどの多くの組織が参加し，

取り組みが広がっている。

　消費者でも，環境に配慮した製品を選択する「グリーン・コンシューマ」や，「LOHAS（ロハス）」と呼ばれる健康や環境に配慮したライフスタイルを求める動きが広まっている。例えば，ロハスに関連するライフスタイルや商品などを紹介する雑誌『ソトコト』（木楽舎）が1999年に，家族と自然にやさしい暮らしのための情報を提供する雑誌『ecomom（エコマム）』（日経BP社）が2005年に創刊され，いずれも現在も継続している。そのような消費者に対し，製品の環境性能や環境負荷の情報を示す「環境ラベル」や「環境フットプリント」に関する制度も増えている[15]。ただし，先にも述べたように，環境配慮にのみ焦点を当てたニッチな商品は，多数の消費者には支持されにくいという課題がある。企業は，環境ビジネスを手がけるには，有効な「環境マーケティング」を行う必要がある。

　一方，企業が，環境問題に対する理解不足や行き過ぎた表現によって消費者に誤った情報を伝えてしまうことがある。この問題は「グリーンウォッシュ（Greenwash）」と呼ばれている。グリーンウォッシュは，「ごまかし」という意味のwhitewashに由来しており，環境に関したごまかしという意味の造語である。その対策として，欧米では法律の制定やガイドラインの策定がされている。日本では政策としての取り組みはされていないが，電通は2010年に「DENTSUグリーンウォッシュガイド」を作成し，企業のリスクマネジメントの一環として取り組むことを提唱している。NPO法人環境市民は，グリーンウォッシュに関する国内外動向の調査や企業等への啓発を行っている[16]。企業には，自社の環境ビジネスや環境マーケティングがグリーンウォッシュでないことを検証することも求められている。

　近年では，環境破壊や貧困などの問題解決アプローチとして，環境ビジネスを活かした「ソーシャル・ビジネス」や「BOPビジネス」も注目されている。ソーシャル・ビジネスは，革新的な技術やアイデア等を用いて，社会的な課題の解決にアプローチするビジネスである。環境ビジネスによるソーシャル・ビジネスに関しては，例えば，在間（2011）は「らでぃっしゅぼーや」の「もったいないビジネス」や「池内タオル」の「風で織るタオル」を挙げている。BOPビジネスは，途上国の貧困層（Base of the Pyramid, BOP）に向けた，

貧困解決に結びつくビジネスのことで[17]，例えば在間（2011）は「日本ポリグル」の水質浄化剤を挙げている。

② 原材料市場

原材料市場では，企業がグリーン購入を実施する動きが広まっている。特に大手企業では，サプライヤーなどから環境配慮型の部品や原材料を購入したり，サプライヤーに環境マネジメントシステムの認証取得や環境への取り組みを求めるようになっており，環境配慮を取引企業の選別条件にするケースも少なくない。先述したが，大企業ではこれらをサプライチェーンの管理の1つに組み込んでおり，「グリーン・サプライチェーン・マネジメント」と呼ばれている[18]。

③ 金融・資本市場

金融・資本市場では，1999年から日本でも「エコファンド」「SRI（社会的責任投資）ファンド」と呼ばれる，環境性や社会性の高い企業に絞って投資する投資信託商品が登場し，社会的責任投資の市場が拡大している。企業が発行する「環境報告書」などの環境情報をもとに，企業を環境面でも格付けする「環境格付」が企業評価に取り入れられている。それを踏まえて優遇条件をつけて融資する「環境融資」を実施する金融機関も増えている。第1章でも触れたが，近年では，欧米の機関投資家を中心に，「ESG（環境・社会・ガバナンス）」に関する企業の非財務情報が要求されるようになっている。企業は年次報告書と環境やCSRの報告書を分けて発行しているが，最近は一部のグローバル企業に，それらをまとめた「統合報告」を行う動きも出ている[19]。

企業の環境負荷に関する情報では，企業活動に関連する広い範囲での把握・開示が求められるようになっている。例えば，温室効果ガス排出量では，国際組織「温室効果ガス（GHG）プロトコル」[20]が3つの範囲を定義している。「スコープ1」は，自社の事業活動での燃料利用等による直接的な排出で，「スコープ2」は，自社施設で購入した電力等を製造するときの排出，「スコープ3」は，自社の従業員の通勤・出張など事業活動以外に由来する排出や，原材料の製造・輸送，製品の配送・使用，フランチャイズ加盟店の事業活動を含んでいる[21]。サプライチェーンも含めた範囲である「スコープ3」は，「カーボン・ディスクロージャー・プロジェクト（Carbon Disclosure Project, CDP）」

■図表2-11　環境問題のキーワード

環境問題	主なキーワード
公害・化学物質	7公害（大気汚染・水質汚濁・土壌汚染・悪臭・騒音・振動・地盤沈下），大気汚染防止法，水質汚濁防止法，土壌汚染対策法，上乗せ・横だし，自動車NOx・PM法，エアロゾル，PM2.5，VOC規制，越境大気汚染，健康項目・生活環境項目，BOD・COD，化審法（化学物質審査規制法），化管法（化学物質排出把握管理促進法），PRTR，REACH規則，RoHS指令，CLP規則，残留性有機汚染物質（POPs），ダイオキシン，PCB，DDT，アスベスト，水銀条約，フロン回収・破壊法，モントリオール議定書，代替フロン，ノンフロン，グリーンケミストリー　など
循環型社会	一般廃棄物，産業廃棄物，循環資源，災害廃棄物排出事業者責任，拡大生産者責任，3R（リデュース・リユース・リサイクル）・5R（3R・リフューズ・リペア），循環型社会形成推進基本法，資源有効利用促進法（改正リサイクル法），容器包装リサイクル法，家電リサイクル法，小型家電リサイクル法，建設リサイクル法，食品リサイクル法，自動車リサイクル法，マテリアルリサイクル，サーマルリサイクル，ケミカルリサイクル，オープンループリサイクル，クローズドループリサイクル，アップサイクル，ゼロエミッション，インバース・マニュファクチュアリング　など
気候変動	気候変動枠組み条約，京都議定書・ポスト京都議定書，京都メカニズム，気候変動に関する政府間パネル（IPCC），クリーン開発メカニズム（CDM），共同実施（JI），REDD（森林減少・劣化による排出削減），低炭素社会，温暖化対策推進法，地球温暖化対策税（環境税），温室効果ガス（二酸化炭素，メタンなど），排出係数，排出原単位，排出枠，排出枠取引，クレジット，キャップ・アンド・トレード，国内排出量取引制度，国内クレジット制度，EU-ETS（欧州排出量取引制度），カーボンオフセット，カーボンマネジメント，カーボンフットプリント，カーボンニュートラル，CO_2回収・貯留（CCS）　など
エネルギー	化石燃料，クリーンコールテクノロジー，石炭ガス化発電（IGCC），シェールガス，オイルサンド，オイルシェール，再生可能エネルギー，新エネルギー，グリーン電力，太陽光発電，メガソーラー，風力発電，洋上風力発電，バイオマスエネルギー，小水力発電，バイナリー発電，人工光合成，太陽熱温水器，太陽熱発電，地中熱利用，氷蓄熱，コージェネレーション，フィード・イン・タリフ（FIT，固定価格買取制度），省エネ法，トップランナー制度，EuP指令（エネルギー使用製品指令），エネルギー管理システム（EMS），CEMS・BEMS・HEMS，ピーク電力，スマートグリッド，スマートシティー，スマートハウス，スマートメーター，デマンドレスポンス，ゼロエミッション電源，電力自由化，発送電分離，グリーンIT，グリーン物流，モーダルシフト，ハイブリッド車（HV），電気自動車（EV），プラグインハイブリッド車，クリーンディーゼル車，燃料電池車，水素エネルギー，水素ステーション，バイオエタノール，バイオガソリン，バイオディーゼル，蓄電池，ヒートポンプ，超電導，シリコンカーバイド，LED，有機EL，原子力発電，廃炉，放射性廃棄物　など

| 鉱物資源・生物多様性 | 鉄・鉄鋼，非鉄金属（ベースメタル，レアメタル，貴金属），レアアース，水資源，水のリサイクル，ウォーターフットプリント，ウォーターニュートラル，海水淡水化，仮想水（バーチャルウォーター），バラスト水，外来種，絶滅危惧種，レッドデータブック，生物多様性オフセット，遺伝子資源，遺伝子組み換え，海洋資源，森林資源，生態系サービス，完全養殖，漁業認証，森林認証，エコツアー，エコツーリズム推進法，生物多様性条約，名古屋議定書，ラムサール条約，ワシントン条約，バイオミミクリー，植物工場　など |

(出所)『日経エコロジー厳選　環境キーワード事典』をもとに筆者作成

の要求事項となっている。CDPは，英国に本部を持つNPOであり，株主や投資機関を代表して，気候変動に対する企業行動について，グローバルに情報収集を行い，気候変動によるリスク等の情報を提供している[22]。その他の金融・資本市場に関連するものとしては，温室効果ガスの排出取引やオフセットに関する制度などがある。

　④　労働市場

　労働市場で環境に関連するものとしては，働きがいや企業の環境・社会性も考慮して企業選択を行う求職者，有給休暇で社会貢献活動を行う従業員や，自身の専門性を活かしてボランティアを行う「プロボノ」[23]という働き方をする従業員といった動きがある。

　⑤　社　　会

　社会のステイクホルダーと企業の関係において，環境に関連するものには，以下のようなものがある。政府・行政との関係では，企業にとっては，新たな環境政策・制度の策定や法・条例の改正などを知る必要がある。日本では，環境関連の自主協定が政府・行政と経済界や大企業との間で結ばれるケースも多い。市民との関係では，様々な要求事項への対応だけではなく，近年は，「ステイクホルダーダイアログ」と呼ばれる市民やNPOとの対話への取り組みを行う大企業も少なくない。また，行政・企業・NPOのパートナーシップや，事業型NPOの環境ビジネスを通した地域の環境問題解決のアプローチも登場している[24]。

(3)　ステイクホルダーとしての地球環境と企業

　図表2-9では，地球環境は企業活動の基盤であることを示しているが，谷

本(2004)が指摘するように,地球環境そのものも1つのステイクホルダーとして理解できる[25]。化石燃料やレアアースなどの希少な鉱物資源のように,賦存量が限られる枯渇性資源は少なくはない。また,水資源については,水の循環によって再生可能であるが,水資源の偏在と需要増加のため「水の危機」にさらされている[26]。第1章で述べたように,地球は閉じたシステムであり環境容量の大きさは決して無限ではない。企業は,ステイクホルダーである地球環境から,このような「声なき要求事項」を受けており,希少な資源と有限の浄化能力を踏まえて適切にマネジメントすることが求められている。

企業が関わる環境問題は,企業の規模や事業,業種や地域などによって多様である。解決すべき環境問題のカテゴリーも,科学技術の進歩や環境政策の達成状況に伴って,時とともに変化する。例えば,1970年代では大気汚染や水質汚濁といった産業公害が環境問題の中心であった。その後,廃棄物問題,地球環境問題も顕在化した。さらに水資源の問題やエネルギー問題などもある。企業は,多様な環境問題の中から,自社に関わる問題を把握する必要がある。44〜45頁の図表2-11は,『日経エコロジー厳選 環境キーワード事典』を踏まえて,環境問題を5つのカテゴリーに大別し,近年の主なキーワードをリストアップしたものである。

5　企業の存在意義の変化と環境経営の意義

(1) 企業の存在意義の変化

前節で述べたように,企業は様々なステイクホルダーとの関係において,多様な環境配慮の要求に直面している。ここでは,図表2-9の企業とステイクホルダーの関係図を用いて,企業の存在意義の変化を考えよう。図表2-12に示す。

従来の企業の存在意義[27]は,顧客に価値ある製品やサービスを提供することである。その結果として売上が得られる。売上から原材料費等の外部から購入したインプットへの支払い金額を差し引いたものが付加価値であり,付加価値は,「企業が,外部の市場から手に入れたものから,どの位の価値を付け加えて市場で売ることに成功したか」を示すもので,「企業の存在意義を測る基

■図表2-12　企業の存在意義の変化

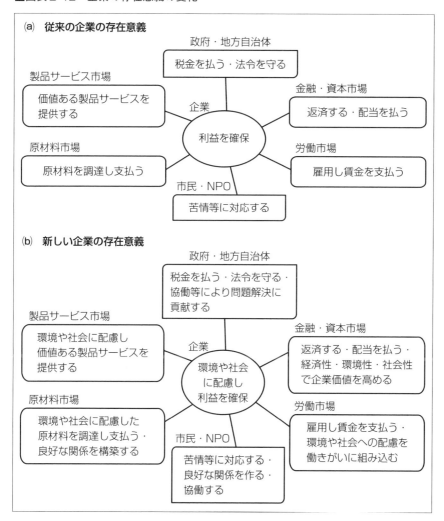

本的指標」28) である。さらに，企業は，賃金，借入の返済金および税金を支払い，税引き後の利益から株主への配当を行う。残りは，内部留保や次の投資に当てられる。税金は社会で公共サービス提供等に役立てられるため，その意味で，企業は社会に責任を果たしていると言える。また，経営活動のプロセスでは法令を守り，市民の苦情や要望などへの対応もすることも必要である。これ

らは図表2-12(a)で示される。

　社会では，環境問題以外にも，貧困，福祉，労働，教育など様々な解決しなければならない課題がある。前節では，環境面でのステイクホルダーから企業への要求を示したが，企業は，環境以外にも社会の課題に対して様々な要求に直面している。CSRは，企業に，経営を通して従来果たしてきた責任に，環境や社会に対する責任を組み込むことを求めている。CSRを含めた新たな存在意義は，図表2-12(b)で示される。

(2) 環境経営の意義

　図表2-12(b)で示した企業の新たな存在意義において，環境経営は重要な要素である。ここでは，企業経営プロセスに関する伊丹・加護野（2003）の「技術的変換による付加価値の創出」というフレームワークを用いて，環境経営の意義を考えてみよう。

　企業経営は，ヒト・モノ・カネという経営資源をインプットし，技術的変換を加えて，製品・サービスをアウトプットするプロセスである。技術的変換のプロセスはバリューチェーンの活動において付加価値を生み出すことである。このプロセスで，技術やノウハウなどの情報的経営資源を蓄積し，組織能力を獲得する。企業活動プロセスの成果は，企業会計によって把握し管理される。

　図表2-13は，この企業経営プロセスをベースに，環境経営の関わりを示したものである。企業は，ヒト・モノ・カネをインプットし技術的変換を加えて製品・サービスをアウトプットするプロセスにおいて，様々な環境への影響を与える。インプット面では，水や金属，石油などの資源の利用やエネルギーを投入している。自社における技術的変換のプロセスでは汚染物質や廃棄物などを排出している。製品・サービスの流通過程や消費・使用過程，廃棄・リサイクル過程においても，資源・エネルギーの投入や，廃棄物や環境汚染物質の排出と関わっている。

　環境経営では，環境法規制の順守による汚染削減に加えて，先に述べた自主的なより厳しい基準による削減や，エネルギー効率向上の取り組みを選択することが可能である。これらは，環境へのマイナスの影響を減らす。また，環境経営では，グリーン電力による発電，環境貢献型ビジネス，地域の自然保護活

第2章　企業経営としての環境経営

■図表2-13　環境経営の意義

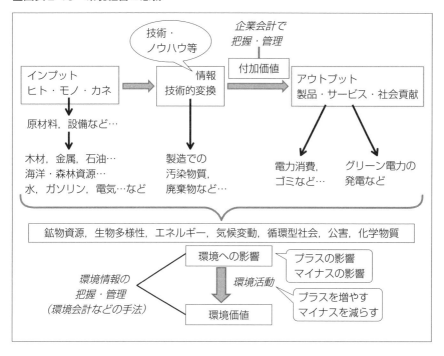

動などによって，環境へのプラスの影響を増やす活動を選択することも可能である。マイナスの影響の削減とプラスの影響の増加は，環境面での価値を生み出すことを意味する。企業経営プロセスが付加価値を創造するプロセスであるのと同様に，環境経営は「環境価値を創造するプロセス」である。環境への影響や環境価値の把握においては，付加価値を企業会計で捉えるように，環境情報の把握や公表のための環境会計などの手法も必要になる。環境経営に関する手法については，第3章で取り上げる。

　上で述べたように，従来の企業の存在意義は，企業は顧客に価値ある製品を提供し，付加価値から様々な支払いをし，税金を払い社会の一員としての役割を果たすことである。第1章で述べたように，地球の持続可能性なくして企業は存在できない。企業が環境経営に取り組む意義は，環境価値を創造し，持続可能な地球環境と社会のために責任を果たすことである。

6　働く誇りを共有する中小企業の環境経営

　本章では，経営学の基本的なフレームワークから，環境経営がどのような企業経営であるかについて明らかにした。ここで述べた環境経営は，「環境経営とはこのようにあるべきだ」という規範というよりも，第4章で示すような先進的環境経営の変遷を踏まえて，企業経営として発展してきた環境経営について，その概念や要素を浮き彫りにしたものである。大企業の取り組みがベースになっているというものの，本章で提示した企業経営としての環境経営は大企業だけに該当するのではなく，中小企業でもその考え方や要素は同じである。

　「環境マネジメントシステムは導入していませんが，コスト削減になるし当たり前のことなので省エネに取り組んでいます。」とおっしゃる中小企業経営者は少なくない。省エネという環境負荷削減は，先にも述べたように環境価値であり，付加価値を生み出す事業活動において，環境価値を創出している。つまり，中小企業が「当たり前」と思っている活動は，「自社が生み出す環境価値」という視点で改めて捉え直すことができるのである。また，製造活動における省エネは，図表2-7の環境性と経済性向上のフレームワークでは，環境コスト領域の活動に該当する。省エネ活動によって，エネルギー利用とコストの両者を削減することが可能である。省エネに取り組む企業は，環境性と経済性向上の機会を捉えていることになる。つまり，当たり前のこととして省エネに取り組んでいる中小企業は，「潜在的に」環境経営を行う土壌がある。

　ただし，「環境価値」という価値が意味をもつのは，それを数値などで目に見える形にしたときである。企業が生み出す付加価値や利益が金額で把握されることと同じである。また，環境性と経済性を向上させる機会が活用できるのも，それを意図して組織として取り組み，結果を明示する場合である。その意味でも環境情報の把握は必要であり，次章で取り上げる手法が活用できる。それらの情報を得ることが難しい場合には，本書の後の章で取り上げるように様々な支援も活用できる。

　当たり前の活動による環境価値に気づき経営に組み込む意思決定を行うのは経営者の役割である。環境経営の方向には，図表2-6で示したように4つある。

省エネなどの当たり前の活動を中心に据えて，取り立てて環境で目立つことを選択しないのであれば，差し当たり「無差別型」の立ち位置から始められる。次のステップに進むには，自社と環境問題の関係を知り，自社のステイクホルダーの動向を踏まえて，効果的な環境活動を選ぶ必要がある。本章の最初に示したように，自主的な環境活動の選択肢は多く，経営者の裁量の余地がある。どのような環境活動を選択するかは，戦略の意思決定であり，経営者の「自社が環境面でどのようにありたいか」という考えに基づくものである。製造等での省エネを中心にする場合には，「省エネの取り組みをたゆまず続けて社会の省エネに役立つ」という環境理念を作ることができる。

環境理念は，従業員への理念的インセンティブとなりうる。従業員のやる気を引き出すインセンティブの仕組みには，給与や昇進等の物質的インセンティブ，上司などから認められる等の評価的インセンティブ，企業組織内の良好な人間関係という人的インセンティブ，企業が掲げる理念やビジョンの理念的インセンティブ，自己実現の機会という意味の自己実現的インセンティブがある[29]。金銭面の経営資源やポストの数が限られた中で，物質的インセンティブと他のインセンティブを組み合わせることが，組織メンバーを動かす上では必要である。自社の活動を通して，大企業よりも小規模であっても環境価値を創出していることは，事業と環境の両面で社会に貢献できる。経営者が明確に，それを理念として表明し，組織メンバーに浸透させることは，やる気を高めることにつながる。例えば，取引先からの要請で国内版の環境マネジメントシステム KES の認証を取得した企業にインタビューした際に，経営者が次のように話された。

「ちっちゃい会社だから，環境にいいとか，そんなん関係ないと思っていました。遠い，大きな会社の話だと思っていました。けれど，自分のとこでもやらなきゃいけないというわけで，最先端のことを学びました。それがやっぱりうれしいのです。みんな（従業員のこと），新しいことをものすごく喜びました。」「流れの真ん中の方に行けてる喜び。それって大切ですわ。今まで流れの真ん中にいませんが，真ん中に行けてるって喜び。ここに行ったら，希望というかね，それをみんな持ってます。まあ，一番に大事にせな（＝しないと）い

けないことだと思いますけど。この KES をやって一番大きいのはそれです。みんな（口には）出さへんけども，社会の真ん中のとこで活躍したい，協力したい，行きたいっていうのはね，思っていますわ。」

　第1章で述べたように，環境経営は，社会の中心的課題である環境問題に対する企業経営からのアプローチである。その効果の大小はあっても，環境経営に取り組むことは何らかの役割を果たすことにつながる。そのことは，経営者のみならず従業員の誇りになる。次章でも述べるが，環境マネジメントシステム取得の要請から環境に取り組む場合でも，単なるパスポートにするのではなく，企業経営として役立てることができる。少なくとも「環境活動で社会に役立つという誇り」を組織で共有することはできる。その環境経営は，経営者の意思決定なくしては始まらない。経営者が，現在の企業活動の中で「環境への取り組み」と呼びうるものに目を向け，企業としてその活動に取り組む意義を組織メンバーに伝え，その活動の充実から始める。その継続のプロセスで，組織メンバーの意欲や能力を高め，取り組みを発展させていくこともできるだろう。

■ [注]────────

1) 谷本（2004）の pp.8-9，本文と図表1-2や，谷本（2006）の第2章を参照されたい。
2) 近年,「遵守」よりも「順守」の表記が一般的になっているので,本書でも「順守」を用いる。
3) 例えば，浜辺（2006）を参照。
4) 環境配慮の態度と行動に関する社会心理学分野の研究において，杉浦（2003）は，態度が形成されていなくても，行動の継続によって態度変容を促す，行動から態度へのフィードバックが存在することを示している。
5) 経営資源の説明は，伊丹・加護野（2003）に基づいている。
6) 坂下（2000）pp.3-14を参照。経営学の基本的なテキストとしては，例えば，伊丹・加護野（2003），加護野・吉村（2006），藤田（2011）などがある。
7) 例えば，日経産業新聞，1992年2月4日付「大手企業　広がる地球環境憲章　資源の有効利用と廃棄物削減を柱に」にトヨタ自動車,日本電気，NTT などの例が紹介されている。
8) 例えば, Senge et al.(2010) 邦訳の pp.345-347のコストコの持続可能な食品サプライチェーン構築のきっかけを参照。
9) 原書および訳書では，それぞれ，コスト（Costs），リスク（Risks），収益（Revenues），無形価値（Intangibles）という名称を挙げられており，コストの削減（reducing costs），リスクの回避（avoiding risks），収益の獲得（acquiring revenues），無形価値の構築（creating

intangibles）ということを意味している。
10) Ottman（2011）は，さらに発展させて20のルールを提示している。
11) ブランドによる差別化は，伊丹・加護野（2003）p.52を参照。
12) 谷本（2004）は「企業と単に取引関係を意味するものではなく，企業に対して積極的に利害を主張するような能動的な主体」としている。
13) 伊丹・加護野（2003）のpp.9-11を参照。
14) 「国等による環境物品等の調達の促進等に関する法律」
15) 環境ラベルに関しては，環境省のHPで提供されている「環境ラベル等データベース」を参照。
　　http://www.env.go.jp/policy/hozen/green/ecolabel/ （アクセス日：2014年3月12日）
16) 環境市民では，グリーンウォッシュを防止するための調査や，防止のガイドラインを発行している。活動については，http://www.kankyoshimin.org/modules/activity/index.php?content_id=141（アクセス日：2015年3月25日）を参照。グリーンウォッシュについては，例えば，『日経エコロジー』2013年3月号「グリーンウォッシュを防ぐ　環境コミュニケーション，次の一手」も参照されたい。
17) BOPビジネスの考え方については，例えばLondon & Hart（2010）を参照。London & Hart（2010）の第3章では環境面でのBOPビジネスも取り上げている。経済産業省は日本企業のBOPビジネスを支援することを目的として，「BOPビジネス支援センター（http://www.bop.go.jp/bop，アクセス日2014年3月15日）」を立ち上げている。
18) グリーンサプライチェーンマネジメントの構築や環境情報管理との関連については，例えば，Wang & Gupta（2011）や國部（2011）の第7章をそれぞれ参照。
19) 統合報告の増加については，2014年2月12日付の日本経済新聞「統合報告書　導入企業広がる」や2015年2月21日付の日本経済新聞「統合報告書の発行急増　投資家との対話に備え」を参照。非財務情報の開示や統合報告については，國部（2013）や水口（2011）を参照されたい。
20) GHGプロトコルは，持続可能な開発のための世界経済人会議（World Business Council for Sustainable Development, WBCSD）と世界資源研究所（World Resource Institute, WRI）が1998年に共同で設立した組織である。世界の有力企業が加盟している。GHG排出量の算定と報告について，オープンなプロセスで国際的に認められる基準を開発し，利用の促進を図ることを目的としている。把握の対象範囲については「スコープ1」から「スコープ3」が策定されている。
21) GHGプロトコルが示す算定範囲などについては，環境省のHP「グリーンバリューチェーンプラットフォーム」を参照。
　　http://www.gvc.go.jp/business/intr_trends.html （アクセス日：2014年3月13日）
22) 2012年には，世界で655の投資機関がCDPのプロジェクトに署名・参加しており，その運用総額は78兆ドルにも達している。CDPについては，CDP（2012）を参照。金融・資本市場の環境面での動きについては，國部（2013）および水口（2011）も参照。
23) プロボノに関しては，例えば嵯峨（2011）を参照。
24) 事業型NPOについては谷本（2006）を参照。環境省では，パートナーシップや事業型NPOの環境問題解決アプローチを支援している。活動事例などは，「地球環境パートナーシッププラザ（Global Environment Outreach Center, GEOC）」のパートナーシップ事例集を参照。

http://www.geoc.jp/information/regionalactivities（アクセス日：2014年3月15日）
25) 谷本(2004)のp.37の図表2-2においても，「環境」をステイクホルダーとして扱っている。
26) 国連環境計画（United Nations Environment Programme, UNEP）の国際資源パネル（International Resource Panel）では，金属や水などの資源に関する基礎的調査や，地球規模での循環利用などの政策に関する提言を行っている。
　　http://www.unep.org/resourcepanel/Home/tabid/106603/Default.aspx（アクセス日：2014年3月12日）
　　例えば，金属資源量に関する調査ではUNEP IPSRM (2010)，水資源利用に関する調査ではUNEP IPSRM (2012)を参照。水資源に関する政策と企業活動に関しては，在間(2014)も参照。
27) ここでの説明は，伊丹・加護野（2003）pp.1-6に基づいている。
28) 伊丹・加護野（2003）p.3。
29) 伊丹・加護野（2003）p.304。

第3章

組織マネジメントとしての環境経営

1 環境経営を実践する組織マネジメントの条件

(1) 環境経営という経営スタイル

　環境経営は，「経営」という言葉を用いるからには，公害対策とは異なる新しい経営スタイルであるはずである。第2章では，「環境経営はどのような企業経営なのか」について，経営学の基本的なフレームワークから紐解き，主に，以下の4点を示した。

　第1に，環境経営の活動領域には，コンプライアンスの基本的活動に加えて経営活動プロセス・ビジネス・社会貢献という3つの次元があり，経営者には，自社の企業理念や環境理念に基づき，環境活動に関する戦略を立て，それに取り組むための組織をつくり，人を動かすという役割がある。

　第2に，環境経営を方向づける戦略は無差別型・防衛型・積極型・革新型に分類され，革新型戦略は，環境面での共通価値創造の可能性が含まれる。また，環境活動について，環境性と経済性を向上させる機会には，環境コスト・環境リスク・環境ビジネス・環境ブランドの4つの領域がある。

　第3に，企業はステイクホルダーと関わりながら事業活動を行うが，環境経営では，環境面での多様なニーズや動きを踏まえて，ステイクホルダーとの関係をマネジメントすることが必要になる。

　第4に，環境経営の意義は，付加価値を生み出す企業経営のプロセスで，環

境へのマイナスの影響を減らし，プラスの影響を増やす環境活動を通して，環境価値を創造することである。

　現在，大企業では環境経営は当たり前になっており中小企業にも広まりつつある。それらの環境経営すべてが上記の4点を含むものではない。環境経営は，歴史的に見ると，環境マネジメントシステムの導入から始まったという側面があり[1]，企業は新たな経営スタイルとして環境経営を採用してきたわけではない。しかし，現在，環境報告書やCSR報告書などで公表されている環境経営を眺めると，環境に取り組む企業すべてではないが，経営戦略に環境を組み込み，環境活動を通して環境性と経済性の機会を見出している。また，経営理念や企業理念を眺めると，もちろんすべてではないが，付加価値を創造する過程における環境価値の創造，さらには，環境面での共通価値創造という考え方についても，広まりつつあるように見受けられる。これらのことから，第2章で述べ，上記4つにまとめた環境経営は，「あるべき姿」というよりも，これまで発展してきた環境経営について，企業経営として理解するための考え方を示し，企業経営としての要素を抽出したものである[2]。大企業の環境経営の変遷については，第4章で取り上げる。

　環境経営は，第1章で述べたように，社会の環境問題解決に対する企業経営からのアプローチであり，第2章で示したように，新たな企業経営のスタイルである。その意味で，環境経営を採用することはイノベーションの採用という意味がある。本章では，環境経営の組織マネジメントとしての役割に焦点を当てる。

(2) 組織マネジメントの条件

　環境経営は，「環境理念を組織の中心に位置づけ，企業活動に環境配慮の視点を組み込み，環境性と経済性の向上を目指すこと」であり，企業経営という観点からは，上記のような特徴がある。このような環境経営を実践するための組織マネジメントとして，必要な要件は何だろうか。上記の4点と照らしあわせると，「自主的に行う活動を適切な手段で選択し，従来からのコンプライアンスの活動と合わせて確実に実践する組織の体制と仕組み」「経営者の意思決定に環境経営の理念，戦略，方針といった事項が組み込まれること」「ステイ

クホルダーとの関係をマネジメントする仕組み」「環境負荷や環境への影響を定量的に把握し，環境価値を生み出す仕組み」の4つがあると考えられる。これらは相互に関連しており，まとめると，環境面での組織マネジメントの条件として，以下の2点を指摘することができる。

第1は，「企業経営としての環境経営に対応する仕組み」が含まれていることである。経営者は環境経営について「理念に基づき，戦略を立て・組織をつくり・人を動かす」という役割を担っている。例えば，環境活動を選択するためには，環境法規制やステイクホルダーの要求を踏まえる必要がある。また，選択した環境活動を実際に実行するのは従業員であるので，組織メンバーが参加し動く仕組みが必要である。さらに，活動にあたってヒト・モノ・カネという経営資源が必要であるので，それらに関する意思決定を含め，経営者の役割が組み込まれていることも重要であるだろう。

第2は，「環境情報を把握し活用する仕組み」が含まれることである。環境経営の意義は，付加価値を創造する企業経営において，環境活動を通して環境へのネットの影響を減らし，環境価値を創造することである。生み出す環境価値を把握するためには，経営プロセスや製品等に関する環境負荷について，環境活動の実施前の排出量や実施による削減量を測定したり算出したりすることが必要である。

第1点目に関する環境経営を実践するための主な手法には，環境マネジメントシステムがある。また，環境問題やステイクホルダーとの関わりを把握し，組織が取り組むべき環境活動を選択するために有用なAUDIO分析やステイクホルダー・マップというツールもある。第2点目に関する環境情報を把握する手法では，組織の環境影響評価や製品のライフサイクルアセスメントがある。また，組織の環境負荷の全体像であるマテリアル・バランスや環境性と経済性の関連を示す環境経営の指標というツールもある。本章の以下では，それらの手法やツールについて簡単に紹介し，中小企業で活かす方法について述べる。

環境経営の組織マネジメントでは，環境面での組織能力をいかに獲得できるか，という点も重要である。前章の図表2-13で示すように，企業経営では付加価値を生み出すプロセスで情報的経営資源の利用や蓄積がなされる。技術やノウハウなどの企業内部に蓄積される情報的経営資源は組織能力と関係がある。

したがって,環境価値を生み出す環境経営のプロセスにおいて,いかに能力を獲得するかということが,環境経営の成否を決める要素の1つとなると考えられる。この点については,「これを用いると組織能力が向上する」という明確な手法があるわけではなく,組織が自ら獲得するものであるだろう。また,環境経営と組織学習や組織能力の関係については,環境経営に関する研究課題の1つである[3]。

2 環境に取り組む組織のマネジメント手法 ——環境マネジメントシステム

(1) 環境マネジメントシステムとは

　環境マネジメントシステムは,環境経営の組織マネジメントの主要な手法である。環境経営では,従来行ってきたコンプライアンス,つまり,順守すべき法規制の把握と実施の管理に加えて,自主的に取り組む環境活動の選択およびその実施の管理も必要になる。多様な環境活動について,いつ・誰が・何を・どのように実行するのか,その成果をどのようにチェックし振り返るのか,といった点を具体的に決めなければ先に進めることは難しい。さらに,その決め方に何らかのルールや手続きがあって組織の構成員がそれを共有していなければ,活動ができる状態にならない。つまり,環境活動についても組織をマネジメントする仕組みが不可欠なのである。環境マネジメントシステムは,組織が環境面での方針や目標を設定し・計画を立て・ルールを決め実行し・見直す一連のオペレーションに関する体系化された仕組みである。

　企業が取り組むべき環境活動は,時代のトレンド,工場等が属する国や地域における自然環境や環境法規制の状況,企業の業種などによって多様である。また,自主的活動に関して,目標設定や活動レベルも,その企業自身がそれまでに講じた対策にも依存するため,様々である。コンプライアンスや自主的活動について,どのような体制をつくり,どのような仕組みで実行するかというオペレーションについても,組織の規模などにも依存するため,多様であるだろう。環境面での組織マネジメントに関する体系化された仕組みである環境マネジメントシステムを,組織がどのように構築し運用するかという点について

も，基本的には組織に依存している。企業は，自社の組織に応じた適切な仕組みをつくることが必要である。

(2) 認証制度の役割

環境への取り組みが市場取引や企業評価に関わる現在，適切な仕組みで環境面のマネジメントが行われていることが要求される。特に，企業の信頼性を確保する上で，「共通のルールや手続き」に従って仕組みをつくり管理を行うことが必須になっている。環境マネジメントシステムの認証制度は，組織の環境マネジメントシステムの構築と運用についての標準化された規格である。

環境に取り組む組織の構築や運用に関する共通化の意義について，例えば，図表3-1に示すような架空の例を考えてみよう。3社の前年度比での節電率を比較すると，C社が最も優れているように見える。しかし，3社にはそれぞれ環境に取り組む「仕組み」があるが，その「手続き」が異なっている。C社は目標設定をしているものの，計画を立てておらず，責任をもつ経営層の担当者も置いていない。B社は，経営層の責任者を置き，目標や計画を立てているが，記録までは取っていない。A社は，責任者をおき，目標や計画を設定し，実行を記録で確認し，見直しや改善まで行っている。これらの3社の中で，継続して環境に取り組む仕組みを作っているのはA社であることがわかる。A社の節電率が小さいのは，節電はすでにある程度達成し次の段階の活動に力を注いでいるのかもしれない。

一般的に，企業活動におけるルールや手続きなどの内部の仕組みについては

■図表3-1　環境に取り組む組織の仕組みの比較

	A社	B社	C社
前年度比の節電率	1％	5％	10％
環境面の方針	有	有	有
環境面での責任をもつ経営層	有	有	無
目標設定	有	有	有
計画・手順書	有	有	無
実行の記録	有	無	無
見直し改善	有	無	無

公表されるわけではない。たとえ企業情報として公開されたとしても、どの仕組みがよいかという判断を個々に行うのは難しいだろう。そこで、体制づくりやマネジメントの「手続き」を共通化することで、各組織がそれに基づいて取り組めばよいことになる。環境マネジメントシステムの認証制度は、共通の手続きに関する規格である。

　環境マネジメントシステムの認証規格の要求事項は、「紙使用を削減しなさい」「前年比2％の省エネをしなさい」というような目標の対象や数値を具体的に指定するものではない。その理由は、組織が直面する環境政策や環境問題や、組織の規模や産業なども異なるため、「何をどの程度対策するか・できるか」も多様であるからである。認証規格では、「該当する環境法規制をリストアップし、順守する体制をつくること」や「経営者が環境管理責任者を任命すること」というように、環境に取り組むマネジメントに関する仕組みの構築と運用について、満たすべき要求事項が提示されている。認証を取得する意義は、組織が「適切な共通の規格に従って環境マネジメントシステムを構築し運用していること」が保証されることにある。

　国際標準規格の役割について、よく知られた話であるが、品質管理に関する日本の対応の失敗から理解することができる。1987年に、国際標準化機構（International Organization for Standardization, ISO）[4]が品質マネジメントシステムの国際標準規格ISO9001の認証制度を開始した。1970年代に、欧米で、品質を管理し保証する仕組みに関して、それぞれ規格化が進められていた。国際貿易を行う国々で、自国の規格に従うことを求める場合には、それが貿易障壁になることが懸念される。そこで、ISOによって国際標準化が進められ、1987年にISO9001の認証制度が開始したのである。当時、日本では独自に、工場の品質管理QC（Quality Control）や全社的な仕組みTQC（Total Quality Control）の考え方や手法が確立されていたため、国際標準規格への関心は薄く、当時の通産省も特に認証取得を推奨していなかった。しかし、認証制度が開始すると、欧米の企業から取引要件として要求されるようになった。日本の品質管理に関する取り組みを説明しても「なぜ国際標準のやり方に従わないのか」と問われたという。その段階になって、国際取引を行う企業では、規格の要求事項を把握し導入することになった[5]。

第3章　組織マネジメントとしての環境経営

　環境マネジメントシステムの重要性に対する認識は1980年代に広まった。1984年にインドのボパールでユニオンカーバイド社現地子会社の農薬製造工場が有毒ガス漏洩事故を起こし，付近の住民にも多数の死亡者が出た。これを受けて，1985年にカナダ化学製造者協会が，「化学物質を扱う企業が，化学物質の開発から製造・物流・使用・廃棄まで環境・安全・健康に配慮し，活動を報告する」という「レスポンシブル・ケア」の概念を提示し，その実施を求めた。この考えが欧米を中心に広まった。また，1986年に米国環境保護庁 EPA は「環境監査政策声明」を出した。これが米国企業に普及し，米国を拠点とする多国籍企業により欧州にも波及した。また，1989年にエクソン社の石油タンカー「バルディーズ号」がアラスカ沖で座礁し原油の流出事故を起こした。生態系に大きなダメージを与えたこの事故をきっかけに，米国の環境保護団体や投資関係団体が「環境に責任をもつ経済のための連合（CERES，セリーズ）」を設立し，企業が環境問題への対応について守るべき判断基準を示した倫理原則「バルディーズ原則」を提示し，企業にコミットメントを求める活動を行った。バルディーズ原則には，環境問題担当取締役を置くこと，環境活動に関する年次監査報告を作成し公開すること，緊急時への対応など，環境マネジメントシステムにつながる基本的な考え方が含まれていた[6]。

　1992年の地球サミットを契機として，持続可能な開発のための世界経済人会議（World Business Council for Sustainable Development, WBCSD）が ISO に環境マネジメントシステムの国際標準化を求め，1996年に ISO14001が策定された。これは，1992年にイギリス規格協会が策定した環境マネジメントシステムの規格 BS7750や，1993年に EU が策定した環境管理・監査規則 EMAS を基盤にしている。日本では，ISO9001への対応の失敗を踏まえて，特に国際市場で取引する製造業の大企業では，ISO で規格が検討される段階から着目し，認証取得を進めた。認証取得は国際市場での信頼性確保のために重要であったからである。図表3-2に示すように，1995年の試行から2004年8月までの約10年で，認証取得件数は急速に増加した。

　1980年代には地球規模の環境問題が顕在化し，国際的な枠組での取り組みが開始した。化学物質の影響や気候変動問題など科学的な不確実性のある問題への環境政策の原則として，予防原則が提示され，モントリオール議定書などに

■図表3-2　ISO14001登録件数の推移（2004年8月まで）

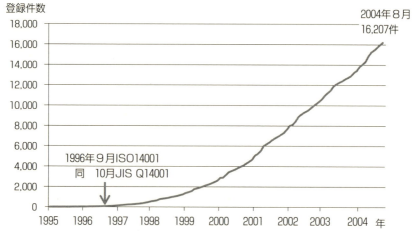

(出所)（財）日本規格協会（環境管理規格審議委員会事務局）（当時）が公表したデータをもとに筆者作成

も盛り込まれるようになった。予防原則は，不確実性を伴う事象に対する意思決定の原則で，「科学的に確実でないということが，環境の保全上重大な事態が起こることを予防する立場で対策を実施することを妨げてはならない」つまり，「科学的知見が欠如していることを口実として，対策を講じないということがあってはならない」ということで，深刻でかつ不可逆な環境影響が生ずるおそれがある場合に適用される考え方である[7]。不確実性がある問題に対して，明確な規制を設計することは難しく，政治的意思決定にも時間を要してしまう。その間にも問題は深刻化するおそれもある。それを回避するためには，企業などに自主的に取り組んでもらうことが重要で，環境政策においても自主的アプローチも着目されるようになった。環境マネジメントシステムの認証制度は，企業の自主的取り組みを促す政策アプローチの1つでもある。

(3)　環境マネジメントシステムの認証規格の概要

　環境マネジメントシステムの認証規格には，国際的に通用するISO14001と国内でのみ通用するものがある。図表3-3にそれぞれの特徴を示す。また，この他にも，東京都目黒区の「めぐろグリーンアクションプログラム（MeGA

■図表3-3　環境マネジメントシステムの認証規格の比較

	ISO14001	エコアクション21	KES	エコステージ
統括する組織	公益財団法人日本適合性認定協会（認定機関）	一般財団法人持続性推進機構	特定非営利活動法人KES環境機構	一般社団法人エコステージ協会
認証登録制度の開始年	1996年	2004年（1996年に環境省がガイドライン初版を策定）	2001年（1998年検討開始、1999年初版規格、2000年試行）	2003年（1998年に東海で研究会発足）
審査・登録を担う組織	41（認証機関）	39の都道府県合計：55（地方事務局）	KES環境機構および21（地方協働機関）	東京・東海・埼玉・関西・四国合計：44（評価機関）
認証取得し登録された事業者数	19,206	8,099	4,355	2006年時点で約500
通用する範囲	海外・国内	国内	国内	国内
段階の設定	なし	なし	2段階	5段階
強み・特色	・国際標準規格なので国際的に通用する	・ほとんどの都道府県で事務局がある・環境活動レポートの作成・公表を支援	・無料相談や地域活動の支援・エネルギーマネジメントや社会的責任を加えた規格もある	・経営支援を重視・パフォーマンス評価も組み込む・グループエコステージなどのメニューもある
認証・登録に要する費用（初年度）	約50〜100万円（規模等や認証機関による）	約5〜20万円（規模・工数による）	ステップ1：約6万円　ステップ2：約20万円	約20〜80万円（規模・日数による）
コンサルティング	認証機関とコンサルティング機関は別	コンサルタントを紹介約3万円／回	1.3〜1.8万円／回	15〜20万円前後／回

（出所）数字等はいずれも2014年4月時点でHP等での公表内容

事業所版」のように，地方自治体が独自で環境に取り組む事業者を認証する取り組みや，環境自治体会議による自治体向け環境マネジメントシステムの認証制度LAS-Eなどもある[8]。

① ISO14001認証制度の仕組み

ISOの認証制度では，加盟各国で1組織が認定機関として運営を担っており，日本の認定機関は公益財団法人日本適合性認定協会（JAB）である。認定機関は，審査・登録を行う機関を認証機関として認定する。認証取得を希望する組織は認証機関に申請して，構築した環境マネジメントシステムがISO14001の要求事項に適合しているかを審査してもらい，適合していればISO14001の認証を受け，登録できる。審査・登録を担う認証機関の数は，2014年4月現在で41である。審査は環境マネジメントシステムに関する専門知識と力量をもつ審査員が行う。認定機関のJABは，審査員の研修や登録に関する認証機関として一般社団法人産業環境管理協会の環境マネジメントシステム審査員評価登録センターを認定している。審査員になるには，一定の要件を満たし，同センターで認証された研修コースを受けて合格しなければならない。審査員には，主任審査員・審査員・審査員補があり，2014年4月現在で合計6,165人が登録されており，そのうち主任審査員は1,326人である。

ISO14001の認証を取得し登録されている事業者は，2014年4月時点で約19,000件である。図表3-2に示したように，最初の約10年間で約16,000件の認証取得があったが，続く約10年では3,000件の増加にとどまっており，近年はむしろ減少傾向にある。その理由としては「認証更新等の維持費用がかかる」「組織の性格上国際標準である必要がない」「システム構築や運用のノウハウを獲得できたので認証がなくても維持できる」といったことが挙げられる[9]。

② ISO14001の概要

ISO14001[10]の概要を図表3-4に示す。組織が順守しなければならないことは，組織に該当する環境法規制，および，自主的に設定した事項の2種類である。ただし，自主的な事項は適当に決めてよいというのではなく，組織の環境影響評価を実施して，組織が与える環境への影響の大きいものを選ばなければならない。環境影響評価では，組織のすべての活動，製品・サービスについて，環境に影響を与える要因「環境側面」をすべて洗い出す。これは，環境負荷，つまり，投入するエネルギーや資源，排出する汚染物質や廃棄物を把握することである。それらを，環境問題への影響「環境影響」と関連づける。例えば，「ガソリンの使用」という環境側面は，「資源枯渇」や「気候変動」「大気汚染」

といった環境問題に関連があるだろう。関連づけたら，判定基準を決めて評価を行う。それを通して，特に環境への影響が大きい項目「著しい環境側面」をピックアップする。

　ISO14001が求めているのは，これらの順守する事項について，PDCAを回すことである。PDCAは経営で用いられる手法である。経営層が環境方針を立て，各部門などで長期的な目的，年間の目標とそれを実行するための計画を立てる。これが「Plan」のプロセスである。次は，実際に現場で実行し，記録を取る「Do」のプロセスである。一定期間の実行後に内部監査を行いチェックし，うまくいかなかった点などについて改善方法を検討する。これが「Check」のプロセスである。さらに，「Review & Act」のプロセスでは，経営層が，監査の結果の報告を受けて見直しを行い，方針に反映させる。そして，また，PDCAを回す。このようにして，継続的に改善をするのである。

　これらのプロセスでは，全体のマニュアルや，必要に応じた手順書など様々な文書の作成やその管理が求められる。また，教育・訓練や，組織の内外のコ

■図表3-4　ISO14001の概要

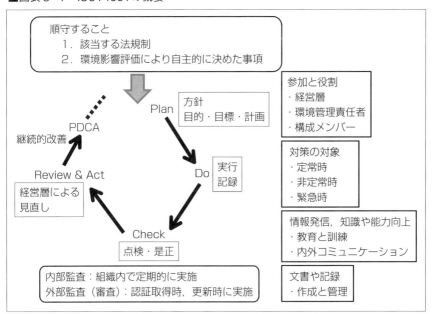

ミュニケーションを行うことも求められている。ISO14001では，定常時だけではなく，例えば機械の点検などの非定常時や天災などの緊急時についても起こりうる事態を想定して対策を立てることを求めている。最初からすべてを想定することは困難だが，継続して実施するうちにできるようになるという声はよく聞かれる。ISO14001では，現場での実行や教育など全員参加で行う仕組みが含まれているが，最高経営層にも5つの事項が課せられている。それらは，「環境方針の制定」「経営資源（人材，技能・技術，資金）の提供」「環境管理責任者の任命」「内部監査の結果の報告を受ける」「マネジメントレビューを行う」というものである。環境の担当者に任せておくのではなく，経営者自身も関わる必要がある。

③ 国内版の規格の特徴

「エコアクション21」「KES」「エコステージ」は国内版の規格である。これらにおいても，制度を統括する中央組織が，審査・登録を行う認証組織と審査員を認定するという形で運営されている。これらの制度は，中小企業を主要なターゲットに据え，環境マネジメントシステムの普及を目的としている。そのため，規格は，国際標準のISO14001を踏まえているものの，中小企業の取り組みやすさに配慮されている。いずれも，ISO14001の認証を取得する場合に比べて審査費用が安く，コンサルティング等の相談への対応もあることが特徴である。ただし，コンサルタントと審査員は異なる人にするというように，審査の中立性には配慮されている。

「エコアクション21」は，環境省が策定したガイドライン「エコアクション21」に基づき認証を行うもので，多くの都道府県に認証機関があり，国内版3制度の中では，最も登録件数が多い。特に，環境活動レポートの作成支援に特色がある。「KES」は，1997年の気候変動枠組条約の第3回締約国会議が京都で開催されたことをきっかけとして設けられた制度である。コンサルティングを安く受けられることや，無料相談の機会や，中小企業に地域の学校での環境教育の機会を提供するといった特色もある。「エコステージ」は，名古屋の大学や企業が設立した環境マネジメント研究会で作られた制度で，経営支援を重視し，環境パフォーマンスの改善も組み込んでいることといった特色がある。KESやエコステージでは，社会的責任，エネルギーマネジメントシステム，

第3章 組織マネジメントとしての環境経営

環境会計などのメニューもある。

(4) 環境マネジメントシステムの活用

　環境経営は環境性と経済性の向上を目指すものであり，それは，図表2-7で示した「環境コスト」「環境リスク」「環境ビジネス」「環境ブランド」の領域において4つの機会を見いだすことで実現される。環境マネジメントシステムを構築し運用する意義について，4つの機会との関わりから考えてみよう。図表3-5に示す。

　まず，環境マネジメントシステムの導入と運用は，環境法規制の順守活動，環境への影響の大きい活動を見出し削減する活動，事故や天災などで生じうる環境リスクへの対応活動について，体制づくりと徹底した取り組みを可能にする。それらの活動を通じて，組織の環境負荷や環境リスクが削減される。環境

■図表3-5　環境性と経済性を向上させる機会と環境マネジメントシステムの活用

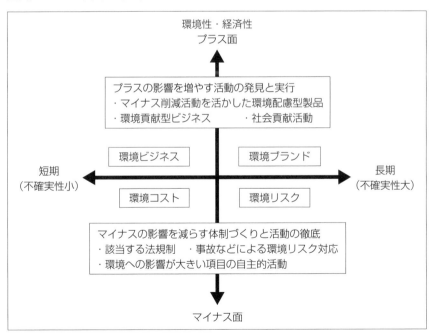

経営では，それらの活動をコスト削減など経済的なメリットにつなげる機会に結びつけることが重要である。

次に，環境マネジメントシステムの活動を通して，プラスの環境側面を増やす活動も進めることができる。工場やオフィス等での環境負荷削減や，製品設計の見直しによるライフサイクルでの環境負荷削減によって，自社の製品を環境配慮型に変更することが可能だろう。また，環境貢献型ビジネスへの参入や社会貢献活動も，プラスの環境への影響を生み出す活動となる。環境経営では，それらの活動を利益や企業評価の向上に結びつけることが重要である。

当然ながら，環境マネジメントシステムの導入や運用により自動的に環境性や経済性に効果が現れるわけではない。いかに効果の機会を見出し，実際に効果を生み出すかは，組織の能力に関わっている。逆に，環境マネジメントシステムの活動を通して，組織能力を向上させることも可能だろう。

3 環境経営における環境会計の役割

(1) 環境価値の把握とアカウンタビリティ

環境マネジメントシステムの構築は，ルールづくりからではなく，環境負荷の現状把握から始まる[11]。この点は，家計の節約活動と似ている。効率的な節約は，消費の我慢から始めるのではなく，まず収支を把握して節約すべき点や節約できる余地を見つけ，どの程度どのような方法で節約するかを決める，という流れで進めることができる。環境への取り組みにおいても，初段階で環境負荷が大きく削減が必要な項目を割り出すことが必要である。大きな環境影響を及ぼす企業活動の項目を見出したら，それを企業全体の目的や部門の目標に設定し，具体的な計画を立て実行に移す，という順番で取り組みが進められる。実際に取り組んだことによる効果を判定するためには，やはり環境負荷の値を知る必要がある。つまり，環境に関する組織マネジメントにおいては，期首と期末の環境負荷の把握，さらにはそれを継続することが求められる。

企業経営では，企業会計の手法を用いて経済性のパフォーマンスを把握し公表する。企業会計の意義は主に2点ある。第1は，外部会計によりアカウンタビリティを果たすことである。株式会社では企業は株主の資金を預かって経営

しており，毎年決算を行い，経営成果を株主に報告する責任がある。これは法制度として確立されている。第2は，内部会計により原価計算等を通して企業の事業活動を改善することである。第2章の図表2-13で示したように，付加価値を生み出す企業経営の活動プロセスにおいて，環境へのマイナスの影響を減らし，プラスの影響を増やす環境活動を通して，環境価値を創造することが，環境経営の意義である。付加価値を企業会計で捉えるように，環境経営では環境価値の把握が必要である。環境価値の把握には，環境負荷量やそれによる環境影響の計測や算定が必要であり，環境会計では環境情報の把握に関する様々な手法が開発されている。

環境会計でも企業会計と同様に内部会計と外部会計があり，2つの役割がある。1つは，環境負荷や環境への影響を定量的に把握することで，自社の現状の把握や削減の管理に有用なことである。第2は，環境経営の活動により生み出された環境価値を把握し公表することで，社内でのモチベーションを高め，消費者団体や格付機関などの外部評価を受けることにも役立つことである。

環境性と経済性の両者の向上を目指す環境経営の目的を達成するためには，企業会計で把握される経済性のパフォーマンスに加えて，環境性のパフォーマンスの把握は不可欠である。第2章の図表2-9で図示したように，企業は市場や社会で様々なステイクホルダーとの関係において活動を行っている。地球環境は，すべての国や地域，組織や人にとっての共有財産であり，企業はステイクホルダー全てに対して環境面での説明責任がある。水口（2012）は，企業は共有財産である地球環境を一定の限度で適切に利用することを委託されており，その取り組みなどの状況を社会に報告する責任があると述べ，これを「環境アカウンタビリティ」と呼んでいる[12]。

(2) 環境性と経済性向上の機会と環境会計の活用

環境マネジメントシステムと同様に，環境会計の諸手法についても，大企業だけではなく一部の中小企業においても用いられている。環境会計の諸手法について，詳細な内容や開発の現状については，例えば，國部他（2012）を参照されたい。図表3-6では，環境会計の主な手法を取り上げ，環境性と経済性向上のフレームワークにマッピングしたものである。

環境コスト領域と環境リスク領域において有用な環境会計としては，環境マネジメントシステムの重要な要素の1つである組織の環境影響評価がある。環境影響評価と関連があるものでは，企業活動全体において水やエネルギーなどの収支を把握するマテリアル・バランスもある。これらについて，次節で簡単に紹介する。

　環境コスト領域では，マテリアルフローコスト会計（Material Flow Cost Accounting, MFCA）がある。MFCAは，製造工程における物質の流れを物量と貨幣で計測・算定し，製品と廃棄物の経済性を明確化する環境管理会計の一手法である。MFCAは，資源生産性の向上や，製造工程の改善に役立つ手法として着目されている。

　環境リスク領域に関する事項として，環境債務の把握がある。2003年の土壌汚染対策法では，工場跡地などの土壌汚染による健康被害の防止を目的として，土地所有者に土壌の調査と汚染が見つかった場合の浄化などを求めている。2010年の法改正により操業開始時からの有害物質の使用履歴の調査が必要になった。さらに同年，企業会計において国際標準を踏まえた新会計基準が導入され，企業が保有する土地について，将来必要となる汚染対策費用や調査費用を環境債務として，資産除去債務に組み入れて前倒しで計上することが求められることになった。

　環境ビジネス領域では，製品のライフサイクルアセスメント（Life Cycle Assessment, LCA）とライフサイクルコスティング（Life Cycle Costing, LCC）がある。原料採取から，製造，流通，廃棄やリサイクルといった製品のライフサイクルについて，前者は環境面を，後者は経済面を把握する手法である。LCAについては，次節で簡単に紹介する。製品の環境情報に関する表示では，環境フットプリントや環境ラベルがある。

　環境ブランド領域としては，環境経営指標などの環境会計情報を，環境報告書などの媒体を通して外部に提供することがある。いくつかの環境経営指標については，次節で簡単に紹介する。環境報告書は，環境理念や環境活動の状況，環境負荷の状況やその変化などを包括的に報告するものであり，「環境報告書」「サステナビリティ報告書」「環境・社会報告書」「CSR報告書」など，企業によって名称は様々である。また，第2章で述べたように，グローバル企業では，

第3章　組織マネジメントとしての環境経営

■図表3-6　環境性と経済性を向上させる機会と環境会計関連の手法

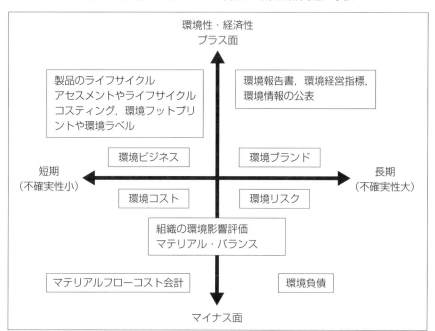

　年次報告書と環境・社会的活動を包括的に報告する「統合報告」を行う動きも生まれている。

　環境報告書について，日本では，2004年の「環境情報の提供の促進等による特定事業者等の環境に配慮した事業活動の促進に関する法律（環境配慮促進法）」によって，独立行政法人や国立大学法人に義務づけている。民間企業は努力義務であるが，発行する企業は少なくない。環境報告書の作成についてはガイドラインが示されている。国際的なガイドラインはGlobal Reporting Initiative（GRI）が策定している。また，日本では，環境省が「環境報告ガイドライン」を公表している。

4 組織や製品の環境影響の評価と環境経営指標

(1) 組織の環境影響評価とマテリアル・バランス

　企業活動における環境への影響を把握する手法は，組織の環境影響評価であり，環境マネジメントシステムを構成する要素の１つである。環境影響評価の概念図を，図表3-7に示す。自社の事業活動と事業活動以外について，それぞれの工程フローを描き出し，エネルギーや水等の資源のインプット，廃棄物や汚染物質等のアウトプットについて，定量的に計測や算定を行う。環境負荷の量や環境への影響を及ぼす活動項目は，ISO14001では「環境側面」と呼ばれる。さらに，例えば二酸化炭素と気候変動問題のように，環境側面と環境問

■図表3-7　組織の環境影響評価の概念図

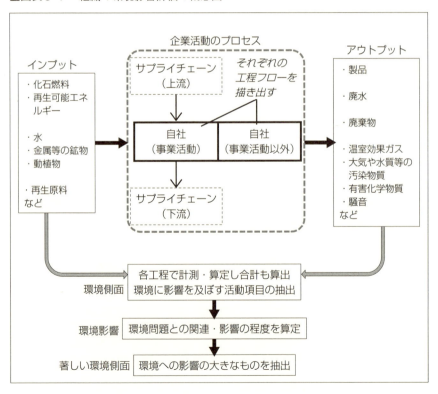

題の結びつきを把握し，その影響の大きさを算定する。それらはISO14001では「環境影響」と呼ばれる。最終的には，全体の中から，特に環境への影響の大きな項目を抽出する。ISO14001では「著しい環境側面」と呼ばれる。環境影響評価には統一的な手法があるわけではなく，必ずしも数値化が求められるわけではない。計測・算定や判定基準について，企業は自社の業種や活動範囲に適した方法で選択すればよい。

　ISO14001ではサプライチェーン全体の環境影響評価を行うことを求めているわけではないが，最近は，先に述べたように金融・資本市場において企業の非財務情報を求める動きがあり，サプライチェーン全体の把握を求めることがトレンドになっている。例えば，第2章でも述べたが，機関投資家によるNPOであるカーボン・ディスクロージャー・プロジェクト（CDP）は，対象企業の温室効果ガス算定の範囲について，事業活動プロセスに加えて，非事業

■図表3-8　サプライチェーン全体のIPO分析の概念図

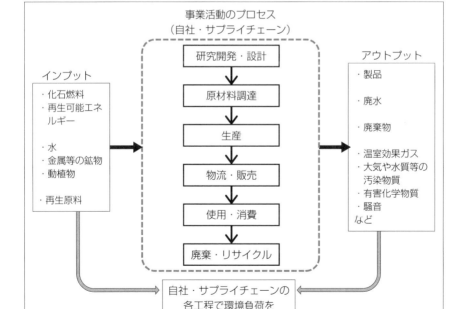

活動やサプライチェーンも含める範囲「スコープ3」を求めている。大企業では，水収支，エネルギー消費量，二酸化炭素排出量などの環境負荷について，図表3-8に示すようにサプライチェーン全体で把握し，その全体像を「事業活動の環境負荷の全体像」「マテリアル・バランス」[13]としてホームページなどで公表するケースが増加している。一般に，プロセスに関する環境負荷のインプットとアウトプットを把握・評価する手法は，「IPO（Input-Process-Output）分析」と呼ばれている。

(2) 製品のライフサイクルアセスメントと環境フットプリント

製品のライフサイクルアセスメント（Life Cycle Assessment, LCA）は，製品1単位が及ぼす環境への影響を，原材料採取から製造や使用，廃棄に至るまでのライフサイクル全体について定量的に評価する手法である。LCAの手法は4段階で構成される。まず，実施の目的や対象と範囲を決め，次にライフサイクルインベントリ（Life Cycle Inventory, LCI）を行い，さらにLCIを踏まえてライフサイクル影響評価（Life Cycle Impact Assessment, LCIA）を実施し，最後に結果の解釈を行う。図表3-9にLCAの概念図を示す。LCIでは，環境負荷の投入量（インプット）と排出量（アウトプット）を算定・測定する。LCIAでは，環境負荷と環境問題の関係を把握し，環境への影響を算定する。

図表3-7から図表3-9を見るとわかるように，組織の環境影響評価，サプライチェーンのIPO分析，および，製品のLCAは，基本的にはIPO分析に基づき環境負荷とその環境への影響を把握する手法である。ただし，LCAは，ISO14040で手順の原則等が示されており，義務ではないが，このガイドライン規格に沿うことが望ましいと言える。また，LCAでは，製品の環境負荷の改善に活かすには，把握対象の全工程を詳細に洗い出すことが必要である。多くの部品や材料から構成される製品では，対象となる工程数が多いため，LCAの実施には知識と時間と労力を要する。それに対し，組織の環境影響評価は，どの程度詳細に把握するかという点は，組織の規模や能力に応じて自らが選択する。ただ，環境マネジメントシステムの運用において継続的に改善するためには，最初に大雑把な把握で済ませた場合には改善の余地がすぐに小さくなってしまうため，ある程度細かく把握することが重要である。

環境ラベルは，同じカテゴリーの製品について相対的に環境面で優れているものを示す表示である。タイプ1は，多様な環境負荷に関して第三者機関が評価するもので，日本ではエコラベルがある。タイプ2は業界や企業によるラベルである。タイプ3の環境ラベルでは，製品のLCIのデータを公表する中立的な情報を提供するもので，日本ではエコリーフの制度がある。環境ラベルのガイドラインについてもISOの規格がある。

製品の環境フットプリントは，製品のLCAで得られたデータを公表し，合計値を製品に表示するものである。すでに「カーボン・フットプリント」の取り組みがあり，2014年4月からは日本でも「カーボン・フットプリント制度」が実施されている。また，最近は，水資源に関する「ウォーター・フットプリント」の取り組みもあり，日本でも東芝等が算定し表示している。さらに，製

■図表3-9　製品のライフサイクルアセスメントの概念図

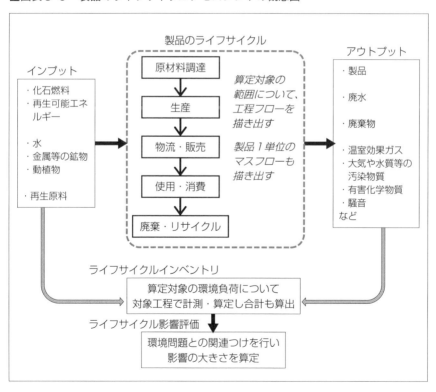

品だけではなく,サプライチェーンのIPO分析のデータを公表する「組織の環境フットプリント」の制度が検討されている。欧州委員会では,多様な環境指標に関して他社との比較を前提とする方法論について議論されている[14]。また,ISOでも近年,温室効果ガスや水の算定・評価に関する規格が発行されている。

(3) 環境経営の指標

環境経営において,企業は環境負荷の現状を把握し公表するだけではなく,例えば,生産規模拡大による環境への追加的な影響や,環境活動による改善の効果などについても把握する必要がある。それらの情報は,環境経営を継続的に進めるためにも重要である。ここでは環境経営に有用な5つの指標を簡単に紹介する。

第1は「総量」である。水使用量,エネルギー使用量,廃棄物量,二酸化炭素排出量など,一定期間における環境負荷量の値である。管理の対象と定量化する手法を決めておき,毎年計測や算定を行う。これは,経済活動のパフォーマンスを,生産量や,売上高,利益といった値を把握することに対応している。なお,環境負荷の把握は,水収支やエネルギー消費量,廃棄物量のように,計測するものと,温室効果ガス排出量のように算定するものがある。例えば,温室効果ガスの排出量は,「排出係数×活動量」で算定できる。二酸化炭素の場合,活動量は,エネルギー起源では重油・都市ガス等の燃料・電力の使用量,エネルギー起源以外では,セメント・生石灰・鉄鋼などの製造に伴う排出量等である。排出係数は,電力以外は燃料等によって異なり,電力では発電方法により異なる。環境省や電力会社が排出係数を公表している[15]。

第2は,「原単位」である。二酸化炭素排出量など環境パフォーマンスの総量が前年より増えた場合を考えよう。経済活動の規模は同じで増えた場合と,生産量が増えたために環境面での総量も増えた場合では,「増えた意味」は異なる。このような場合,原単位を使ってチェックすることができる。原単位とは,一定量を生産するのに必要な生産要素量で,「原単位=生産要素量／生産量」という式から計算する。生産量で労働投入量を割った労働原単位などがある。分母に売上高を用いる場合もある。環境面では,エネルギー原単位は「エ

ネルギー消費量／生産量」で，二酸化炭素排出量の原単位は「二酸化炭素排出量／生産量」で算出できる。例えば，ある企業で，二酸化炭素の排出量が前年比で1.5倍であるが，生産規模を前年より2倍に拡大したことが理由であるとしよう。確かに排出量の総量は増加したのだが，原単位は前年比で0.75倍となり，生産が拡大したほどには排出量を増加させていないことになる。

第3は，「資源生産性」である。資源生産性とは，単位当たりの資源投入量に対する経済価値で，「資源生産性＝経済性の指標／資源投入量」という式で計算できる。経済性の指標としては，売上高，付加価値，営業利益，生産量などが用いられる。環境面では，エネルギー生産性は分母にエネルギー消費量を，炭素生産性の場合は分母に二酸化炭素排出量が，それぞれ用いられる。先ほどの例の，生産規模を前年より2倍に拡大したが二酸化炭素排出量が1.5倍だった場合，炭素生産性は前年比で約1.3倍となる。排出量が増えた以上に生産が拡大したことがわかる。環境経営としては，原単位の値は小さいほど望ましく，生産性の値は大きいほうが望ましいことになる。

第5は「環境効率」である。これは，資源生産性を一般化した形で，「環境効率＝経済性の指標／環境性の指標」の式で計算される。経済性の指標は，生産性と同様に，売上高，付加価値，営業利益，生産量などが用いられる。環境性の指標には，2つのタイプがある。1つは，特定の1つの環境に関する値を用いる場合である。水，電気，燃料，石油などの資源の使用量や二酸化炭素，廃棄物などの環境負荷の排出量などがある。この場合は，生産性と同じ概念である。2つは，複数の環境に関する値を統合して1つの数値に表す「環境統合指標」を用いる場合である。環境統合指標を構成するいくつかの手法が開発されている。例えば，物量で表せる環境負荷のデータから環境問題への影響を算定し，さらに環境や健康への被害金額に算定する手法がある。詳しくは，國部他（2012）を参照されたい。

第5は「削減貢献量」である。上記の4つが，環境に与えるマイナスの影響に関する指標であるのに対し，これは，製品や活動によってもたらされるプラスの影響に着目するものである。つまり，自社製品の利用や環境対策によって削減された環境負荷の量を推計した値である。製品では，例えば，節水型洗濯機の削減水量の推計などがある。企業活動では，例えば，自家発電による自然

エネルギー利用による電力利用削減量などがある。

5 環境経営の戦略策定のための手法

(1) AUDIO分析

第2章の図表2-4で示したように、企業が取り組む環境活動を決定する場合、企業と環境問題の関わり、ステイクホルダーとの関係、環境性と経済性向上の機会といった事項を知る必要がある。Esty & Winston（2006）は、「特に重要な10の環境問題」として、気候変動、エネルギー、水、生物多様性と土地利用、化学物質・重金属、大気汚染、廃棄物処理、オゾン層破壊、海洋と漁業、森林管理を挙げ、それらに関して、企業の課題と機会を見出す手法として「AUDIO分析」を提示している[16]。

図表3-10は、Esty & Winston（2006）のフレームワークに、筆者が加筆修正したものである。このフレームワークは次のような手続きで活用される。まず、取り組むべき環境問題と自社に該当する環境法規制をリストアップする。次に、取り上げた環境問題に対して、自社の取り組みの現状（Aspects）、サプライチェーンにおける上流（Upstream）と下流（Downstream）の取組状況や、それらのステイクホルダーから自社への要求事項の概要を把握する。さらに、それらの要求に応えるための自社の課題（Issues）や取り組まない場合

■図表3-10　AUDIO分析

環境問題	関連の環境法規制	自社の環境への取組の現状 Aspects	上流企業の取組状況・自社への要求事項 Upstream	下流企業の取組状況・自社への要求事項 Downstream	自社の課題（不足する経営資源、取り組まないリスクなど）Issues	コスト削減や利益獲得などの機会となる事項 Opportunities

（出所）Esty & Winston（2006）p.264のAUDIO Frameworkに筆者による加筆修正

のリスクを把握すると同時に，コスト削減やビジネスの機会（Opportunities）となる活動を抽出する。このように，AUDIO分析は，自社と環境問題の関わり，環境活動に取り組むに際しての脅威と機会を捉え，取り組むべき環境活動について戦略的な意思決定を可能にする手法である。AUDIO分析をより正確に行うためには，企業活動と環境問題や環境負荷の関係の把握が重要であり，そのためには，上述の組織の環境影響評価やサプライチェーンのIPO分析が有用である。

(2) ステイクホルダーとの関係性

第2章で述べたように，市場や社会における環境配慮の要求には様々なものがある。企業は，市場や社会における自社のステイクホルダーが何を求めるかを把握し，それに対してどのように応えるかを決める必要がある。ただし，企業は，経営資源にも限りがあるので，すべてのステイクホルダーの要求に応えることはできない。したがって，企業は要求に応えるべきステイクホルダーを選ぶ必要もある。

Esty & Winston（2006）は，「ステイクホルダーの影響力の大きさ」と「ステイクホルダーへの注意・配慮の度合い」という2点を考慮して，ステイクホルダーを4つのカテゴリーに分類する方法を提示している。図表3-11は，Esty & Winston（2006）の「ステイクホルダー・マップ」（邦訳。原文ではPlayers Influence Map）をもとに著者が加筆したものである。このフレームワークは，以下のように活用される。自社と関わる主なステイクホルダーをリストアップし，図表3-11のフレームワークにマッピングする。その位置づけによって，企業とステイクホルダーの今後の関係づくりについて戦略的に意思決定をすることができる。

図表3-11の右上の「適切（度合い大）」グループに位置するステイクホルダーは，影響力が強く注意を要し，これまでも注意・配慮をしてきた相手である。逆に，左下の「適切（度合い小）」グループは，影響力が弱くあまり心配しなくてよい相手である。いずれも現状の関係性を維持すればよい。図の左上の「過小評価」グループは，影響力が増してきたがこれまであまり注意を払っていなかった相手で，今後に注意を払い良好な関係を構築する必要がある。右

■図表3-11　ステイクホルダーマップ：ステイクホルダーとの関係の把握

		注意・配慮の度合い	
		低い	高い
影響力	強い	過小評価 *注意・配慮レベルを上げる必要あり*	適切（度合い大） *注意・配慮レベルは現状維持*
	弱い	適切（度合い小） *注意・配慮レベルは現状維持*	過大評価 *注意・配慮レベルを下げてよい*

（出所）Esty & Winston（2006），p.267，Players Influence Map（邦訳p.394，ステークホルダー・マップ）をもとに筆者作成

■図表3-12　ステイクホルダーの要求事項の把握

カテゴリー	ステイクホルダーの名称等	環境面での要求事項や動きに関するキーワード ただちに取り組むべき事項・ 今後取り組むべき事項
製品・サービス市場	主な顧客名 主な競合企業 など	
原材料市場	子会社 主な下請け など	
金融・資本市場	メインバンク 取引銀行 主な株主 など	
労働市場	ターゲットとする求職者層 従業員・労働組合 など	
政府・行政	環境問題分野 政策のカテゴリー など	
市民，NPO・NGO	関わりのあるNPO・NGO 地域住民の組織 など	

下の「過大評価」グループは，その逆で，影響力がさほど大きくないのにこれまで注意を払ってきた相手であり，今後は注意・配慮の度合いを下げてよいステイクホルダーである[17]。

　ステイクホルダー・マップを利用して重要なステイクホルダーを具体的に抽出し，それらの主な環境面の要求事項を，例えば，図表3-12のような形でリストアップすることによって，企業は，取り組むべき環境活動の候補を把握できる。この表に示すように，時間軸も考慮して，ただちに取り組むべき事項と今後に取り組むべき事項を分けておくなどの工夫をすると，今後の戦略や方針策定にも有用だろう。環境経営において，企業は，ステイクホルダーと自社との関係，および，ステイクホルダーの環境面での要求事項を把握し，どの要求に応えるかを意思決定する必要があるのである。

6　経営改善に活用する中小企業の環境経営

　本章では，環境経営で用いられるマネジメントや環境情報把握に関する主な手法を取り上げ，それらの概要を述べ，図表3-6で示したように，環境性と経済性向上のフレームワークにおける位置づけを整理した。環境経営は，環境性と経済性の両者の向上を目指すものであり，環境経営の実践手法も，そのフレームワークで捉えることができる。環境経営の実践手法で最もよく知られている環境マネジメントシステムについても，環境性と経済性を向上させる環境経営に役立てるために，図表3-5のような視点を提示した。

　次章で示すように，製造業の大企業は，1990年代の欧州の環境規制強化やISO14001の認証制度開始を受けて，その先取りとして環境経営の取り組みを始めた。現在，環境経営に取り組んでいる中小企業も，取引先企業からの要請で始めた企業も少なくない。そのため，環境マネジメントシステムを導入することが環境経営であると理解されていることも多い。ISO14001にせよ国内版にせよ，環境マネジメントシステムの導入と運用では，文書やマニュアルの作成や記録の管理など，従来の業務以外の仕事が必要になるため，環境への取り組みは面倒なことと認識されがちである。

　しかし，環境経営の取り組みは，環境性と経済性向上の機会を捉えることで

あり，様々な手法はその実践のために役立てるものである。環境マネジメントシステムの導入は，組織活動にPDCAを組み込む契機となる。また，事業プロセスでの水やエネルギー使用量などの把握は，資源生産性の改善につながる。ライフサイクルでの製品の設計の見直しは環境配慮型製品への変更になりうる。マテリアルフローコスト会計の活用は廃棄物のムダを削減する活動につながる。

PDCA，資源生産性，製品設計，ムダ取りといった事柄は，経営改善の際にも用いられる言葉である。例えば，関東経済産業局では，省エネや環境経営を活かした経営改善，逆に言うと，経営改善の結果としての環境パフォーマンス向上という観点から支援を実施し始めている。中小企業は様々な経営課題に直面しており，経営改善は必須である。経営改善と環境経営の手法に共通点があるように，両者を結びつけた取り組みが，中小企業の環境経営のカギを握ることになるだろう。

中小企業の経営者は，「環境経営は環境マネジメントシステム」「認証取得が取引のパスポート」という認識から脱却し，自社の経営改善と環境経営を同時に達成する観点から，環境経営の諸手法を活用することが必要である。手法を活用するための知識や人材が必要であり，経営資源の制約という点で中小企業では難しいと言われる。後の章でも示すように，様々な支援が行われており，中小企業はそれらを活用することができる。

■ [注]────────

1) 例えば，在間（2001, 2003）では，株式会社島津製作所のケースを取り上げ，経営者の意思表明から環境経営が始まり，ISO14001の導入により，全員参加型活動，環境リスク管理，製品の環境配慮へと活動をステップアップしたことを示している。環境経営の開始や変遷については高橋・鈴木（2005）や貫・奥林・稲葉（2003）も参照されたい。
2) その意味では，上記の4点は，企業経営としての環境経営を特徴づけるものである。
3) 環境経営と組織能力に関して，著者が知る限り最初に指摘したのは，Epstein & Roy（1997）である。Epstein & Roy（1997）は，組織が環境マネジメントシステムの導入によって，環境配慮に関する価値ある学習メカニズムをいかに形成し組織能力を高めるかを検討することが重要であると指摘している。在間（2001）は，この指摘を踏まえて，環境マネジメントシステムの導入をきっかけとして組織学習が起こった具体例を示している。
4) ISOは，電気系以外の工業規格を決める国際的な非政府機関で1947年に設立され，スイスに本部がある。各国から工業規格に関わる代表機関が1つ参加しており，日本工業標準調査会が日本の代表となっている。ISOの規格は工業製品に関する規格が主だが，品質，

第3章　組織マネジメントとしての環境経営

労働安全衛生，環境，エネルギー管理などのマネジメントシステムに関する規格もある。複数のマネジメントシステムをまとめて認証を受ける統合認証も制度化されている。また，マネジメントシステムではないが，2010年にはCSRに関して，「社会的責任のガイダンス規格」としてISO26000がつくられている。

5）ISO9001やISO14001に関する日本企業の対応については，例えば，在間（2003）のオムロンのケースでも述べられている。
6）環境マネジメントシステムの源流に関しては，倉田（2006）を参照。
7）予防原則や環境政策の自主的アプローチに関しては，例えば，倉阪（2015）を参照。
8）環境自治体会議のLAS-Eについては，http://www.colgei.org/LAS-E/LAS-E_top.htm（アクセス日：2015年3月25日）を参照。
9）企業の環境報告書の発行件数やISO14001認証取得といった環境活動の頭打ちに関して，例えば，2011年1月5日付の日経産業新聞「企業の環境活動，頭打ち　09年度報告書作成など減少　環境省調査」を参照。
10）ISO14001に関しては多くの解説書が出版されている。中小企業にわかりやすいものとしては黒澤（2005）がある。
11）例えば，黒澤（2001）pp.61-64を参照。
12）水口（2012）p.186を参照。
13）マテリアル・バランス（物質収支）は，物質の流れを伴う系について，物質のインプットとアウトプットの量の収支を指す。化学反応のプロセスなどについて用いられる科学用語であるが，環境面でも用いられている。『環境白書・循環型社会白書』では，資源の投入量と廃棄物の排出量に関する物質収支（最近は「物質フロー」と表記される）が示されている。最近は，本文に述べたように，企業活動における環境負荷量の全体像を表す場合にも，マテリアル・バランスという用語が用いられている。
14）ウォーターフットプリントの取り組みについては，例えば，2012年1月12日付の日経産業新聞「製品の水使用　開発指標に　材料から廃棄まで算定」を参照。
15）温室効果ガスの算定については，環境省の温室効果ガス排出量算定・報告・公表制度のホームページ（http://ghg-santeikohyo.env.go.jp/，アクセス日：2014年4月24日）を参照。
16）Esty & Winston（2006）第3章を参照。
17）Esty & Winston（2006）のpp.266-268（邦訳pp.393-395）の解説を参照。

第4章 大企業の環境経営におけるイノベーション

1 初期の環境経営イノベーションの特徴

(1) 環境政策とステイクホルダーの変化と日経環境経営度調査

　第1章で環境経営に関する3つのイノベーションの意味を提示した。第1は，環境経営という新しい経営スタイルという意味でのイノベーション，第2は，様々な環境技術や環境素材，環境ビジネス，環境会計等の諸手法など，環境経営の取り組みを通じてもたらされるイノベーション，第3は，環境経営の普及による社会変革というイノベーションである。第2章では，企業経営としての環境経営の考え方を提示し，第3章では環境経営を実践する組織マネジメントの主な手法を取り上げた。第3章の最初でも述べたように，第2章の企業経営としての環境経営の姿は，環境経営のあるべき姿というよりも，大企業の環境経営の変遷から抽出される特徴である。大企業は，1990年代後半，特に環境マネジメントシステムの国際規格ISO14001の認証制度が1996年に開始された後，環境経営を採用し，現在までの過程で発展してきた。その変遷のエッセンスが第2章で示した新たな経営スタイルとしての環境経営である。

　本章では，日経環境経営度調査の上位に位置する大企業に着目し，環境経営の変遷を整理する。それにより，「その時点での新たな環境経営スタイル」という意味での環境経営イノベーションの特色を抽出する。

　日経環境経営度調査は，環境対策を経営と両立させる企業の取り組みを評価

する調査で,日本経済新聞社(以下,日経)が日経リサーチの協力を得て1997年に開始したものである。1997年は,年末に気候変動枠組条約の第3回締約国会議が京都で開催され京都議定書が採択された年で,日本でも地球環境問題に対する社会の関心も高まった時期であった。また,前年の1996年にはISO14001認証制度が始まり,欧州企業の中には,日本の取引先企業へも環境への取り組みに関する調査を始める企業や取引条件とする企業もあった。日本の大企業の中には,そのような動きに対して,規格の制定過程からロビー活動や情報収集活動を行い,いち早くISO14001の認証取得をしたケースもある。

　1990年代にはOECDで拡大生産者責任の議論がなされていた。拡大生産者責任とは,製品に対する生産者の責任を,その製品のライフサイクルの中で,生産段階にとどまらず,消費や廃棄後の段階にまで広げる考え方である[1]。日本でも,1990年代には,資源有効利用促進法や容器包装リサイクル法,家電リサイクル法などの制定の動きが進み,廃棄物の処理から循環資源の利用に重点が置かれ始めていた。1990年代後半には,環境汚染物質排出移動登録(Pollutant Release and Transfer Register, PRTR)について,OECDや日本でも検討が始まっていた。EUでは,電気・電子機器のリサイクルや化学物質に関する後のWEEE指令[2]やRoHS指令[3]など,将来の規制強化が検討されるようになった。このような流れにおいて,該当する企業では将来の環境規制への対応の必要性が予測された。さらに,特に欧州では,環境面を重視した企業ランキングを行うNGOや,環境格付を行う監査機関も登場していた。

　このような時代背景において,日経では「環境経営が国際競争力向上の条件に」なるという危機感のもと,「環境の面からもグローバル・スタンダード(世界標準)への対応が必要に」なるという認識が生まれ,環境経営度調査の開始に至ったのである。当時の新聞には,「日本企業は規制を意識して環境対応を進めてきたが,政府の対策待ちでは国際的な動きに遅れかねない」ため,「環境経営度を判断する主体も,官から民へ」という,開始の意気込みが語られている[4]。つまり,環境経営度調査そのものも,将来の環境規制強化や欧州のステイクホルダーの変化を察知して開始したものであると言える。

第4章　大企業の環境経営におけるイノベーション

(2) 第1回日経環境経営度調査から：初期の環境経営イノベーション

1997年の第1回の日経環境経営度調査は，製造業を対象として実施された。対象企業は，東証・大証・名証一部，店頭公開，非上場企業の一部有力企業を合わせて1,295社であり，そのうち回答は563社であった。ここでは，第1回の上位企業の取り組みから，第2章と第3章で述べた内容と照らし合わせながら，初期時点で先進的であった大企業の環境経営の特徴を抽出してみよう。

① ISO14001のイノベーションとしての役割

第1回調査で高い評価を得た企業は，ISO14001の認証制度以前から取得の準備を進め，開始とほぼ同時期に認証を取得し，環境マネジメントシステムによる組織マネジメントを進めた企業であった。それらの企業では，環境影響評価により環境負荷の大きい項目から取り組みの目標を設定し，環境報告書でも活動を報告していた。これらの特徴について，当時の記事から具体的に示そう。

第1回では，ISO14001の認証制度開始直後にも関わらず回答企業563社中14.7％に相当する83社がすでに取得していた。取得の申請中と回答した企業78社を合わせると，28.6％が第1回時点でISO14001導入の対応を行っていた。ISO14001の「申請を検討中」の企業も36.2％の204社もあり，取得中および申請中の企業と合わせると，環境マネジメントシステム導入に積極的な企業の割合は64.8％であった[5]。また，環境に取り組む専門組織を設置している企業が回答企業の63.9％であり[6]，環境マネジメントシステム導入に積極的に取り組んでいた企業の割合とほぼ一致する。つまり，回答した大企業の約6割で，環境に取り組む組織マネジメント手法である環境マネジメントシステムの導入に動いており，専門部門を設置し体制も整えていたと推察できる。

第1回では，国内全工場における産業廃棄物の総発生量の目標値を定めている企業が13.7％で，再資源化率を決めている企業は16.6％であった[7]。また，国内全事業所の二酸化炭素排出量の目標値を定めている企業は13.5％で[8]，環境報告書を作成し公表している企業も12.8％であった。環境報告書で公表している項目では産業廃棄物排出量が76.4％，エネルギー使用量が41.7％であった[9]。産業廃棄物や二酸化炭素排出量の目標値設定や環境報告書の公表を行う企業の割合は，ISO14001認証取得企業の割合とほぼ一致する。環境マネジメントシステムの導入によって環境負荷の大きい項目から取り組む仕組みが組織

に構築されることを踏まえると，ISO14001認証取得をした企業が，それらの項目を具体的な自主的活動として選択して目標設定を行い取り組み始めていたことが示唆される。

製造業の企業では公害対策時代から法令順守等に関わる担当者や専門部署を設置している場合も多かった。欧州との取引を行う大企業の製造業では，第3章で述べたように，ISO9001と同様にISO14001が取引要件になることが予想され認証取得に動いた。それを契機に，環境に取り組む組織体制の再構築と，法令順守に加えて，目標を設定し自主的に取り組む仕組みが導入された。特に初期に認証取得した企業にとっては，ISO14001自体が新たな制度であった。その認証取得は，環境に取り組む体制構築とオペレーションという新たな組織マネジメントを企業にもたらした。ISO14001の認証取得による環境マネジメントシステム導入が，環境面での組織マネジメントというイノベーションの採用という意味があったと言える。

② 当時の革新型戦略と経済性による環境性向上

第1回調査で栄えある総合指標の1位に輝いたのはキヤノンであった。御手洗富士夫社長（当時）[10]は，1位獲得の背景について，「当社は海外での生産販売が早くから多かったため，『環境先進国』といわれるドイツをはじめ，欧米の環境に関する動きへの感度が良くなったと思う。」と話している。日経環境経営度調査が，特に欧州で強まる環境配慮要求に対して，環境経営がグローバル化の条件の1つという認識でスタートしたことからも頷けるが，先駆的に環境経営に取り組んだ企業では，経営者が，環境経営を重視する海外の動きにすばやく対応することを意思決定したことがわかる。

当時，御手洗氏は「環境対策が収益に反する場合が多いのはリサイクルを見ても確かだが，企業はコストに耐えていくべきだ。」「欧州では『ISO14001』を取得している企業から優先的に購入する動きがある。欧米企業の動きを見ても，今後は国際的に高収益でかつ環境を重視した行動ができる企業が生き残るのではないか」と語っている。この記事において御手洗氏の発言中のISO14001がわざわざカッコつきで示されていることからも，当時ISO14001がいかに新しいものであったかがわかる。また，発言から，御手洗氏は，ISO14001への対応が，「対応できなければ欧州市場を失うという脅威」であるとともに，「環境

重視を先取りによってグローバル市場で生き残る機会を得る」という両面を感じていたことが推察される。

　当時はISO14001自体が新しい制度であり，開始時点で認証取得をするためには，制度開始以前から情報収集を行い準備することが必要であった。その手間と費用をかけてでも制度開始時点での認証取得に動いた初期の企業では，欧州市場における潜在的脅威だけではなく，その機会という意味も意識していたと思われる。現在ではISO14001に新しさはないが，初期には企業の組織マネジメントにおけるイノベーションであった。つまり，図表2-6で示した環境経営の方向づけのフレームワークでは，潜在的脅威と機会が大きい状況に対する革新型の戦略が，当時新しい環境マネジメントシステムの採用であったと言える。ただし，環境性と経済性向上を目指す環境経営という認識は薄く，御手洗氏の発言からもわかるように，「環境対策はコストを要し，経済力がある企業がそれに耐えて環境性も向上させ，国際市場で生き残る」という図式があった。つまり，当時は，環境性と経済性について「経済性ゆえの環境性向上」という関係で捉えられていたと言える。

③　初期の環境活動におけるイノベーション

　当時の環境活動は，環境マネジメントシステム導入を契機としていることもあり，経営活動プロセスにおける環境配慮の取り組みが中心であった。しかし，その活動においても，環境面での製品の再設計というイノベーションがあった。第1回調査では，「部品や素材の種類の絞り込み」「リサイクルしやすい製品・容器の設計」「再生素材の利用」を実施している企業が，それぞれ回答企業中51.7％，45.0％，42.9％であった。つまり，回答した大企業のほぼ半数が何らかの製品の再設計に取り組んでいたことがわかる[11]。ただし，部品や材料調達においてグリーン購入で選別を行っている企業が5.4％と少数であったことから，取引先への環境対策の要求はまだ広まっていなかった。

　また，経営活動プロセスの活動では，規制強化が予測されていた化学物質に関する取り組みでも変化が現れていた。化学物質に関して，取り扱う全種類を把握している企業の割合が53.5％，使用量を把握する企業が43.4％，保管量の把握は40.2％であった。さらに，化学物質排出量の把握をしている企業も回答企業の25.1％であった[12]。つまり，回答企業の4社に1社はPRTRの導入に先

立ち取り組みを進めていたことがわかる。

1990年代には，先に述べたように，国内外での環境政策に新たな波が訪れたこともあり，環境技術や製品の開発も活発であった。その中で，新技術や新製品という意味での環境面でのイノベーションもあった。例えば，1997年当時の記事[13]によると，ベンチャー企業のクリスタルクレイが廃ガラスを再生資源としてタイルを製造する新たな技術を開発し国内外から注目されていた。当時，循環資源の利用について法制化が進みつつあり，クリスタルクレイからTOTOやINAXへのOEM供給が始められていた。

また，1997年と言えばトヨタがハイブリッド車の量産車としてプリウスの発売を開始した年であるが，和田明弘副社長（当時）は「うちが出した技術まではすぐに追いつかれる」ため「二年程度で原価低減をせねばならない」と発言している。この発言を踏まえて，記事では「原価低減まで含めた幅広い技術力で他社に先行し続ける」トヨタの戦略を指摘している。さらに，当時，自動車業界では自動車やトラックの排ガス規制等への対応も迫られており，デンソーでは，燃費を改善したディーゼルエンジン向け電子制御式燃料噴射装置を開発していた。デンソーの小林久穂専務（当時）は，「ビジネスチャンスというより，この分野でリーダーシップを取らないと，よその会社に先を越されてしまう」「あらゆる開発現場で環境を重要テーマとして取り組んでいる」と語る。これらの例で示されるように，環境政策との関連で，環境技術や製品開発の土壌が形成されていた。

2　環境経営の戦略のイノベーション

先に述べたように，1997年時点では，環境経営は「コストに耐える」取り組みであり，当時の新たな制度ISO14001の認証取得が海外市場における脅威と機会に対する革新型の戦略であった。また，ISO14001導入は，環境活動に取り組むための組織マネジメントの導入というイノベーションであった。環境経営の姿は，初期時点から大きな変化を遂げていく。ここではまず戦略に関する変化を抽出しよう。図表4-1および図表4-2は，以下で述べる環境経営の戦略に関する変遷の概要を示す。

第4章　大企業の環境経営におけるイノベーション

■図表4-1　環境経営を方向づける戦略のイノベーション

		潜在的な機会 (経営資源に基づく実現可能性)	
		小	大
潜在的な脅威	大	防衛型戦略 (Defensive Stategy)	革新型戦略 (Innovative Strategy) 環境面でのCSVの可能性
	小	無関心／無差別型戦略 (Indifferent Stategy)	積極型戦略 (Offensive Strategy)

規制や新しかったISO14001の先取り
↓
本業・経営戦略への組み込み
サプライチェーンへの波及
↓
社会的課題解決・CSVの視点

■図表4-2　環境性と経済性向上に関する戦略のイノベーション

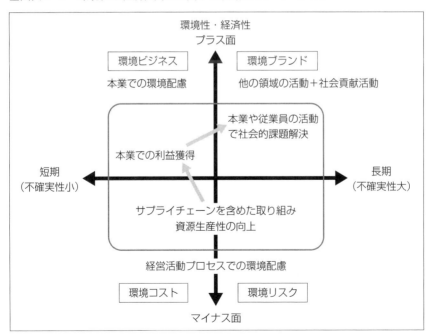

91

(1) 規制先取りから経営の中枢へ

　日経環境経営度調査で，第1回から第10回までを含めた10年について，製造業で上位の企業は，キヤノン，NEC，リコー，トヨタ自動車，松下電機産業（当時）であった。10年間の総合1位はキヤノンで，同社は第1回と第7回でトップだった。これら上位企業の共通の特徴として次の2点が指摘されている。

　第1は，これらの企業がグローバル市場で競争力があり，市場の環境への関心を察知し環境規制強化を見据えていち早く環境経営に取り組んできたことである。第2は，取引先の裾野が大きく，サプライチェーン全体の連携で環境品質を向上させてきたことである。製品企業と部品企業，メーカーと物流会社との間には厳しい緊張関係があり，それを乗り越えて協力する信頼関係を構築することが，環境面での取り組みにも不可欠であった[14]。また，キヤノンをはじめとする精密機器メーカーが上位を占めた背景には，有力な需要先がオフィスであり，行政機関や企業によるグリーン購入の増加も影響したことも指摘されている。グリーン購入では，商品の環境配慮だけではなく工場等の取り組みも求められるからである[15]。

　ただし，このことは，10年間における上位企業が規制先取りのためにコストをかけて仕方なく環境対策を実行してきたということを意味するのではない。大企業では，比較的早い時期から，環境に取り組むことが経営面でプラスになることに気づき，それが原動力となり環境対応を推し進めた側面もある。例えば，第3回調査で製造業首位のリコーの桜井正光社長（当時）は，「環境対策はコスト負担がかさむといった後ろ向きのイメージが強いが，決してそうではない。品質保持やコスト削減などと経営の同軸であるものだ。省エネ対策や部品点数の削減は，そのまま生産性の向上につながる。」と話す。この発言は，環境経営が目指す「環境性と経済性向上」が実現可能であることを，早い段階から認識されていたことを示す。さらに，桜井氏は，そのためには製品の設計段階からの環境配慮，使用済み製品回収といった事業への展開，業種業界を超えた連携が必要であることを指摘している[16]。

　第10回調査では，製造業でトヨタ自動車が初の首位になり，関係が深いデンソーやアイシン電機も，それぞれ前年15位から5位に，51位から12位に躍進している。トヨタ自動車の渡辺捷昭社長（当時）は，「環境を経営の最重要課題

の1つと位置づけ」,「様々な角度から技術開発」を行い,「サプライチェーン全体として省エネ活動などきめ細かく取り組んでいる」と話している。さらに「夢の車は走れば走るほどきれいになる車や,乗ると健康になる車」として夢の実現に向けて「環境の取り組みを地道に徹底していく」と語っている。さらに第11回のインタビューで,渡辺氏は「環境問題に対応できなければ生き残れないという認識を基本に」,ハイブリッド搭載車種の増加やリサイクル設計を進めており,今後の活動のキーワードとして「研究開発・モノづくり・社会貢献における3つのサステナビリティを掲げた」と話している[17]。渡辺氏の発言から,環境への対応なしでは生き残れないという脅威と,ハイブリッド車種増加の市場機会を認識し,積極的に環境経営を進めていたことがわかる。つまり,環境ビジネス領域を主とする革新型の環境経営を志向していたと言える。日経環境経営度調査の開始後10年間で,革新型で,規制先取りの環境コスト領域から環境ビジネス領域の活動へ変化してきた。また,サプライチェーンにも先進的活動が広がってきた。

当然ながら,環境規制への先取りが終わったというわけではなく,その後もEUのREACH規制[18]など新たな規制が登場し,その対応が必要になっていることに変わりはない。2008年の第12回調査では,REACHへの登録数を把握している企業116社の平均登録数が約40で,平均登録総額は約8億9千万円であった[19]。化学物質によって登録料は異なり,業種によっても扱う化学物質の種類や数も違うが,新たな規制に該当する企業では,費用をかけて対応する必要があるということには変わりはない。

(2) 環境経営が経営戦略に

環境経営の戦略が,ハイブリッド車種増加といった事業戦略に関わるものだけではなく,水平統合や垂直統合など企業戦略でも重要になっている側面があることを示したのは,2009年の第13回調査であった[20]。第13回の製造業第1位はパナソニックで,大坪社長(当時)が「三洋電機をグループに迎え環境関連事業の取り組みをさらに加速する」と語っていたように,パナソニックは,当時,三洋電機の子会社化により太陽電池等の技術を獲得した。当時,パナソニックでは「エコ・アイデア宣言」が掲げられており,地球温暖化防止対策を

加速させ，環境経営をグローバルで推進していくことが表明されていた[21]。

リーマン・ショック後の2009年初めに，米国のオバマ大統領が，再生可能エネルギー等の環境分野への投資により需要と雇用を創出する経済浮揚策を打ち出し，グリーン・ニューディール政策と呼ばれた。これが欧州や日本などでも広がり，環境分野を成長の基軸の1つに捉える機運ができた。2011年の東日本大震災と原発事故後に，再生可能エネルギーへの関心が高まった。特にこの時期には，再生可能エネルギー，スマートコミュニティの関連分野が事業戦略の中心に位置づける企業も少なくはなかった。例えば，パナソニックは，2011年には，環境製品「まるごと」提案事業戦略として，太陽電池の単体販売でなく，蓄電池なども組み合わせて顧客にメリットを提案し，自社の幅広い商品群と販売ルートを生かし，売上高向上を目指すことを打ち出した[22]。また，2011年から2012年には，東芝[23]，三菱重工業[24]，丸紅[25]，日立[26]，清水建設[27]といった大企業が相次いで，スマートコミュニティ関連事業への進出や拡大で，企業内で統合的新組織を立ち上げていた。

スマートコミュニティの具体的な取り組みは発展しつつあり，例えば，2012年の第16回調査で製造業の首位となった東芝の佐々木則夫社長（当時）は，「国内外の約30か所で実用化や実証実験に取り組んでいる」と語る。また，佐々木氏は，「他社よりも環境性能に優れた「エクセレントECP」製品を国や地域ごとに投入し」，2015年度には「売上高1.8兆円にまで増やす」と事業の目標を掲げる。さらに，佐々木氏は，環境性能が高い製品のコストが高いという見方は間違いであると指摘し，製品の小型化・軽量化による使用時の省エネや生産時の省資源を挙げ，「産業用機器を含めあらゆる製品をエクセレントECPに対応することで競争力を高めていく」と話す[28]。

これらのように，社会の変化とともに，企業経営のビジネスに関する戦略の中に環境活動を位置づけ，環境事業を経営戦略として重視する動きが活発になった。

(3) 企業経営と環境経営の一体化によるCSVへ

2013年の第17回環境経営度調査では，東芝が前回に続いて首位となった。東芝の戦略は企業本来の活動と環境経営とのリンクを重視するものだった。田中

久雄社長（当時）は「環境経営と事業経営は別々に存在するものではなく，一体で推進することが何より重要だと考えてきた。環境担当役員だった2012年6月，環境対策で様々な数値目標を決めた。東芝は従来から"エコリーディング・カンパニー"を目指してきたが，定義をきっちり決めたのはこのとき。環境性能に優れた製品を世の中に送り出そうと強く意識し始めた。」と語る。

田中氏はさらに，「海外でのビジネス展開における環境の重要性も益々増している。これまでは"グリーン"に関係する活動に取り組んできたが，今後は多角的で，地域性をもたせたグローバル規模の環境活動に力を入れたい。」とし，具体的な取り組みとして「資源，エネルギー，化学物質，水資源の4領域で指標をつくり，より幅を広げた環境経営をグローバルで展開」し，「日本以外の世界の地域に，ビジネスや従業員の取り組みを通して，資源・エネルギー，人口問題など課題を解決できる企業になっていきたい。」と環境経営に取り組む意気込みを語り，「それが企業としての使命であり責任だと思っている。」と話す[29]。東芝の田中氏の上記の発言は，第2章で紹介したCSV（共通価値の創造，Creating Shared Value）を意識したもので，近年CSVが大企業に広まりつつある背景には，社会的課題解決には政治や外交だけではなく企業の力が不可欠であると考える国際社会の認識も関わっていることが指摘されている[30]。

このように環境経営の戦略は，時代とともに変化し，最先端の姿は，環境経営と事業活動を一体化し，事業や組織メンバーの活動を通して社会的課題の解決に役立つという方向であると言える。このことは，環境経営の戦略を本来の企業経営として位置づけるだけではなく，CSVの概念を経営戦略に取り込むというイノベーションが生じていると指摘できる。

(4) 継続される日経環境経営度調査の役割

先に述べたように，当初は環境経営がグローバル競争の条件という危機感で民間から開始された日経環境経営度調査は，2013年には第17回と15年以上の時を経た。ここで示したように，環境経営の戦略の捉え方について大きな変化の波があった。また，以下で示すように，組織構築や取り組みに関しても変化している。ただし，これはあくまでも大企業の一部の姿であることに留意する必要がある。

第17回調査では，上場と非上場の有力企業のうち，製造業が1,729社，非製造業2,461社を対象として2013年に実施された。第1回は製造業のみを対象としていたが，その後は非製造業でも行われてきた。第17回の回答企業数は，上場企業が429社，非製造業が306社で，回答率は製造業が約24.8%，非製造業が約12.4%であった。製造業では第1回の回答企業が563社で回答率約43.5%であったので，回答企業数，回答率ともに減少している。その理由としては，90年代後半のような環境経営の機運がやや薄れているという時代の流れや，個々には，「上位にランキングされないのに回答に手間がかかる」「環境投資額の質問項目があるが，お金をかければよいのかという抵抗感がある」[31]など多様な理由もあるだろう。

　しかし，回答数・回答率は増えてはいないものの，日経環境経営度調査は，環境経営に取り組む企業の一部の回答から，特に先進的な環境経営の姿を浮き彫りにしている。日経環境経営度調査から，本節で示したように，途中経過を追うことで，その時点の特色と変遷が見える。長期にわたり継続される環境経営度調査はその役割を果たしていると指摘することができるだろう。

3　環境に取り組む組織体制のイノベーション

　環境経営の先進企業において，環境マネジメントシステム導入から始まり，経営戦略や事業に環境活動が組み込まれてゆく過程で，経営者の関与や環境経営推進体制の姿も変化している。本節の以下で抽出するように，環境配慮を意識した中長期的ビジョンが策定されるだけではなく，環境目標の策定や進捗チェックに対する経営トップの関与，中長期経営計画策定への環境部門の関与というように，本当に環境経営を推進しようという姿を企業が示すようになっている。これらは，環境活動に取り組む組織体制に関するイノベーションであると言える。

(1)　環境部門の経営への関与

　経営理念やビジョンは，企業の存在意義や事業領域を含め，その企業が経営を行うための基本的な考え方や価値観について，経営者が示すものである。そ

れらは，創業以来の社是とは異なり，経営者の交代時や，社会や経済の情勢に応じて策定される[32]。1992年の地球サミットを契機に，地球環境問題への社会の関心は高まった。また，先に述べたように1990年代には環境政策の流れも変化した。それらの社会の変化を受けて，企業の経営ビジョンに環境の視点が組み込まれることになった。2001年の第5回環境経営度調査では，「地球環境保護の観点から中長期的な経営ビジョンを策定しているか」という質問に対し，製造業の企業では45.2%の企業が「策定している」と回答していた[33]。この新聞記事では，中長期的ビジョンの役割を2つ挙げている。1つは，激変する環境法規制の変化に左右されない体質をつくることである。2つは，事業に関係する具体的内容を含むことによって，新市場開拓の原動力になることである。

　企業経営においては，中長期的な経営理念やビジョンを踏まえて，中長期経営計画が策定される。中長期計画は，ビジョンを具現化するために，3年，5年といった期間における戦略や目標を立て，その道筋を示すものである。策定の中心となるのは経営企画などの経営中枢部門であり，事業部門のトップなども策定会議に参加する場合が多いだろう。環境部門は，従来，主として環境法規制の順守や環境マネジメントシステムの構築・運用に関する管理を担ってきたが，近年は，中長期経営計画に関与するケースも増えている。2013年の第16回調査では，中長期経営計画に環境部門が「主要メンバーとして参加」「必要に応じて参加」「関与していない」は，製造業でそれぞれ，53.3%，32.0%，13.7%であり，8割以上が関与していることがわかる。さらに，記事では，主要メンバーとしての参加の比率は第13回と比較して10ポイント上昇していたことを指摘している[34]。

　これらについて，図表4-3で説明しよう。経営者が立てたビジョンを事業で具現化するために中長期経営計画で戦略や道筋が示され，事業で具現化される。計画がなければビジョンは絵に描いた餅になってしまう。上述のように時代の変化に応じて，ビジョンに環境視点が加わった。しかし環境視点だけでは環境部門が中長期経営計画に関与するほどではないだろう。本章の第2節で示したように，近年，企業の戦略や事業と環境の関与が強まっている。製品の環境配慮や環境ビジネス，事業を通した社会的課題解決ということを経営者が明確に認識してきており，それらがビジョンの事業領域の方向性に組み込まれ，

■図表4-3　経営ビジョンと経営計画に関するイノベーション

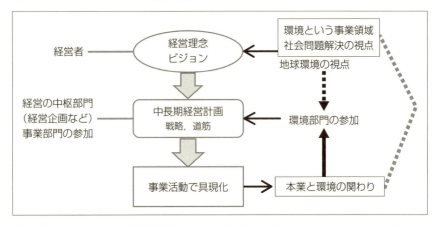

その具現化として中期経営計画では，環境部門の関与が必要になっていると言える。

(2) 経営層の環境目標への関与

環境経営を推進する組織としては，役員クラスの環境管理責任者，環境管理の専門組織（環境部門），部門を横断する組織がある。環境部門については，第1回調査時から約7割の企業が設置しており，環境活動の推進や活動状況を経営層に報告する役割を担ってきた[35]。部門横断的組織については，全社的に環境経営全体を統括する組織と，廃棄物やエネルギーなど個別の問題を扱う組織に大別できる。2005年の第9回調査では，住友電気工業が31位から14位へと躍進した。その背景として，自動車部品や産業素材，情報通信などの事業本部を横断する「環境専門委員会」を設置し，省エネなど個別のテーマについて，現場の事例を掘り起こして議論する「全社的な活動」が指摘されている[36]。2012年の第16回調査では，環境経営を国内外で一体として推進するための統括的組織を設けていると回答している企業の割合は，製造業の46%であった[37]。

先に述べたように1997年の第1回環境経営度調査で，国内全工場における産業廃棄物や二酸化炭素の排出量に関する目標値を定めている企業は2割にも満たなかった。しかし現在，目標設定は常識となっている。2014年の第17回調査では，環境目標の設定の有無に関する項目で，製造業の98.6%が「設定してい

■図表4-4　環境目標管理に関するイノベーション

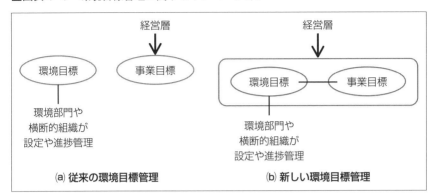

る」と回答している。製造業では，目標決定を主導する組織としては，「環境経営を統括する組織横断的組織」が44.4%，「取締役会など」が33.3%であり，目標進捗の組織としては，「組織横断的環境委員会」が53%，「取締役会・経営会議」が21%である[38]。さらに，環境目標や進捗に関して経営層が関与する企業の割合は，2009年の第13回から第14回，さらに第15回と，高まっている[39]。これらは，部門横断の環境組織が環境経営の実行管理の中心になっていることを示すとともに，取締役会や経営会議という経営の中枢の組織において環境を取り上げている企業も一定割合出現していることを示している。

以上のことについて図表4-4を用いて説明してみよう。従来，環境目標は環境に関する組織が立てて管理を行っている。上述のように，事業と環境活動が密接な関わりをもつ企業では，環境目標と事業目標の関わりもできる。そのため，経営層が事業目標だけではなく環境目標にも関与することになっている。

4　組織メンバーへの浸透のイノベーション

環境活動の実行には，環境理念が組織メンバーに共有され，環境目標や計画が個々の業務に反映されることが不可欠である。環境活動の浸透に影響を及ぼす要因として2点を指摘したい。1つは，環境に関する業績評価などのインセンティブ設計や，環境に取り組む組織文化である。2つは，環境マネジメント

システムの導入と運用による社員教育の浸透である。

(1) 環境活動を促進する業績評価と組織文化

組織メンバーが環境活動を実行するには，環境に取り組む組織体制が構築されることに加えて，環境活動に関するインセンティブなどを通して，メンバーのモチベーションを向上させること，環境に取り組む組織文化を育てることが必要である。

1999年の第3回調査で首位となったリコーでは，桜井正光社長（当時）が「環境対策を企業の使命として取り組むという方針が，社員一人一人の必死の努力で予想以上に浸透しているのを実感している」と述べ，ゼロ・エミッションに関する「地道な工夫の積み重ね」を挙げ，「社員の創意工夫が確実に成果を残している」と話す[40]。リコーは，産業界で最も早く，1999年度下期から環境対策を各部門の業績評価に取り入れた企業である。2002年の第6回調査では，環境の取り組みを，製造業の26.2%が「部門の業績評価に反映」，21.6%が「賞与などの人事評価に反映」と回答していた[41]。

在間（2006）は，リコーの環境部門の担当者へのインタビューから，リコーの社員一人一人に環境の取り組みが浸透した背景について，創業以来「お役立ち」の精神を培ってきた組織文化を指摘している。「お役立ち」とは，当時のインタビューによれば，「ユーザーや社員など自分が仕事で接する人に役立つという精神」で，「貢献よりも謙虚な姿勢」である[42]。その風土ゆえに，環境面でも「お役立ち」という意識が浸透したと言える。また，在間（2010b）は，企業をハブとした従業員参加型二酸化炭素排出削減の取り組みに関して企業調査を行い，従業員に参加を促進する組織の特性として，「社会課題解決と企業理念や環境目標が一致していること」「金銭的あるいは評価的インセンティブを設定していること」「参加を促す組織文化があること」などを指摘している。

(2) 環境マネジメントシステム導入による環境教育の徹底

ISO14001では，内部コミュニケーションと外部コミュニケーションに関する要求事項があり，内部コミュニケーションでは，階層間や部門間のコミュニケーションについて手順を決めて行うことを求めている。先に述べたように，

組織横断的な委員会で行われる環境への取り組みに関する議論や報告は、この内部コミュニケーションの取り組みの1つである。在間（2001）では、統合的組織における組織学習の役割を指摘している。

また、ISO14001では、教育訓練の要求事項として、著しい環境側面に関する作業の従事者に教育訓練等により力量をつけること、環境マネジメントシステムに関する教育訓練プログラムの策定、構成メンバーに自覚をもたせるための教育の3つを規定している。そのため、ISO14001を導入した企業では、様々な環境教育が行われており、組織メンバーへの環境理念や自社の環境経営に関する理解の浸透が図られている。1999年の第3回調査時点でも、製造業で71.6%の企業が「社内外での教育活動」に取り組んでいた[43]。2001年の第5回調査では、環境教育プログラムを自社だけではなくグループ企業も対象にしていると回答した企業が、製造業企業の33.5%に達していた[44]。

(3) 環境配慮の態度と行動のギャップを埋めるイノベーション

環境に配慮した行動が広がらない要因として、「環境配慮に関する態度と行動のギャップ」があり、社会心理学の分野で広く研究されている。例えば、図表4-5は、広瀬（1995）による、環境配慮の態度と行動の形成に関するモデルを提示している。「広瀬モデル」を簡単に説明しよう。

■図表4-5　環境配慮の態度と行動に関する広瀬モデル

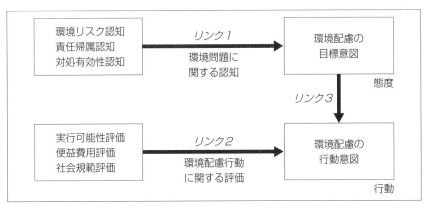

（出所）広瀬（1995）p.44より筆者作成

広瀬モデルは，環境にやさしい目標意図を形成するプロセスと，環境配慮の行動意図を形成するプロセスで構成される。目標意図の規定因は，対象としている環境問題の3つの側面についての認知である。環境リスク認知は，環境汚染の深刻さや発生可能性についての認知であり，いわば危機感である。責任帰属認知は，汚染や破壊の原因が誰にあるのかという認知であり，いわば責任感である。対処有効性認知は，なんらかの対処をすれば解決できるだろうという認知であり，いわば有効感である。行動意図の規定因は3つの側面の評価である。実行可能性評価は，環境配慮行動のための知識や技能の獲得の有無あるいはそれらの情報へのアクセスの有無，および，社会的機会の有無などに関する認知である。便益費用評価は，行動によってもたらされる結果の便益と，行動に要する費用を比較し，評価することである。社会規範評価は，「周囲の人々が環境配慮行動をとっていれば自分も」という社会規範への配慮であり，対象の行動が準拠集団の規範や期待に沿っているか否かを判断することである。

　広瀬（1995）は，自身のモデルに基づき，図表4-5のリンク1からリンク3で示すように，環境配慮の態度・行動変容に関する社会心理学的なアプローチを分類している。リンク1は，環境認知の変容によって環境にやさしい態度の形成を促すことである。リンク2は，行動評価の変容によって環境配慮の行動意図の形成を促すことである。リンク3は，環境にやさしい態度と環境配慮の行動の関連を強めるように働きかけることである。

　図表4-6は，広瀬モデルに基づき，環境経営における組織浸透について，環境教育や業績評価などの役割を示したものである。環境マネジメントシステムの導入により，社員への環境教育が行われる。環境問題に関する情報だけではなく，環境問題と自社との関わり，および，自社が環境負荷を削減できることを理解し，環境配慮の態度の形成が促進される。さらに，環境マネジメントシステムの個々の活動や製品の環境配慮など具体的な環境活動の機会，環境マネジメントシステム運用への全員参加，それらの活動による環境性や経済性を評価する手法，環境対策に関する業績評価の仕組みは，行動意図に結びつく。さらに，企業経営のビジョンや経営計画における環境面での経営者の意思決定や環境に取り組む組織文化があることで，態度と行動の結びつきは強まる。環境対策が組織メンバーの隅々に浸透する場合では，このようなプラスの流れが

第4章　大企業の環境経営におけるイノベーション

■図表4-6　環境活動の組織メンバー浸透のイノベーション

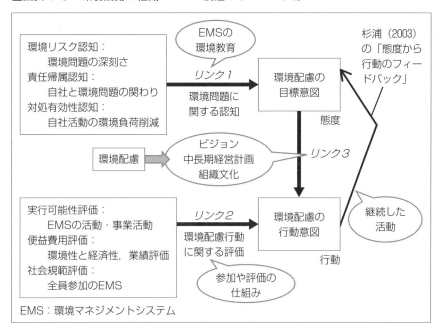

形成されている可能性があるだろう。

　ただし，組織メンバーの中には，当然ながら，業務上やむを得ず環境対策に取り組む人もいるだろう。杉浦（2003）は，社会心理学研究のサーベイから，態度が形成されていなくても，行動の継続によって態度変容を促す，行動から態度へのフィードバックが存在することを示している[45]。環境マネジメントシステムの運用における諸活動に半ば強制的に継続して取り組むうちに，環境意識が高まり積極的になる場合もあると考えられる。

5　環境経営実践手法採用のイノベーション

(1) 環境活動の範囲の拡大に関する手法の採用

　先に述べたように，環境経営度調査で上位に位置する企業では，次第にサプライチェーン全体の環境配慮に目を向けていった。それに伴い，サプライ

チェーンの環境対策促進に関連する様々な手法の採用が広がってきた。また，1997年時点では，経営活動プロセスにおける活動としては，公害対策以外では廃棄物や化学物質がメインであった。しかし，社会の課題も変化し，求められる環境対策の分野は，気候変動問題やエネルギー問題，生物多様性，鉱物資源も含めた資源循環，水資源問題と幅広い課題に対する対策に広がっている。それに伴い，環境負荷や環境影響を把握する対象や手法も拡大してきている。

以下で示すように，サプライチェーン全体での環境負荷の把握という考え方や，スコープ3やウォーターフットプリントなどの手法の導入は，新たに採用する企業にとっては新しく，その意味でのイノベーションの採用と言える。

① エネルギーマネジメントシステム採用の広まり

第2回日経環境経営度調査では，ISO14001認証取得企業の割合が第1回の2倍に増え，上位企業では環境負荷や環境対策費用の把握といった環境会計に取り組んでいた[46]。現在では製造業の大企業においてISO14001認証取得は常識となり，2011年の東日本大震災後は，特に，工場やオフィスにエネルギーマネジメントシステム（EMS）導入も広まり，2014年の第17回調査では80％の企業が導入している[47]。

② 製品のLCAと環境ラベル

環境活動の対象は，工場等での対策から，製品の環境配慮へと広がった。資源採取から製造，流通，消費，廃棄・リサイクルに至るまでの製品のライフサイクルにわたる環境負荷とその影響を把握するライフサイクルアセスメント（LCA）については，2003年の第7回調査では，製造業599社のうち36％が導入していた。LCA導入企業では，環境情報インフラを整備して製品設計に活用している。第7回調査では，LCA導入企業のうち，電機で43％，精密で44％の企業が環境負荷の算定をシステム化していた[48]。

2008年の第10回調査でソニーが前年の31位から6位に躍進した。その要因として，LCAの活用により，製品が関与するあらゆる段階における環境負荷削減の工夫が徹底されており，省エネテレビという成果も現れていることが指摘されていた[49]。2009年の第13回調査では，製造業484社のうち59.9％がLCAを導入しており，導入していない割合32.9％を上回っていた[50]。第7回と第13回のLCA採用企業数を上記の比率から算定すると，第7回では215社，第13回

では290社となり，数でも増えていることがわかる。

第7回調査に関する記事では，ライフサイクルインベントリデータを公表する環境ラベル「エコリーフ」の認証を受けたキヤノンの例が示されていた51)。2013年の第17回調査で，リコーは前年49位から6位に躍進した。リコーでは，米国の厳しい基準で認証される環境ラベル「EPEAT」で19の製品について最高ランクを取得した。それを機に世界各地でリサイクルシステムを構築し，ライフサイクル全体での環境負荷を削減し経済合理性を追求する活動に取り組んでいる点が評価された52)。

③ スコープ3とウォーターフットプリント

多くの企業が，サプライチェーン全体で環境負荷を把握するという概念を取り入れ，算定方法や仕組みを構築している。第17回調査でも，本書でも紹介したGHGプロトコルの温室効果ガスの算定範囲「スコープ3」について，「すでに算出し公表している」製造業の企業は53.7%で，前年比で22.4ポイント上昇となっている。また，公表していないが算出している企業は15.7%であり，このうち10.3%は今後公表する予定と回答している53)。また，水資源使用量について，製造業では，国内拠点で95.8%，海外拠点で69.2%の企業が把握していると回答している。また，東芝や資生堂ではウォーターフットプリントを一部の製品で試験的に導入している54)。

④ 生物多様性に関する定量化

第17回調査では，生物多様性の保全と持続可能な利用を促進する活動に「すでに取り組んでいる」または「2013年度中に取り組む予定」と回答した製造業の企業は，76.5%で前年よりも6.2ポイント増加，3年前よりも23.8ポイントも上昇していた55)。業種別では，自動車・自動車部品で94%，電気機器で82%，食品で78%であった。取り組み始めた製造業のうち，61%の企業が生物多様性に配慮して原材料や資材を調達しており，サプライチェーンの活動に生物多様性に関する事項が広がっていることがわかる56)。さらに，すでに取り組んでいる企業のうち，事業活動が生物多様性に及ぼす影響を定量的に把握している企業の割合は，41.9%で前年よりも6.5ポイントの上昇であった57)。

⑤ 海外拠点での排出量把握

第17回調査において，製造業では，廃棄物の排出量について，国内拠点で把

握している企業の割合は98%であり、海外拠点は68%であった。海外拠点での把握に関して業種別では、自動車・自動車部品が85%、ゴムが80%、電気機器が79%、軽工業が77%であった。記事では、これらの企業が1990年代から引き続き、欧州で厳しい規制に直面していることが指摘されている[58]。

(2) サプライチェーン全体への活動の広がり

国内外のサプライチェーン全体で環境負荷を把握するだけではなく、それを踏まえた活動も展開されている。

① 環境負荷の把握に基づく改善とコミュニケーション

先進的な取り組みを行う企業では、サプライチェーン全体で環境負荷を把握するだけではなく、それを改善につなげている。例えば、コニカミノルタでは二酸化炭素排出量の27%が原材料調達由来であると判明したため、中国サプライヤー30社に人員派遣を行い削減のための改善提案を実施している[59]。同社では、このような海外拠点への「伝道」活動を、欧米や中国などの海外拠点でもゼロ・エミッション活動を開始した2006年当時から行っている。ゼロ・エミッション活動開始時には、例えば、中国では分別の概念も希薄といった状況であり、廃プラを有償で売りコスト削減、外気導入によるエアコン利用の抑制など、細々と伝道師がアドバイスをしていった[60]。

サプライチェーン全体で環境負荷を把握するためには、計測や算定方法の伝達やデータ提供を始めとして環境情報に関する他社との双方向でのコミュニケーションが必要であり、得られたデータからサプライチェーン全体での算出をする手法を確立することも必要になる。つまり、サプライチェーン全体の環境負荷把握を通して、組織にとって以前はしていなかった新たなコミュニケーションが生まれることにもつながる。

② 技術開発やシステム構築

サプライチェーン全体の環境負荷把握と関連して、自社や組織にとって新しい技術の開発なども起こっており、それは新技術や新システムという意味でのイノベーションと言える。例えば、雨水の有効利用や排水リサイクルの取り組みは以前から行われているが、第17回調査でも「他工程への再利用や循環利用」「雨水の有効利用」といった中水利用に取り組む企業の割合は、それぞれ

75.3%，48.0%であった。サプライチェーン全体での環境負荷把握という概念とともに，パナソニックやソニーなど一部の企業では，途上国の拠点でも排水リサイクルシステムを導入している。海外での水資源の取り組みの背景には，グローバルな水資源の偏在問題，途上国での安全・衛生な水資源インフラの問題，水資源利用に関する地域・国家間の紛争問題，間接水利用問題などが，国際的にも解決すべき重要課題であり，グローバル企業の取り組みへの関心が高まっていることもある[61]。

また，スコープ3の算定について業界別で取り組む企業の割合が高いのは，自動車・自動車部品業界と電気機器業界で，それぞれ，73.5%，68.6%，70%である[62]。これらの業界では，サプライチェーン全体の環境負荷の算定だけではなく，自社製品を回収し再資源化して再生原料を自社製品に用いるというクローズドループのリサイクルシステムを構築し，取り組みが進んできている。例えば，トヨタやホンダでは，使用済みハイブリッド車から使用済み電池を回収しリサイクルする仕組みを構築している[63]。回収したニッケル水素電池は，焼却して粉砕しニッケル原料などのレアメタルが抽出され，再利用される。トヨタでは，焼却なしでの再利用に向けて使用済み電池の性能評価の方法を研究開発し，基準以上の電池を定置用電池として再利用する技術を開発した。これによって電池を様々な段階で再利用でき，新規投入のニッケル原料を減らしコスト削減に結びつけることも可能になる[64]。

6　中小企業への環境配慮の波及要因

本章では，1997年から毎年実施されている日経環境経営度調査を通して，製造業の大企業の先進的な環境経営の変遷を，「環境経営の3つのイノベーション」という切り口から概観した。欧州などの厳しい環境規制への対応，および，環境マネジメントシステムの導入から始まった環境経営は，企業本来の戦略や組織に組み込まれる「企業経営としての環境経営」へと変化した。これは，新しい経営スタイルの採用という意味での第1の環境経営イノベーションである。また，環境経営度調査からも，環境経営が発展する過程では，新たな環境ビジネス，環境情報を把握する概念や手法も採用されてきたことが示されている。

これは，新製品や新技術などのイノベーションの意味での第2の環境経営イノベーションである。

では，環境経営の採用が企業に普及する「イノベーション普及による社会変革」という意味での第3の環境経営イノベーションについてはどうだろうか。先にも述べたように，日経環境経営度調査は，先進的な環境経営に取り組むごく一部の大企業が対象になっている。環境経営に取り組む企業は多いが，それら全ての環境経営の傾向を反映しているわけではなく，社会変革にまでは至っていない。しかし，環境経営がもはや当たり前の，CSVという言葉からすれば「やや古い」用語となりつつもあるように，企業活動の環境配慮は当然のこととみなされており，サプライチェーンのすそ野が広い大企業から取引先に環境経営は広がっている。

この流れにおいて，製造業の中小企業にも環境配慮が求められる要因は3つある。

1つは，ISO14001の認証を取得した大企業からの波及である。ISO14001の「4.4.6運用」では，購入物品や外注サービスにも「著しい環境側面」を洗い出す手順書を作成し，相手先に関連手順と要求事項を伝達することが義務付けられている。これにより，取引先・外注先にも環境影響評価を行う流れができている。1990年代後半からグリーン調達による取引先の選別も行われてきた。

2つは，本章の最初にも述べたように，1990年代から強まる環境規制，特に欧州のWEEE指令，RoHS指令，REACH規制などで，グローバルな事業展開を行う製造業の大企業が，サプライヤーが使用する化学物質への対応も迫られてきたことである。特に化学物質規制の流れが，従来の製造プロセスにおける使用や排出から，製品への含有へと焦点が変化しており，製品自体の規制という側面が強まってきた。そのため，例えば鉛フリーはんだへの変更などが，取引先の中小企業にも要求されるようになった。

3つは，より新しい状況であるが，金融・資本市場における企業評価において，グローバルな大企業は，スコープ3などサプライチェーンを含めた環境負荷の情報把握の開示が求められている。そのため，取引先企業にも，水収支，エネルギー使用量や温室効果ガス排出量といったデータを要求する流れが発生している。

第4章　大企業の環境経営におけるイノベーション

　なお，本書の第6章では取引先企業による環境配慮要求が製造業の中小企業に対して及ぼす影響について実証分析を行っている。

■［注］――――――――

1) 拡大生産者責任の原則は，日本でも2000年の循環型社会形成推進基本法に盛り込まれている。拡大生産者責任について，OECDでの検討の経緯や日本での内容の相違については，倉阪（2015）の第9章の第2節を参照。
2) WEEE指令は，2003年に出された「電気・電子機器廃棄物に関するEU指令（Directive on Waste Electrical and Electronic Equipment)」で，2005年8月以降にEU加盟国で販売される電気・電子機器の回収・リサイクルの仕組みづくりと費用負担を生産者に義務付けるものである。
3) RoHS指令は，「電気・電子機器に対する特定有害物質の使用を制限するEU指令」で，RoHSはRestriction of Hazardous Substancesの略で「ローズ」と読む。これは，鉛，水銀，カドミウム，六価クロム，ポリ臭化ビフェニール，ポリ臭化ジフェニルエーテルの6物質を含む電気・電子機器の販売を，2006年7月より原則禁止にした措置である。RoHS指令と類似の規制は，アメリカ，中国，日本などに広まっている。
4) 1997年11月25日付の日経産業新聞「「環境」が消費者の尺度に　対策で政府を頼るな　株式市場も選別の目」
5) 1997年12月5日付の日経産業新聞「企業の環境対策は今3　環境経営度調査から　国際規格ISO14001取得　積極姿勢6割強」
6) 1997年11月28日付の日経産業新聞「環境経営新時代3　グローバル化への条件　「株主の目」情報開示迫る」
7) 1997年11月28日付の日経産業新聞「企業の環境対策は今1　「再資源化率定めず」半数」
8) 1997年12月2日付の日経産業新聞「企業の環境対策は今2　環境経営度調査からCO_2削減目標策定進まず　省エネ投資，大企業に」
9) 1997年12月5日付の日経産業新聞「企業の環境対策は今4　環境経営度調査から　報告書作成は1割強」
10) 以下の御手洗富士夫・キヤノン社長（当時）の言葉は，1997年11月25日付の日経産業新聞「「コストに耐える」キヤノン社長」に基づいている。
11) 1997年12月16日付の日経産業新聞「企業の環境対策は今5　環境経営度調査から　「部品や素材を選別」半数」
12) 同上。
13) 以下の記述は，1997年11月27日付の日経産業新聞「環境経営新時代　グローバル化への条件2　技術が決める次の主役　先行投資，世界から注目」に基づいている。
14) 2006年12月25日付の日経産業新聞「第10回環境経営度調査　環境経営総合力の時代　「国際企業」がリードした10年　各国の規制先取り」
15) 2006年12月1日付の日経産業新聞「製造業過去10回　総合首位はキヤノン　国際市場で先手　精密機器系が上位」
16) 1999年12月16日付の日経産業新聞「環境対策は経営の中枢　社員の創意工夫が成果　桜井正光リコー社長」

17）第10回調査のインタビュー記事は，2006年12月1日付の日経産業新聞「製造業首位トヨタ　渡辺社長コメント　様々な角度から技術開発進める」。第11回調査のインタビュー記事は，2007年12月3日付の日経産業新聞「経営トップ自ら方針　製造業総合首位　トヨタ渡辺社長コメント　ハイブリッドの搭載車種倍増へ」。
18）EUの化学品規制（Registration, Evaluation, Authorization and Restriction of Chemicals, REACH規則）は，2007年6月に発効し，2008年6月から運用が開始したもので，EUで物質を年間1トン以上製造又は輸入する事業者に対し，物質の登録手続を義務づけるものである。基本的には「データがなければ市場なし（No Data, No Market）」で，登録されていない物質は製造や市場にだすことができない。従来の化学物質規制と大きく異なるのは，従来は主として禁止等の対象物質を指定していたのに対し，REACH規制では使用する物質や安全性のデータを使用者に登録させる点である。2008年6月から12月は既存物質の予備登録期間であった。
19）2008年12月3日付の日経産業新聞「環境経営度調査　REACH規制　欧州市場攻略のカギ」
20）パナソニック首位の記事は，2009年12月3日付の日経産業新聞「第13回環境経営度本社調査　エコ　企業戦略の軸に　世界視野トップ陣頭」
21）大坪社長インタビュー記事は，2010年1月12日付の日経産業新聞「パナソニック環境に集中　10年度方針異業種競争に直面　AV・白物省エネ前面」を参照。ただし，パナソニックでは，エコ・アイデアに基づく戦略を，業績不振による経済立て直しのため，2013年4月には廃止した。
22）2011年9月23日付の日本経済新聞「環境製品「まるごと」提案　売上高3000億円超にパナソニック，15年度目標」，2011年11月29日付の日本経済新聞「環境製品「まるごと」の売上高　18年度1兆円に」を参照。
23）2011年12月19日付の日経産業新聞「スマートコミュニティー事業　東芝，海外比率6割に　15年度売上高」を参照。
24）2011年6月2日付の日本経済新聞「環境都市事業　三菱重，受注3兆円に　14年度，収益の柱に育成」を参照。
25）2011年7月22日付の日経産業新聞「スマートグリッド　丸紅が統括部署　グループの各部門連携」を参照。
26）2012年3月14日付の日経産業新聞「日立，2つの戦略本部新設　クラウド・インフラ案件対応」を参照。日立は，スマートシティなどの大型案件をとりまとめる社長直轄の社会イノベーション・プロジェクト本部を新設した。
27）2012年3月29日付の日本経済新聞「清水建設，エコ事業を社長直轄組織で推進」を参照。
28）2013年1月28日付の日経産業新聞「第16回環境経営度調査　総合首位の東芝　佐々木社長に聞く　あらゆる製品，環境優位に」
29）2014年1月27日付の日経産業新聞「2年連続首位　東芝の田中社長に聞く　ビジネスとの一体化重視」
30）2014年2月24日付の日経産業新聞「第17回環境経営度調査　進化するエコ経営　社会問題解決と両輪　市場開く原動力に」
31）これらは，著者が環境経営でユニークな取り組みを行う企業にヒアリングした際に，実際に話されたことである。
32）例えば，伊丹・加護野（2003）のpp.346-349を参照。

33）2001年12月13日付の日経産業新聞「第5回環境経営度調査　ビジョン　トップ主導が不可欠」
34）2013年2月25日付の日経産業新聞「環境経営度特集　グローバル競争に勝つ　環境経営推進体制　トップが自ら参加」
35）1998年12月22日付の日経産業新聞「環境経営度調査から　上位10社，『環境会計』で先行　各社，専門組織を拡充」
36）2005年12月9日付の日経産業新聞「環境経営躍進の原動力　現場の知恵全社で共有　専門委設け，事例を発掘　住友電気工業」
37）上記の注34）の記事。
38）2014年2月24日付の日経産業新聞「環境経営度特集　年々広がる対象分野　環境経営推進体制　目標設定常識に」
39）2011年2月24日付の日経産業新聞「環境経営度特集　低炭素化，経営の根幹へ　トップ関与の動き広がる」，および，2012年2月27日付の日経産業新聞「環境経営度特集　トップ主導で一歩先　『社長直轄』半数に迫る」
40）上記の注16）の記事。
41）2002年12月18日付の日経産業新聞「第6回環境経営度調査5　社員教育　業績反映で意識向上」
42）在間（2010a）のpp.33-34，「事例8：『お役立ち』の精神（株式会社リコー）」より。
43）1999年12月21日付の日経産業新聞「第3回環境経営度調査　社内の指揮・体制　非製造業はトップ主導　社内外教育，7割超が実践」
44）2001年12月19日付の日経産業新聞「第5回環境経営度調査から　環境戦略　実践段階へ」
45）杉浦（2003）のpp.28-34を参照。
46）上記の注35）の記事。
47）2014年2月24日付の日経産業新聞「環境経営度特集　見える化技術後押し　オフィス・店舗　EMS導入　省エネ率先」
48）2003年12月12日付の日経産業新聞「第7回環境経営度調査1　製品対策広がるすそ野　LCA，電機から建設まで」
49）2008年12月4日付の日経産業新聞「環境経営実力診断　ソニー　製品　再生までエコ徹底　輸送も地球に優しく」
50）2009年12月17日付の日経産業新聞「環境経営度特集　環境対策，手法広がる　ライフサイクルアセスメント」
51）上記の注48）の記事。
52）2014年1月29日付の日経産業新聞「攻める企業2　環境経営度調査から　海外の厳しい基準に対応　リコー，環境ラベルで先行　省エネ・合理性同時に追求」
53）2014年1月27日付の日経産業新聞「CO_2幅広く算定5割に　国際競争に不可欠」
54）2014年2月24日付の日経産業新聞「年々広がる対象分野　水資源対策　製造と非製造で意識に大きな差」
55）2014年1月27日付の日経産業新聞「環境経営度調査　生物多様性　影響の定量化　把握進む」
56）2014年2月3日付の日経産業新聞「データ　製造業77%　生物多様性を推進」
57）上記注6）の記事。
58）2014年1月28日付の日経産業新聞「データ　製造業，海外での排出物把握68%」

59）2013年8月23日付の日経産業新聞「コニカミノルタ　部品調達先のCO_2削減　工程改善提案　コスト圧縮と両立」
60）2008年12月8日付の日経産業新聞「環境経営実力診断　コニカミノルタ　廃棄ゼロ，海外に伝道　細やかな改善　省エネも支援」
61）水資源の利用問題や政策，企業の取り組みについては，在間（2014）を参照。
62）上記注15）の記事。
63）2014年2月24日付の日経産業新聞「環境対策隅々に浸透　製品対策　車載廃電池，再利用広がる」
64）2014年1月28日付の日経産業新聞「攻める企業1　環境経営度調査から　トヨタ　HV電池の再利用促進　グループで仕組み」

第5章

中小企業の環境経営イノベーションに関する分析課題

1　これまでの章のまとめ

(1)　環境問題解決のアプローチとしての環境経営

　第1章では，環境経営を，社会の中心的課題の1つである環境問題に対する企業経営からのアプローチとして捉え，環境経営の定義を示した。その上で，環境経営イノベーションに含まれる以下の3つの意味を整理した。

　第1は，従来の公害対策や環境対策に含まれない「企業経営の新しい概念・スタイル」という意味でのイノベーションである。現在，環境経営の考え方が社会全体から見て新しいというわけではないが，まだ取り組んでいない企業にとって，環境経営は企業経営に新しいスタイルをもたらすイノベーションになりうる。第2は，環境経営の諸活動を通して生み出される，新たな環境技術，環境負荷を低減する新たな生産方法や原材料，新たな環境ビジネスといったイノベーションである。第3は，イノベーション普及による社会変革の意味である。全企業の大多数を占める中小企業に環境経営という企業経営のイノベーションが普及することは，社会全体の環境価値向上に結びつく。

(2)　企業経営としての環境経営

　第2章では，環境経営の企業経営としての特徴について，経営学の基本的なフレームワークから環境経営の概念や要素を抽出した。

第1に，環境活動を分類し，環境活動を決定づける要因について整理した。環境活動は，CSR活動の3つの次元，および，コンプライアンスと自主的活動の2軸から分類できる。自主的活動に関しては，しない場合も含めて活動に関する意思決定が必要である。その意思決定に係る企業の内部・外部の要因として，「経営者意識」「自社と環境問題の関わり」「ステイクホルダーとの関係性」「経営資源」「活動自体の環境性と経済性」という5つを挙げることができる。ステイクホルダーについては，企業が直面する4つの市場と社会という枠組から分類できる。第2章では，それぞれについて環境問題に関するキーワードを整理した。また，企業とステイクホルダーとの関係という側面から，企業の存在意義が変化していることも論じた。

　第2に，環境経営に関する経営者の役割と環境経営を方向づける戦略タイプを示した。環境経営における経営者の役割は，「企業理念に基づき，戦略を立て，組織をつくり，人を動かす」という企業経営に環境配慮の視点を組み込むことである。自主的な環境活動に関して意思決定の裁量の余地は大きく戦略的視点が必要になる。環境経営を方向づける戦略には，特に環境面で目立つことをしない無差別型戦略から，社会との共通価値の創造に結びつく革新型戦略まで4つのタイプが可能である。それを決めるのは経営者である。

　第3に，環境性と経済性向上の機会に関するフレームワークを紹介した。環境経営は環境性と経済性向上を目指すものである。両者の向上を可能にする機会は，経営活動プロセスにおける環境負荷とその処理コストの削減，長期的な環境リスクの削減とそれによる経済的損失の回避，環境ビジネスによる利益獲得，社会貢献なども含めた長期的な環境ブランド価値の蓄積の4つである。

　第4に，環境経営の意義を論じた。環境経営の意義は，付加価値を生み出す企業経営のプロセスにおいて環境価値を創造することである。企業経営としての環境経営の考え方や要素は，大企業だけに該当するのではなく中小企業でも同じである。例えば省エネ等「当たり前」として取り組んでいる活動を，自社が生み出す環境価値という視点で捉え直すことができる。また，環境経営の導入が従業員への理念的インセンティブにもなる。ただし，「環境価値」という価値が意味をもつのは，それを数値などで目に見える形にしたときであるため，環境情報の把握が必要である。

(3) 組織マネジメントとしての環境経営

　第3章では，環境マネジメントシステム，環境会計，ライフサイクルアセスメント，環境指標など，環境経営の組織マネジメントで活用される手法を紹介し，環境性と経済性向上のフレームワークにおける位置づけを整理した。

　環境マネジメントシステムの導入は，組織活動にPDCAを組み込む契機となる。また，事業プロセスでの水やエネルギー使用量などの把握は，資源生産性の改善につながる。ライフサイクルでの製品の設計の見直しは環境配慮型製品の開発という意味を持つ。マテリアルフローコスト会計の活用は廃棄物のムダを削減する活動につながる。PDCA，資源生産性，製品設計，ムダ取りといった事柄は，経営改善の際にも用いられる言葉である。中小企業は様々な経営課題に直面しており，経営改善を要する場合も少なくない。環境経営を実践するためには経営改善との結びつきを見出すことも重要である。

(4) 大企業の環境経営イノベーションの変遷と中小企業への波及

　第4章では，1997年から毎年実施されている日経環境経営度調査を通して，製造業の大企業の先進的な環境経営の変遷を概観し，「環境経営の3つのイノベーション」という切り口で整理した。

　欧州などの厳しい環境規制への対応，および，環境マネジメントシステムの国際標準規格ISO14001導入から始まった環境経営は，企業本来の戦略や組織に組み込まれる「企業経営としての環境経営」へと変化した。これは，新しい企業経営スタイルという第1の意味の環境経営イノベーションである。また，環境経営度調査からも，環境経営が発展する過程では，新たな環境ビジネス，環境情報を把握する概念や手法も採用されてきたことが示されている。これは，新製品や新技術といった第2の意味での環境経営イノベーションである。さらに，近年は，ISO14001，化学物質規制，スコープ3といった事項が，製造業の大企業から中小企業を含めたサプライチェーン全体に波及しつつある。この流れは環境経営のイノベーション普及であり，第3の意味の環境経営イノベーションと関連している。が，波及は一部にとどまっており，社会変革にまでは至っていない。

2　中小企業の環境経営イノベーションの分析課題

　ここでは，第1章で挙げた3つの環境経営イノベーションに関して，第2章から第4章の内容を踏まえて，中小企業に関する分析課題を検討しよう。図表5-1に示す。

(1)　企業経営としてのイノベーションに関する分析課題
　第1の環境経営イノベーションでは，次のような分析課題を挙げることができる。

① 中小企業はどのような環境活動を行っているか。それらは，第2章の図2-3に示した，「コンプライアンス」の基本的活動，および，「経営活動プロセス」「製品・サービス」「社会貢献」の自主的活動に分類されるか。

② どのような要因で中小企業は環境経営に取り組んでいるのか。あるいは，環境経営に取り組む阻害要因は何か。それらの要因は，「経営者意識」「自社と環境問題の関わり」「ステイクホルダーとの関係性」「経営資源」「活動自体の環境性と経済性」とどのような関係があるか。

③ 中小企業の環境経営に関する戦略タイプはどのようなものか。どのような特徴があるか。それらは「無差別型」「防衛型」「積極型」「革新型」に分類できるか。

④ 中小企業は環境経営で環境性と経済性を向上させているか。それらは，「環境コスト」「環境リスク」「環境ビジネス」「環境ブランド」という4つの機会とどのような関連があるか。

⑤ 中小企業は，環境マネジメントシステム，環境会計，ライフサイクルアセスメント，環境指標など，環境経営の組織マネジメント手法を導入しているか。

⑥ 中小企業は，環境経営に関する上記の手法を用いて，経営改善に役立てているか。

第5章　中小企業の環境経営イノベーションに関する分析課題

■図表5-1　中小企業の環境経営イノベーションに関する分析課題

3つのイノベーション	分析課題
企業経営に関する イノベーション	①中小企業の環境活動の内容 　　　コンプライアンス，自主的活動（プロセス・製品・社会活動） ②中小企業の環境経営を促進する・阻害する要因 　　　経営者意識・環境問題の関わり・ステイクホルダー・ 　　　経営資源・環境性と経済性 ③中小企業の環境経営に関する戦略タイプ 　　　無差別型・防衛型・積極型・革新型 ④中小企業の環境経営による環境性と経済性 　　　環境コスト・環境リスク・環境ビジネス・環境ブランド ⑤中小企業の環境経営に関する組織マネジメント手法の活用 　　　環境マネジメントシステム・環境会計・LCA・環境指標等 ⑥環境経営手法の活用による中小企業の経営改善
環境技術やビジネス のイノベーション	⑦中小企業の技術やビジネスのイノベーション 　　　（上記の①の製品および④の環境ビジネスとも関連） ⑧イノベーションに取り組む中小企業の特徴 　　　（上記の②の要因や③の戦略とも関連）
環境経営の イノベーション普及	⑨大企業から中小企業への環境配慮の要求 ⑩中小企業への環境経営普及の程度 ⑪中小企業に環境経営が普及する条件 　　　（上記②の促進・阻害要因とも関連） ⑫環境経営に関して中小企業が求める・活用する支援 ⑬中小企業に環境経営が普及する支援のデザイン

(2)　技術・製品等の新開発としてのイノベーションに関する分析課題

新技術・新製品・新市場などの開発という第2の意味での環境経営イノベーションに関する分析課題としては，以下の2つを挙げることができる。

⑦　中小企業は環境面の技術やビジネスに関してどのようなイノベーションを行っているか。この点は，上記の①の製品・サービスに関する環境活動，および，④の環境ビジネスの機会とも関連がある。

⑧　技術や製品のイノベーションに取り組む中小企業はどのような特徴があるか。この点は，上記の②の要因や③の戦略とも関係がある。

(3)　環境経営のイノベーション普及に関する分析課題

環境経営というイノベーションを中小企業に普及させるという観点での分析

課題としては,以下の5つを挙げることができる。

⑨　大企業から中小企業への環境配慮の要求はあるか[1]。

⑩　どの程度,環境経営は中小企業に普及しているか。環境マネジメントシステムの認証はどの程度普及しているか。

⑪　中小企業に環境経営が普及する条件は何か。促進要因・阻害要因は何か。この点は,上記の②と関連がある。

⑫　中小企業は,環境経営に関して,どのような支援を求めている,あるいは,活用しているか。

⑬　中小企業の環境経営に関して,どのような支援策があるか。どのような支援があれば,中小企業に環境経営は普及するのか。

(4) 分析課題の分類

上記の分析課題は重複する部分もあるので整理して総括すると,図表5-2のように4つのカテゴリーに分類することができる。

第1は中小企業の「環境活動の実態」で,上記の①,⑤,⑩の項目がある。また,上記の⑨大企業から中小企業への環境配慮要求の実態についても,このカテゴリーに含める。第2は中小企業の「環境経営要因・戦略・経済性」であり,上記の②,③,④,⑪,⑫の項目が関係する。第3は中小企業の「環境ビジネス・イノベーション」で,上記の⑦と⑧に関する分析である。第4は中小企業への「環境経営支援」であり,上記の⑥,⑫,⑬が該当する。

本書の以下の第6章から第9章では,図表5-2に示すように,上記の4つの分析カテゴリーについて,著者がこれまで公表した調査研究論文を踏まえて分析内容と結果を紹介する。それに先立ち,本章の以下では,既存の調査研究の動向を整理しておこう。

3　日本の中小企業の環境経営に関する実態調査の動向

図表5-2に示した分析課題のうち中小企業の「環境経営の実態」に関する調査研究は数多くなされている。この分野では,研究者・研究機関による調査研究以外に,業界・経済団体・中小企業関連組織による調査報告,あるいは,

第5章　中小企業の環境経営イノベーションに関する分析課題

■図表5-2　分析課題と本書の分析内容

分析カテゴリー	分析課題　（各番号は図表5-1に対応）	著者の分析
環境活動の実態	①中小企業の環境活動の内容	第6章
	⑨大企業から中小企業への環境配慮の要求	
	⑤中小企業の環境経営に関する組織マネジメント手法の活用	
	⑩中小企業への環境経営普及の程度	
環境経営の要因・戦略・経済性	②中小企業の環境経営に関する促進・阻害要因	第7章
	④中小企業の環境経営による環境性と経済性	
	③中小企業の環境経営に関する戦略タイプ	
	⑪中小企業に環境経営が普及する条件	
	⑫環境経営推進のために中小企業が求める・活用する支援	
環境ビジネス・イノベーション	⑦中小企業の技術やビジネスのイノベーション	第9章
	⑧イノベーションに取り組む中小企業の特徴	
環境経営支援	⑥環境経営手法の活用による中小企業の経営改善	第8章
	⑫中小企業の環境経営推進のための支援策	
	⑬中小企業に環境経営を普及させる政策デザイン	

コンサルタントや中小企業経営者による事例紹介や提言などが多い。それらの主な内容は，(a)中小企業の環境への取り組み状況や課題に関する実態の調査，または，(b)中小企業の環境対策や環境ビジネスの成功例や提案等の事例紹介である。

図表5-3は，日本の業界・経済団体・中小企業関連組織による実態調査や事例紹介の主なものである。表には「中小企業」「環境」に該当する資料のみをリストアップしているが，これら以外にも，従業員数が1000名以下の中堅企業も対象に含む調査や，環境も含めたCSRに関する調査も行われている。

1990年代には，中小企業金融公庫調査部（1994, 1998）の2つの報告のように，資源リサイクルに携わる中小企業の実態調査が行われていた。

2000年代に入ると，環境マネジメントシステムの導入や環境ビジネスに関する調査が行われるようになった。日本政策投資銀行国際協力部（2003）では，中小企業が集団移転し共同で公害対策を行ってきた東京都大田区のメッキ業の協同組合について，ISO14001の認証を取得する経緯や取り組みを報告している。広域関東圏産業活性化センター（2005）は中小企業の環境マネジメントシ

■図表5-3　日本の中小企業に関する実態調査

区分	発行・公表機関	発行年	主な内容
実態	中小企業金融公庫調査部	1994	資源リサイクルに携わる中小企業の実態調査
	中小企業金融公庫調査部	1998	資源リサイクルに携わる中小企業の実態調査
	中小企業研究センター	2002	ISO14001認証取得の動向と要因
	機械振興協会経済研究所	2004	中小企業テクノフェアに出展される環境ビジネスとその企業の動向
	広域関東圏産業活性化センター	2005	環境マネジメントシステムの導入の現状と課題や支援策
	中小企業金融公庫総合研究所	2005	エコビジネス分類と中小企業が強みを発揮できる分野の整理・事例
	機械振興協会経済研究所	2006	イノベーション創出の観点から中小企業の環境経営の分析
	商工中金調査部	2008	商工中金の取引先中小企業の環境への取組の現状
	全国中小企業共済財団	2010	中小企業の取組や課題に関するアンケート調査
	関東経済産業局	2010	省エネの取組に関するアンケートと事例
	日本政策金融公庫総合研究所	2011	中小企業の取組やメリット・デメリットのアンケート調査
	商工総合研究所	2011	上のアンケート分析紹介と事例紹介
	日本政策金融公庫総合研究所	2011	次世代自動車の部品サプライヤーとしての中小企業の可能性
	浜銀総合研究所	2011	省エネや太陽光発電への投資等のアンケート調査
事例	日本政策投資銀行国際協力部	2003	集団移転し共同で公害対策を行う協同組合のISO14001認証取得
	中小企業基盤整備機構	2010	中小企業の環境ビジネス参入の成功事例
	日本貿易振興機構	2011	海外事業展開を行う中小企業の成功事例
	日本政策金融公庫総合研究所	2012	先進的環境経営に取り組む事例
	日本政策金融公庫総合研究所	2012	4分野の環境ビジネスの成功事例
	関東経済産業局	2013	環境視点で経営改善の事例
	京都産業エコ・エネルギー推進機構	2014	省エネの取組事例

ステムの導入の現状と課題をアンケートとヒアリングから整理し支援策を検討している。機械振興協会経済研究所（2004）は，主に「中小企業テクノフェア」に出展される環境ビジネスとその企業の動向を明らかにしており，中小企

業金融公庫総合研究所（2005）は中小企業が強みを発揮できる環境ビジネス分野を整理し成功事例も紹介している。また，機械振興協会経済研究所（2006）は中小企業の環境経営の取り組みを踏まえ，イノベーション創出の観点から中小企業が抱える課題を示している。

2008年以降は，環境ビジネスやイノベーション，経営改善という視点が登場している。また，省エネの取り組みや，再生可能エネルギーやエコカーに関する中小企業の可能性に関する調査も行われている。近年は，関東経済産業局（2013）のように，中小企業の環境対策を経済改善と結びつけた事例集も提示されている。

4　中小企業の環境経営に関する学術研究の動向

1990年代後半より，欧州の研究者・研究機関を中心に中小企業の環境経営に関する調査研究が盛んになされてきた。本節では，それらの研究について主として国際学術誌から論文を抽出し，研究の動向を整理する。なお，環境経営に関する研究論文では「環境改善」「環境活動」等の用語も使用されているが，ここでは概ね「環境経営」として記している。また，実証研究の多くは複数の事項を明らかにしているが，以下に示す論文ではそれぞれの分類項目に関連する主な結果のみを取り上げている。

(1) 環境経営の活動と戦略タイプ

第2章の図表2-3で示したように，環境経営の活動には「経営活動プロセス」「製品・サービス」「社会貢献」の3領域があるが，「コンプライアンスの基本的活動」と「自主的活動」の2つの軸で大別できる。環境経営の実証研究では，規制順守にとどまる活動を行う企業を「リアクティブ型」の戦略タイプ，規制順守にとどまらず自主的活動に取り組む企業を「プロアクティブ型」の戦略タイプとして大別している[2]。第2章の図表2-6で示した環境経営の方向性に関する戦略との関連では，「無差別型」や「防衛型」では既存の規制順守にとどまることからリアクティブ型に対応し，「積極型」や「革新型」がプロアクティブ型と対応する。

中小企業の環境経営に関してリアクティブであることを示す実証分析は，2000年前後の研究に多く見られ，Petts（2000），Williamson & Lynch-Wood（2001），der Brío & Junquera（2003），Patton & Worthington（2003），Worthington & Patton（2005），Williamson et al.（2006）がある。ただし，この当時でもプロアクティブなケースは存在し，例えば，Noci & Verganti（1999）では，製品の環境パフォーマンスの改善は，製品のライフサイクルに関する知見やステイクホルダーの環境配慮要求の予測が必要であるため中小企業にとって難しいが，一部の中小企業では戦略的に研究開発に取り組んでいることを示している。

　Hitchens et al.（eds.）（2003）は，ドイツ，英国，アイルランド，イタリアの染色・プリント加工業，家具製造業，青果加工業に対する調査において「規制志向」「コスト削減志向」「エコプロダクツ促進志向」という環境戦略について分析した。Hitchensらは，全体では規制志向が多いが，ドイツではコスト削減志向やエコプロダクツ促進志向も多く見られることを示している。ただし，エコプロダクツによる差別化が競争戦略となっている中小企業はドイツでも一部に限定されることも指摘されている。

　Aragón-Correa et al.（2008）は，既存研究のレビューから，中小企業の環境経営がリアクティブからプロアクティブまで幅広く存在することを示している。また，Bos-Brouwers（2010）は，規制志向は少数派で，多くは環境効率性の向上を求めてプロアクティブな取り組みを行うエコ効率志向であることを明らかにしている。これらで示されるように，近年は，プロアクティブな環境経営に取り組む中小企業が増加していることが推察される。

　自発的活動の内容については，Bos-Brouwers（2010）の実証分析では，廃棄物削減防止や省エネが最も多い環境活動であることが示されている。近年は，環境マネジメントシステム（以下，EMS）だけではなく，ライフサイクルアセスメント（以下，LCA）やライフサイクルコスティング（以下，LCC）といった手法を導入する中小企業もある。Kurczewski（2014）は，ポーランドの中小企業のLCAやLCCの取り組みについて現状を調査しEU諸国との相違を分析している。近年は，EUだけではなく，アジアやアフリカ等の国における実証分析も増えている。例えば，Lee（2009）は韓国の実証研究で，環境

ビジネスに取り組むプロアクティブな中小企業の事例分析を行っている。また，Meité et al.（2009）では，アフリカ西部8カ国の実証分析から，途上国の中小企業について，安全・健康・環境の取り組みの現状を整理し，いずれも未発達の段階にあることを指摘している。

(2) 環境経営の外部要因
① 環境規制
　上記のリアクティブ型を示す実証研究に見られるように，環境規制は中小企業の環境経営に対する主要な外部要因となっている。Petts et al.（1999），Petts（2000），Patton & Worthington（2003）は英国の調査で，中小企業の環境経営の本質は規制対応であり，経営者が規制を順守すべきものとして認識していることを明らかにしている。der Brío & Junquera（2003）は初期の実証分析のレビューで，先に述べたようにリアクティブであることを示したものであるが，外部のステイクホルダーとの関係構築力の低さが課題である点を指摘している。また，Worthington & Patton（2005），Williamson et al.（2006）においても，中小企業の環境経営はリアクティブで自発的活動や競争力に結びついていないことを示している。近年の規制の影響に関する実証研究には，Guében & Skerratt（2007）やBaden et al.（2011）がある。これらについては後述する。

② 市場・ステイクホルダーに関する要因
　van Hemel & Cramer（2002），Zhang et al.（2008），He et al.（2014），Granly & Welo（2014）では，顧客，サプライチェーン，業界，市場機会といった要因を示している。van Hemel & Cramer（2002）とZhang et al.（2008）では，それぞれ，規制やコミュニティといった要因も示されている。また，He et al.（2014）は中国の地方の化学企業に関する分析で，中小企業と地方政府の強い関係が環境活動を阻害していると指摘している。

(3) 環境経営の内部要因
① 環境意識・環境問題等の認知
経営者の環境意識の程度や環境問題・政策等に対する認知は，環境経営を阻

害する,あるいは,促進する要因となる。

　Merritt et al.(1998)は,経営者は環境に関心があるが知識不足で実行していないことを指摘している。このような研究から,第4章で紹介した「環境配慮の態度と行動のギャップ」が中小企業の経営者にも見られることを指摘できるだろう。Merrittらの研究は,中小企業の環境経営に関する初期時点のものであるが,比較的最近でも,Wilson et al.(2012)のように,環境法規制に関する知識やレスポンシビリティへの認識の不足を示す研究がある。

　プロアクティブな環境への取り組みと経営者等の強い環境意識や価値観の関係を示す研究には,Petts et al.(1998)やCordano et al.(2010)などがある。また,Battisti & Perry(2011)では,経営者の環境意識と企業規模について「逆U字関係」の関係性があることを明らかにしており,Rodgers(2010)では,企業のサステナビリティに関して,企業家(起業家)が経済性のみを意識するわけではない点を中小企業のケース分析から指摘している。

　Williams & Schaefer(2013)は,気候変動に対する取り組みを積極的に行う中小企業では経営者の価値観や信念に基づくものであることを示し,政府や支援組織はビジネス事例やコスト削減効果を強調するが,個人の価値観に働きかけるほうが有効であると指摘している。

② コストや便益に関する認識と戦略

　環境経営の阻害要因には,環境への取り組みと経済性に関するネガティブな認識がある。この点を示すのが,Taylor et al.(2003),Simpson et al.(2004),Revell & Blackburn(2007),Cassells & Lewis(2011),Brammer et al.(2012)である。いずれも,「環境対策をコストと認識する」あるいは「コスト削減のような経済的メリットと考えていない」という阻害要因が示されている。他方,Epstein & Roy(2000)やMadsen et al.(1997)では,環境への取り組みによるコスト削減効果の認識がプロアクティブな環境経営の要因となっていることを示している。

　Granek & Hassanali(2006)は,カナダの工業地域における大気汚染物質等の未然防止プログラムに参加した中小企業のケーススタディから,財政援助やコスト削減効果がインセンティブとなっていることを指摘している。また,先に紹介したように,Hitchens et al.(eds.)(2003)やBos-Brouwers(2010)は,

中小企業がコスト効率志向やエコ効率志向で環境経営に取り組んでいることを示している。

③ 企業属性・経営資源・組織文化

Hitchens et al.（eds.）（2003）は，プロアクティブな環境経営に関する経営資源の阻害要因として，新規投資への資金制約，人員に余力がないことによる環境活動への人材不足，環境面での正しいスキルに関する知識欠如を挙げている。他方，規模の大きい企業の方が，小さい企業よりプロアクティブな活動が多いことを示している。さらに，ドイツの中小企業を対象とする調査では，最新設備，R&D従事者，輸出といった企業属性に係る項目が環境パフォーマンスに効果を与えることを明らかにしている。ただし，ドイツ以外の調査では特に相関は見られないと述べている。先に挙げたリアクティブ型であることを示す実証研究においても，中小企業の経営資源に関する制約を指摘している。

Hillary（2004）は環境マネジメントシステムの取り組みを阻害する要因として，環境対策をネガティブに考える企業文化があることを示し，環境経営に取り組むためには人的資源に課題があることを指摘している。

④ 組織能力

環境経営を促進する要因として組織能力との関わりを示す研究として，Biondi et al.（2002），Aragón-Correa et al.（2008），Lee（2009）がある。Aragón-Correa et al.（2008）は，ビジョンの共有，プロアクティブな環境経営戦略，ステイクホルダーのマネジメント能力といった特定のケイパビリティがある場合には，環境経営の取り組みが経済性の向上に結びつくことを明らかにしている。また，Petts et al.（1998）は環境の取り組みには訓練，双方向コミュニケーション，および，組織学習といった要素が必要であることを示唆している。Epstein & Roy（2000）も，環境に取り組むために適切なスキルやケイパビリティ開発が必要であると指摘している。

Oxborrow & Brindley（2013）は英国の15の中小企業の事例から，中小企業のエコアドバンテージ創出と組織学習について，ケイパビリティの蓄積の重要性を指摘し，環境影響志向，潜在的コスト削減志向，市場機会志向の3タイプの学習モデルを提示している。

(4) 外部要因と内部要因

　先に述べたように，多くの実証研究では複数の要因を明らかにしていることが多い。例えば，Biondi et al.（2002）は，中小企業の環境経営について，阻害要因には経営資源・組織文化・投資リスク・情報不足，促進要因にはステイクホルダーの圧力・環境規制・コスト削減・廃棄物削減・リスク廃棄があることを示し，促進のキーワードとしてネットワークや協働，技術のイノベーション等を挙げている。Cambra-Fierro et al.（2008）では，中小企業の環境に関する倫理行動を促進する要因として，法律，経営者の価値観，社会文化，所有と経営の形態，産業を挙げている。

　また，環境経営の活動レベルと要因の関係では，例えば，Uhlaner et al.（2012）は，産業部門，企業規模，イノベーションの方向性，エネルギー保全からの経済的便益の認知といった内部要因が個々の環境マネジメントの活動への取り組みのレベルに影響を与えることを示している。

(5) 環境性と経済性

① 環境性と経済性の関係

　環境性と経済性の関係に関しては，「環境経営により経済性を向上させるか」および「経済性の高さが環境経営促進に結びつくか」という異なる2つの方向からアプローチされる。

　環境への取り組みによる競争優位性や経済性への影響については，ポジティブとネガティブの両者の関係が明らかになっている。Hitchens et al.（eds.）（2003）は，EUの実証研究から，環境の取り組みが優れた企業ほど経済的便益が高い傾向があるものの，全体として明確な結果は得られていないとしている。また，Worthington & Patton（2005）の英国の印刷業を対象にした調査でも，環境への取り組みと競争優位の関係は見られないことを示している。他方，Luken & Stares（2005）のアジア4カ国を対象とした国連プロジェクトによる調査では，企業に適した環境活動は短期の利益と長期の競争力を向上させることを示している。

　経済性の高さと環境経営の関係については，例えば，Aragón-Correa et al.（2008）では，最もプロアクティブな環境活動を行う中小企業は経済性が高い

ことを示している。

② 要因等を含めた分析モデル

中小企業の内部や外部の要因，および，環境性・経済性の関係等については，いくつかの分析モデルが提示されている。

Gadenme et al.（2009）は，顧客・サプライヤー・規制といった外部要因が企業の環境に関する認知や態度に影響を与え，それが環境活動に影響するというモデルを設定している。このモデルにおいて外部要因を緩和する変数として所有者と経営者の関係，環境情報，時間，資金を挙げている。

Lefebvre et al.（2003）は，企業の属性，製品の属性，変化の誘因が企業の環境パフォーマンスに影響を与え，それが企業のイノベーションや競争力に影響を及ぼすというモデルについて，カナダの木材製品，印刷，金属加工製品，電気電子製品の4産業で分析し，競争優位は産業により異なることを示している。

Rao et al.（2009）は，フィリピンの中小企業の実証研究において，環境パフォーマンス指標，環境マネジメント指標，企業の事業パフォーマンス，企業の環境パフォーマンス，競争力という5つの関係を分析している。その結果，環境マネジメント指標が環境パフォーマンス指標に影響し，それが企業の環境パフォーマンスを向上させ，さらに企業の事業パフォーマンスと競争力に影響を及ぼすという関係が示されている。

(6) イノベーション

イノベーションに関する実証研究では，技術，製品，組織といったイノベーションのタイプやイノベーションを引き起こす要因が分析されている。また，研究結果から，必要な支援策について言及するものも少なくない。用いられる用語は環境イノベーション（environmental innovation），エコイノベーション（eco-innovation），グリーンイノベーション（green innovation），サステナブルイノベーション（sustainable innovation）と様々である。Klewitz & Hansen（2014）は，1987年から2010年の約20年間における中小企業のエコイノベーションとサステナブルイノベーションに関するレビューを行い，サステナブルイノベーション実践に向けた統合的フレームワークを提示している。彼らは既存研究の

多くはエコイノベーションに関する分析であり、トリプルボトムラインの観点を含めたサステナブルイノベーション研究は少ないことも指摘している。これらのイノベーションに関する実証研究は、主に3つのカテゴリーに分類できる。

第1は、先に挙げた環境経営の外部・内部要因と同様に、イノベーション採用の要因に関する分析である。Hansen et al.（2002）は、EUの20事例の分析から、中小企業の環境イノベーションについて、採用プロセスは、イノベーションの種類、特殊な事業の機会の有無、規制圧力等の要因により多様であることを示している。Weng & Lin（2011）はアフリカの実証研究で、グリーンイノベーションを採用する要因として、グリーンイノベーションの技術特性、組織の属性、政府の支援、顧客圧力、規制圧力を示している。

第2は、イノベーションと組織能力に関する分析である。Hansen et al.（2002）は、調査分析から、中小企業の環境イノベーション能力の分析フレームワークとして、企業のコンピタンスと戦略的方向性、および、外部とのネットワークという「ダイナミックトライアングル」の相互関係を提示している。Bos-Brouwers（2010）は、オランダのゴム・プラスチック業の実証研究から、サステナブルイノベーションは環境効率を高める技術や低コスト化の生産といった改善に見られることを示し、それらに取り組む企業には新製品市場開拓やステイクホルダーとの関係構築という価値創造がもたらされることを指摘している。

第3は、イノベーションのタイプや要因と政策の関わりに関する分析である。Triguero et al.（2013）は、欧州27カ国を対象とする実証研究から、エコイノベーション採用に対する供給サイド、需要サイド、規制といった異なる要因が果たす役割を整理している。彼らは、研究機関等とのコラボレーションやエコ製品の需要増加を重視する企業でイノベーションが活発であることを見出した。さらに、供給サイドの要因は組織やプロセスのイノベーションに、市場シェアはエコ製品とエコ組織に、コスト削減はプロセスイノベーションに、既存の規制はエコ製品とエコ組織に影響を与えることが示されている。他方、将来の規制や補助金の有無はイノベーションに影響を及ぼさないことも指摘されている。Cuerva et al.（2014）はスペインの食品・飲料企業について、通常のイノベーションとグリーンイノベーションの相違を分析している。R&Dや人的資源の

ような技術的ケイパビリティは通常のイノベーションを促進するがグリーンイノベーションを生み出す要素とはならないことを示している。さらに，グリーンイノベーションの採用行動には，品質管理システム（以下，QMS）の実行や差別化という要因だけが影響することを明らかにしている。その点から，エコイノベーションには公的助成よりも QMS のような自発的参加型認証制度が有効であることを指摘している。

(7) 政策・支援

多くの実証研究で，中小企業は大企業と比較して経営資源の制約があるため，環境経営を促進する支援策が必要であると指摘されている。ここでは，中小企業の環境経営に対する政策や支援に関する実証研究を整理する。

① 規制や外部圧力の必要性と限界

リアクティブ型の中小企業の存在から，中小企業に環境活動を促すためには，政策やステイクホルダーによる圧力が有効であると考えられる。近年の研究では，Lin & Lan（2013）は，環境規制がグリーンサプライチェーンマネジメントの推進力となることを示している。また，Guében & Skerratt（2007）は，環境経営を行う中小企業であっても，環境報告書の取り組みは，費用便益面でメリットを感じないため，外部からの圧力がある場合に限られることを明らかにしている。Studer et al.（2008）は香港における調査で，中小企業の環境意識を高める上で，表彰制度や自発的合意アプローチはあまり効果的でないが，サプライチェーンの圧力は有効であることを示している。

しかし，外部圧力の影響の限界も実証されている。Baden et al.（2011）は，英国の CSR に関する調査において，厳しい基準を課すとフラストレーションで天井効果が生じ CSR の取り組みが減少してしまうことを指摘している。環境経営について，Lynch-Wood & Williamson（2013）は，英国の中小企業への調査で，規制は中小企業に対して環境への取り組みを促すが，民間の圧力も規制のような刺激となることを示している。ただし，彼らは，中小企業はオーバーコンプライアンス行動を取らず規制順守にとどまるため，民間圧力の効果は狭い範囲の課題に限定されることを指摘している。

なお，規制を含めた複数の政策の比較研究も行われている。例えば，Zhang

et al.（2008），Fernández-Viñé et al.（2013）はそれぞれ，ベネズエラおよび中国に関する分析である。

② **経済的支援に関する分析課題**

Clement & Hansen（2003）は北欧4カ国における経済的支援策について，マネジメント，雇用，技術，エネルギーの4分野に分類し，デンマークとスウェーデンではマネジメントに，フィンランドとノルウェーでは技術に，それぞれ重点的であることを示している。また，エネルギー利用に関する支援はいずれでも行われているが，環境改善というよりもエネルギー効率性向上を促すものであると指摘している。Clement & Hansen（2003）はさらに，それらの経済的支援が及ぼす中小企業の意識や取り組みへの効果に関する分析が必要であるという課題を提示している。

③ **中小企業に向けた環境マネジメントシステムの必要性や効果**

Hutchinson & Hutchinson（1995）は，EMS の先駆けである英国の BS7750 について，理論的にはあらゆる組織に適用可能だが中小企業向けの規格が必要であることを指摘している。Wells & Galbraith（1999）は，メキシコ政府が世界銀行の支援を得て実施した Guadalajara プロジェクトによって中小企業がコスト効率的に EMS を導入できたという成果を示した上で，中小企業の取得を促す低価格の認証制度が必要であると指摘している。

Biondi et al.（2000）は，中小企業の EMS 導入に関するパイロットプロジェクトから，中小企業の導入の阻害要因は，直接の資金投入ではなく，間接的コストであると示している。間接的コストとは，EMS というマネジメントに必要な時間，環境対策に必要な技術や人材である。彼らは，中小企業の EMS 導入を促進するために必要な措置として，個々の中小企業への技術支援，経済支援や経済的インセンティブ，要求事項の単純化または中小企業をターゲットとしたガイドライン，中小企業の内部人材に対するトレーニング，認証単一企業ではなく地域全体等での認証取得の可能性という5つを提言している。

現在，第3章でも紹介したように，日本では，エコアクション21，KES，エコステージというように，国内で事業を行う中小企業が対応しやすい EMS 認証制度がある。

Heras & Arana（2010）は，EU において ISO14001 や国内版 EMS を導入す

る中小企業に対して推進要因（モチベーション）・阻害要因・便益の3項目について実証分析を行い，両者で推進要因のみ異なることを明らかにしている。それによると，ISO14001の採用については企業イメージの向上や顧客圧力の緩和が推進要因であるが，国内版では自社の環境活動の向上という要因が示されている。

EMS導入の効果に関する分析としては，例えば，Zorpas（2010）では，EUの中小企業を対象とした環境マネジメントシステムによるメリットに関するレビューで，環境マネジメントシステムの導入とその取組みが「見えざる資産」を蓄積する点を指摘している。

④ 情報・知識に関する外部支援の必要性・役割

a）外部支援の必要性

der Brío & Junquera（2003）は，実証研究のレビューから環境経営推進に関するステイクホルダーとの関係性に着目し，技術に関するアドバイスや知識の提供，および，外部のステイクホルダーと協働するトレーニングプログラムといった特別な活動が必要であることを指摘している。Peters & Turner（2004）は，英国の工業団地における自発参加型アプローチの調査から，適切な知識やスキルの提供が必要であることを指摘している。ただし，Hitchens et al.（eds.）（2003）の実証研究では，外部の助言サービスがあるにもかかわらず，中小企業にとって環境は最優先事項ではないため必要性をあまり感じていないことが示されている。

Friedman & Miles（2002）は，中小企業の環境性と経済性を向上させるBBT（Better Business Pack）プログラムの事例から，地域ベースで，人が関与する，中小企業に適した柔軟性のある「寄り添う」支援が重要であることを示している。Lee & Klassen（2008）は，外部支援による環境知識が環境マネジメントのケイパビリティ向上に重要であることを示している。

Burke & Gaughran（2007）は，外部のコンサルティングを活用したITによるEMSのシステム構築について，事例から手法を提示している。

b）協働やネットワークの役割

先に挙げたBiondi et al.（2000）は，パイロットプロジェクトにおける事例から，中小企業間やサプライチェーンの取引先などとの協働がEMSの取り組み

に重要な役割を果たすことを示している。Ammenberg et al. (1999) は，スウェーデンのHackefors地域の中小企業がネットワークを構築し共同でISO14001に取り組み，コスト削減にもつながっている事例を紹介している。同じ取り組みについて，Ammenberg & Hjelm (2003) では，共同のEMSの取り組みによって，既存および潜在的に重要な顧客との関係がよりよくなるという効果を示している。Halila (2007) は，既存の学習ネットワークプロジェクトを活用して中小企業のEMS導入支援を実施し，ネットワークにおける学習によるEMS普及モデルを提示している。

　c） 取引先企業による支援

取引先大企業からの支援の重要性を示すものとしては，先に挙げたWells & Galbraith (1999) のGuadalajaraプロジェクトのケースや，グリーンサプライチェーンに関する実証研究であるLee et al. (2012) がある。Wells & Galbraith (1999) の研究におけるGuadalajaraプロジェクトは，Guadalajara地域にある11の大企業と各社のサプライヤーである中小企業数社を選び，大企業の支援や助言を受けて中小企業がEMSに関する訓練を受けるものである。他方，Hitchens et al. (eds.) (2003) の実証研究では，中小企業は取引先大企業によるアドバイスをほとんど受けていないことが示されている。

　d） 事業者団体の役割

Revell & Rutherfoord (2003) は中小企業に環境への取り組みを促すには，事業者団体へのアプローチが鍵となることを指摘している。他方，Clarke (2004) は，英国の旅行業に関する事業者団体に対する調査において，事業者団体が環境に対して必ずしも積極的ではなく中小企業への影響も限定されることを示している。

　e） ビジネス支援

環境経営の促進に関して中小企業に対するビジネス支援の必要性を指摘する調査分析には，Holt et al. (2000)，Shearlock et al. (2000)，van Berkel (2007)，Oxborrow & Brindley (2013) などがある。中小企業のエコアドバンテージと組織学習の関係を示したOxborrow & Brindley (2013) は，公的なサステナブル調達は中小企業にとって市場機会となりイノベーションを生み出す触媒としての役割をもつこと，および，ビジネス支援や知識移転の強化の必要性を指

摘している。

van Berkel (2007) は，オーストラリアにおける低環境負荷型生産 (Cleaner Production) プログラムへの参加企業に対する調査分析から，それらの企業は，「環境配慮が主目的か否か」および「標準的な技術や実践か，より精巧な技術や実践か」という2軸により4つに分類されることを示している。その上で，政策インプリケーションとして，資源生産性や環境効率性の課題に対してビジネスアプローチを促進するためには，さらに，中小企業の総合的なイノベーション能力を向上させるためには，管理者訓練や能力開発（キャパシティ・ビルディング）が必要であると指摘している。

⑤ 中小企業の多様性と政策

中小企業は，業種や規模，経営資源など様々な点で多様である。初期の実証研究においても Merritt (1999) や Patton & Worthington (2003) は，中小企業の多様性を指摘し，多様性に応じた政策が必要であると指摘している。また，Revell & Rutherfoord (2003) は英国とオランダの政策を比較して，明確なターゲットに対して行われるオランダの政策の方が中小企業の環境経営促進に有効であると述べている。

Parker et al. (2009) は，中小企業の環境経営推進に関する既存研究のレビューから，既存の研究論文や実際の環境政策では，中小企業の「タイプ」という視点が欠けていることを指摘し，さらに，中小企業はさまざまなタイプがあるため単一の政策でなくタイプに応じた複数の政策が必要であることを示した。Parker et al. (2009) は，図表5-4に示すように，経営者の環境優先・事業優先の意思によって4つのタイプに分類し，政策カテゴリーと政策が効果的な中小企業のタイプについて，図表5-5の関係があることを明らかにしている。

⑻　手法開発

マネジメント手法や評価手法に関する研究も行われている。例えば，Burke & Gaughran (2007) は環境マネジメントシステムから社会的活動を管理する手法を，Cloquell-Ballester et al. (2008) は従業員の環境教育手法を，それぞれケース分析から提示している。また，Horváth et al. (2014) は環境マネジメントシステムを管理する手法を示している。

■図表5-4　Parker et al.（2009）による中小企業のタイプ

		経営者の環境コミットメントの程度	
		低い	高い
経営者の事業業績コミットメントの程度	高い	利益志向 Profit driven	優位志向 Advantage driven
	低い	順守志向 Compliance driven	環境志向 Environment driven

（出所）Parker et al.（2009）より筆者作成

■図表5-5　Parker et al.（2009）による中小企業のタイプと有効な政策

	順守志向 Compliance driven	利益志向 Profit driven	環境志向 Environment driven	優位志向 Advantage driven
自主的規制・基準 Voluntary regulations & standards			○	○
強制的規制 Compulsory regulations	○			○
経済的ペナルティ Financial penalties	○	○		
経済的支援 Financial support			○	○
教育 Self-directed & facilitated education	△	△	○	○
監査とレビュー Audits & reviews			○	○
事業等への助言 Business advice & help lines	△	△	○	○

○：効果的，△：難しいが提供可能

（出所）Parker et al.（2009）より筆者作成

　評価手法では，Howgrave-Graham & van Berkel（2007）は，クリーンな製造に関する評価手法を，Seiffert（2008）は環境マネジメントシステムの環境影響評価について中小企業に適した手法を，それぞれ提示している。また，Rao et al.（2006）はフィリピンの中小企業に向けた環境マネジメントの評価手法を実証分析から導いている。

　Zackrisson et al.（2008）は，ライフサイクルアセスメントに基づくエコデ

ザインの情報提供手段である「段階的環境製品宣言（Stepwise Environmental Product Declaration）」が，中小企業の製品に関するにコスト効率的な環境改善手法となっていることを示している。

5　分析課題と既存研究に対する著者の研究の特徴

　図表5-1や図表5-2の分類と上述の既存研究を踏まえて，中小企業の環境経営に関する分析課題は，図表5-6のように示すことができる。中小企業の環境活動は，多くの実証研究が示すように企業の外部・内部の要因に依存している。環境活動は環境性向上に結びつくが，環境経営では環境性と経済性の関係も捉える必要がある。また，技術やビジネスなどイノベーションの役割も重要である。環境性・経済性の向上やイノベーションの創出によって，企業の技術・人材・資金などの経営資源や組織能力に影響を及ぼしうる。さらに，中小企業の環境経営が社会に普及するか否かは，政策や支援にも依存する。個々の既存研究では，このような観点のいずれか1つ，あるいは，複数の課題について分析されている。

　本書の以下で紹介する著者の研究は，図表5-2と図表5-6に示す分析課題を含んでおり，以下の特徴がある。

■図表5-6　分析課題と既存研究のまとめ

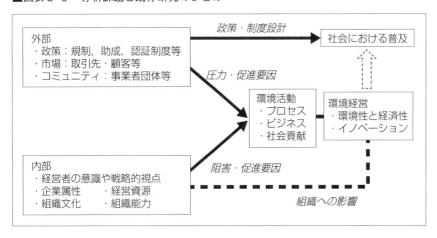

第1に，環境活動の実態については，取引先大企業からの環境配慮要求が中小企業の環境活動に及ぼす影響を明らかにしている。第4章で述べたように，製造業では，大企業の環境経営の取り組みから中小企業への要求へと発展してきた経緯があるため，特にその点を明確に分析している。

　第2に，内部・外部の要因，および，環境性と経済性の関わりについて実証分析し，中小企業が取りうる環境経営の戦略，および，環境経営促進の条件を明らかにしている。

　第3に，環境経営の実践について中小企業が直面するうち，情報・知識が本質的であることを示す実証研究を踏まえて，情報や知識の提供に関する支援の現状を整理し，提言を行っている。さらに，実証研究を踏まえて，中小企業の環境経営に関するエージェントベースモデルを設計し，情報・知識提供の支援策の効果をシミュレーション分析している。

　第4に，環境ビジネス・イノベーションについて，既存の制度に着目し，制度を利用して環境ビジネスに取り組む中小企業の特徴と，制度の効果を合わせて分析している。

　本章以降の第6章から第9章で具体的な分析内容を示す。本書の研究の既存研究との比較における特色や，分析結果が既存研究に提供した新たな知見，分析結果の限界については，第10章で総括する。

■ [注]
1) これは第4章から抽出される分析課題である。
2) 環境経営の戦略に関する実証研究に関しては，例えば，金原・金子（2005）を参照。
3) 先に紹介したBos-Brouwers（2010）はParker et al.（2009）に基づいた中小企業タイプに関する実証分析である。

第6章

中小企業への環境配慮要求と環境経営イノベーション

1　本章の目的とアンケート調査の目的

　本章では，前章の図表5-2中の「大企業から中小企業への環境配慮の要求」「中小企業への環境経営普及の程度」「中小企業の環境活動の内容」「中小企業の環境経営に関する組織マネジメント手法の活用」といった環境活動の実態に関するテーマを扱う。ただし，環境経営の組織マネジメント手法の項目では，環境マネジメントシステム（EMS）の認証取得のみを扱っている。その理由は2つある。1つは，中小企業のEMS導入は広がってきたものの，第3章の図表3-3に示したように現在でも認証取得企業数は限定されているからである。もう1つの理由は，本章が特に，中小企業の環境経営に関して比較的初期と言える2000年代半ば頃に焦点を当てているからである。当時は製造業大企業による取引先への環境配慮要求の動きが広まりつつあり，中小企業も対応を求められていた。どの程度の中小企業が影響を受けていたのだろうか。それらの要求は中小企業の環境配慮の取り組みにどのような影響を与えたのだろうか。本章では，当時に著者が実施したアンケート調査分析[1]とその後に行ったヒアリング調査から，製造業の中小企業が取引先企業の要求を受けて環境活動を推進し，環境経営へと変革する姿を浮き彫りにする。

　アンケート調査は2004年および2006年に実施した。調査の目的は，「取引先から中小企業への環境配慮要求の実態」「環境配慮要求が中小企業の環境対策

推進に与える影響」「中小企業の環境対応を促進するための具体的な情報サポート」「中小企業の環境活動の程度，環境保全に関する支払い意思額と，環境配慮要求の関係，および，経済活動の関係」の4つの事項を明らかにすることであった。この調査の特徴は3つある。

第1に，第5章でも述べたように，取引先大企業からの環境配慮要求が中小企業の環境活動に及ぼす影響に着目していることである。第4章でも述べたように，当時，大企業による取引先への環境配慮を求める動き[2]が広まりつつあり，その背景には，ISO14001規格条文「4.4.6運用」の取引先への要求事項[3]や，EUのRoHS指令など有害化学物質に関する環境規制強化[4]などがあった。当時の既存研究では，ステイクホルダーの圧力が中小企業の環境活動を促進する要因となることは示されていたものの，どの程度の影響を及ぼしているかは明確ではなかった。本調査ではそれを1つの焦点としている。

第2に，情報・知識に対する支援について，中小企業が利用した支援と求める支援を調査していることである。アンケート調査に先駆けて実施したヒアリング調査では，取引先の大企業が実施する勉強会への参加により環境活動を進めている事例がある一方で，そのようなサポートを受けていない企業の事例では，情報収集の困難さが示されている[5]。第5章で挙げたように，2000年代初期の実証研究においても情報・知識提供について調査や言及するものは少なくない。ただし，それらと本研究の相違は，調査から，中小企業が活用した支援と求める支援の乖離を明らかにした点である。

第3に，調査では既存研究と同様に環境性の向上と外部・内部の要因に関する項目が含まれているが，当時の市場環境要因も考慮していることである。事前調査では，取引先からの環境配慮要求に直面している中小企業は厳しい価格競争にもさらされており，その点も加えている。

本章では環境配慮要求とその影響に関する分析を扱い，情報支援と環境性向上の条件については次章で示す。なお，アンケート調査の分析結果の詳細は3つの論文[6]にまとめ既に公表している。本章と次章はそれらを踏まえつつ改めて分析を加え書き下ろしたものである。

第6章 中小企業への環境配慮要求と環境経営イノベーション

2 アンケート調査の方法

(1) 調査対象

調査対象は，下請けの製造業が多く取引先企業からの影響を受けるケースが多いと推察される業種で，2004年の第1回調査では，金属製品製造業，一般機械器具製造業，電気機械器具製造業，情報通信機械器具製造業，電子部品・ディバイス製造業・輸送用機械器具製造業・精密機械器具製造業（以下，機械・金属業と略す）の中小企業500社を対象とし，2006年の第2回調査では，機械・金属業201社とプラスチック製品加工製造業201社としている。2006年の調査は，機械・金属業の経年変化，および，業界間比較を行うことも目的としていた。

調査対象とサンプル数は，図表6-1のとおりである。2004年度調査は，機械・金属業の多い都市である東京都，川崎市，大阪市，京都市，名古屋市，浜松市の5地点を選択した。大阪市の抽出企業については，東大阪市を本社とする企業も含まれる。2006年度は，地域比較が目的ではない[7]ため，東京都と大阪市で行った。

サンプル抽出については，調査会社の保有リストから，概ね300人以下の中小企業について，調査完了目標数の4～5倍を目途に無作為抽出を行い，調査

■図表6-1　アンケート調査の対象

調査地域	2004年度	2006年度	
	機械・金属業	機械・金属業	プラスチック加工業
東京都	100	101	101
川崎市	100		
大阪市	100	100	100
京都市	100		
名古屋市	50		
浜松市	50		
合　計	500	201	201
		402	

名簿を作成し，その調査名簿の中から，調査員が無作為抽出を行った。

(2) 調査方法と調査実施期間

　抽出された各企業に，事前に調査依頼のはがきを郵送し，続いて調査員が電話により調査対象企業の都合を聞き，調査日時を決定した。調査は，それぞれの指定日時に，調査員による訪問面接調査によって実施した。ただし，一部対象者の都合や希望により，留置法を併用した。調査の対象者は，企業の代表者とした。ただし，代表者が多忙や不在の場合には，代表者が指示した他の役員や部長クラスの社員とした。

　サンプリング，葉書による依頼などの準備から調査員による訪問面接まで，調査実施期間は，2004年度調査については2005年1月から2月，2006年度については2006年6月から7月である。本調査は調査地域や対象が広範囲にわたるため，調査対象の抽出，訪問，データ入力については調査会社（有限会社ブレーン・ネットワーク・当時）に委託した。

(3) 調査票の概要

　アンケート調査に先立ち実施したヒアリング調査を踏まえて，アンケート調査票を作成した。アンケート票の質問項目は，「企業の属性・事業形態」「経済性・競争力・競争環境など経済活動」「環境活動の内容」「取引先からの環境配慮要求」「利用した情報サポート」「求める情報サポート」「環境活動に関する支払意思額（Willingness to Pay, WTP）」「環境関連の認証取得」の8つのパートで構成される。それぞれについて主な項目は，図表6-2のとおりである。

　企業の属性としては，地域，主業種，経営者年齢，創業年，従業員の平均年齢の項目がある。形態については，売上に占める，「自社ブランド製品の生産」「依頼に基づく企画・生産」「取引先が企画した完成品の受託生産」「取引先が企画した素材・部品・部分品の受託生産や受託加工」「その他」の割合について，合計を100%となるように，それぞれの値を回答してもらった。下請比率は受託生産と受託加工の合計で計算している。また，前年度の納品先企業数，および，販売額の一番多い納入先企業の売上に占める割合の項目も設けている。

　経済性に関する項目は，前年度と3年前の年商および従業員数，従業員1人

■図表6-2　アンケート調査票の構成

分類	主な質問項目
企業の属性	主業種，地域，創業年，従業員数，経営者年齢，従業員の平均年齢
事業形態	売上に占める以下の比率（合計100%） 　①自社ブランド製品の生産　②依頼に基づく企画・生産 　③取引先が企画した完成品の受託生産 　④取引先が企画した素材・部品・部分品の受託生産や受託加工 　⑤その他 納品先企業数，販売額の一番多い納入先企業の売上に占める割合
経済性	年商，従業員1人当たり年間現金給与，総資産額
競争力	主たる製品単価の決定状況，技術開発活動の有無と内容，輸出の有無と形態，保有する機械設備の平均年数，強み
市場環境	製品・部品の単価の変化状況，原材料購入価格の変化状況
環境活動	環境理念，体制，目標・目的・計画， 節電・節水・紙使用量削減の節約活動， 産業廃棄物の管理，排水・排気・騒音の法規制遵守， 環境配慮型製品・部品の製造，納品時の環境配慮， 原材料・部品購入の環境配慮， 社員への環境教育，リスク未然防止活動，社会貢献活動 経営者の環境保全活動に対する意識
取引先からの環境配慮要求	ISO14001認証取得，国内版環境マネジメントシステム認証取得，取引先企業の環境保全ガイドライン遵守， 環境影響評価に関するアンケート，化学物質使用に関するアンケート，化学物質等安全データシート提出
利用した情報サポート	環境マネジメントシステムに関する情報 化学物質に関する情報
求める情報サポート	環境マネジメントシステムに関する情報 化学物質に関する情報
WTP	環境保全のために年間で支払ってもよいと思う金額 環境専門担当者の最大配置可能な人数
EMS認証取得	ISO14001認証取得の有無，国内版EMS認証取得の有無

当たり年間現金給与，総資産額である。競争力に関する項目は，主たる製品単価の決定状況，技術開発活動の有無と内容，輸出の有無と形態，保有する機械設備の平均年数，および，強みである。競争環境に関する項目では，製品・部品の単価の変化，原材料購入価格の変化について，直面する状況を尋ねている。

環境活動の具体的内容に関する項目としては，環境理念，体制，目標・目的・計画，節電・節水・紙使用量削減の節約活動，産業廃棄物の管理，排水・

排気・騒音の法規制遵守，環境配慮型製品・部品の製造，納品時の環境配慮，原材料・部品購入の環境配慮，社員への環境教育，リスク未然防止活動，社会貢献活動がある。また，経営者の環境保全活動に対する意識の項目も設けている。取引先からの環境配慮要求に関する項目については次節で説明する。環境関連の認証取得に関する項目には，ISO14001認証取得の有無，環境省・地方自治体など国内版認証制度がある。環境活動に関するWTPに関する項目では，環境保全のために年間で支払ってもよいと思う金額，環境専門担当者の最大配置可能な人数を質問している。それぞれ数字で回答してもらった。支払意思額については，単位を万円としているため，1万円未満の場合は0万円として処理した。

情報収集サポートに関する項目は，環境マネジメントシステムに関する情報，規制されている，あるいは，将来規制される化学物質に関する情報について，利用したサポート，および，環境関連で求める情報サポートについて質問している。

3　中小企業への環境配慮要求

(1)　環境配慮要求の項目

図表6-3は，アンケート調査に先立ち実施したヒアリング調査から，中小企業に対する環境配慮に関する要求事項を整理したものである。

環境マネジメントシステムに関連する事項では，ISO14001の認証規格の要求事項に基づく環境影響評価を受けること以外に，取引先企業が設定したガイドライン順守，ISO14001または国内版の環境マネジメントシステムの認証取得が

■図表6-3　環境配慮要求の項目

分類	要求事項の項目
環境マネジメントシステム（EMS）関連	・取引先企業による環境影響評価 ・取引先企業の環境保全ガイドライン遵守 ・ISO14001や国内版EMSの認証取得
化学物質関連	・鉛フリーはんだ等使用物質の変更 ・使用する化学物質の調査 ・化学物質等安全データシート（SDS）の提出

挙げられる。ISO14001および国内版の認証規格では，いずれも要求事項に取引先に対する認証規格を含んでいないが，実際には認証取得の要求も見られた。

化学物質に関連する事項では，納品時の「化学物質等安全データシート（Safety Data Sheet, SDS）」の添付や，使用する化学物質の調査が挙げられる。SDS制度は，「特定化学物質の環境への排出量の把握及び管理の改善の促進に関する法律（化学物質排出把握管理促進法）」[8]で指定された「化学品（化学物質又はそれを含有する製品）」を他の事業者に譲渡または提供する場合，SDSにより，その化学品の特性や取扱いに関する情報を事前に提供することを義務づける制度である。SDS制度は2001年1月から運用されており，2011年度までSDSは「MSDS（Material Safety Data Sheet）」と呼ばれていた[9]。化学物質に関する要求事項では，SDSと調査以外にも，法規制に伴い鉛フリーはんだ等具体的な物質への変更の指定もある。これはSDSの提出と重なるため，実施したアンケート調査では，環境配慮要求の事項からは省いている。ただし，環境に配慮した製品・部品の項目において「有害化学物質の使用をやめ代替品で製造した製品・部品（鉛フリーはんだ等）」を入れている。

(2) 取引先からの環境配慮要求

図表6-4は，取引先からの環境配慮に関する要求の有無について，「ある」と回答した企業の割合を示したものである。

機械・金属業について比較すると，いずれの項目でも2004年度よりも2006年度の方が，要求を受けたと回答した企業の割合は多くなっている。EMSや化学物質に関して，いずれかの環境配慮要求を受けた企業数について，2004年度では500社中196社で39.2%であったが，2006年度では201社中120社で59.7%となり，約1.5倍に増加していることがわかる。これらの点から，当時，取引先から中小企業への環境配慮要求が増えていたと推察できる。

環境マネジメントシステム（EMS）関連では，両年度で取引先のEMS実施に伴う調査「環境影響評価アンケート」が最も多いが，2004年度で約2割だったが，2006年度で約3～4割と増えている。また，ISO14001または国内版のEMS認証取得の要求を受けた企業の割合は，2004年では13%で，2006年では約20%であることがわかる。

■図表6-4　中小企業が受けた環境配慮の要求

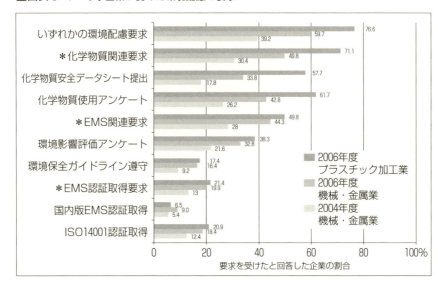

　2006年度について比較すると，化学物質に関する項目ではいずれも，原材料等の面で化学物質と関連が深いため，プラスチック加工業では機械・金属業よりも要求を受けた割合が多い。SDSや化学物質調査のいずれかに関する要求を受けた企業の割合は，機械・金属業の約5割に対し，プラスチック加工業では約7割にものぼる。

　図表6-5は，取引先からの環境配慮要求を受ける企業の割合と企業の従業員数の関係を示している。2004年度の機械・金属業の(b)以外は，従業員数が多いほどEMSや化学物質に関する要求を受けた割合が大きいことがわかる。これは，従業員数が大きい企業は事業規模が大きい場合が多く，大企業と取引する機会が相対的に大きいためであると考えられる。

　図表6-6は，取引先からの環境配慮要求を受ける企業の割合と売上に占める下請比率の関係を示している。下請比率が大きい方が，取引先からの影響を受けやすいと推察される。全6ケースのうち，2004年の機械・金属業の(a)(b)のケース，および，プラスチック加工業の(b)のケースでは，下請比率が大きいほうが環境配慮要求を受けた企業の割合が大きいという傾向が見られる。しかし，他の3ケースでは明確ではない。下請比率等の企業属性，環境配慮要求，環境

性などの関わりについては次章で構造方程式モデリングによる分析結果を示す。

■図表6-5　従業員と環境配慮要求

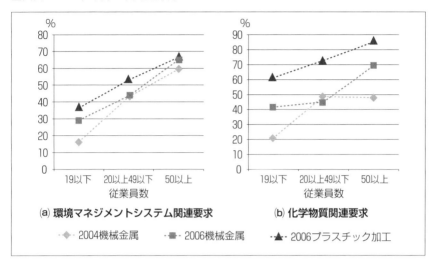

■図表6-6　下請比率と環境配慮要求

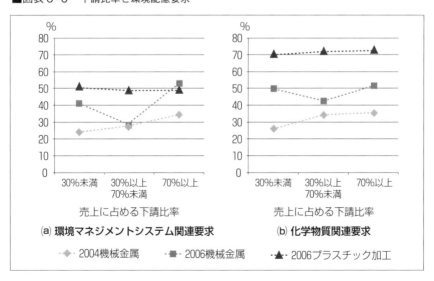

4　環境配慮要求による環境活動への影響

(1) 環境活動の評価指標

　中小企業の環境活動の程度について分析するために，アンケートの具体的な環境活動に関する各項目について，各項目の選択肢をもとに点数づけを行い，評価指標を作成した。概要を図表6-7に示す。紙面の都合上，表中ではアンケート票の項目の詳細は省略している。環境活動の程度について項目間比較を可能にするために，図表6-7の各項目の評価指標を，各5点満点で換算した。

　図表6-7の環境活動の項目を整理し，第2章で説明した環境活動の分類を踏まえてグループ化し分類した。図表6-8に示す。図表6-8の「活動領域」は，第2章の図表2-3に示されている3つの次元「経営活動プロセス」「製品・サービス」「社会貢献」に対応している。また，表中に記載している「環境性・経済性の潜在的領域」の「環境コスト」「環境リスク」「環境ビジネス」「環境ブランド」は，図表2-7「環境性と経済性を向上させる機会」として示した4領域に対応している。ただし，第2章で述べたように，それぞれの活動が経済性やブランド力向上に直結するわけではない。あくまでも「その可能性がある・意義がある」という意味での分類である。そのため「潜在的」と記している。

　先述したように質問項目は事前調査を踏まえて作成したが，当時は中小企業の環境経営の取り組みに関して比較的早い時期であったため，図表6-8からわかるように，経営活動プロセスでの活動，EMSに関する活動の項目が多くなっている。また，環境活動の指標化については，EMS導入時や運用時に実施される環境影響評価の手法を意識したものである。具体的には調査以前に実施した製造業企業へのヒアリングから得られた実践的な知見を参考にした。

第6章　中小企業への環境配慮要求と環境経営イノベーション

■図表6-7　環境活動の指標

(1) 環境理念：3点満点
　ある　1点
　　　環境に関する法規制遵守を明記している　＋1点
　　　方針を文書化して全従業員に周知徹底している　＋1点
(2) 体制：3点満点
　環境管理の専任担当者をおいている　2点
　環境管理の兼任担当者をおいている　1点
　＊上記の合計点
(3) 目標・目的・計画：3点満点
　目的・目標がある　1点
　　　達成するための組織・推進責任者が明確になっている　＋1点
　　　　達成するための方法・手段が明確になっている　＋1点
(4) 節約活動：3点満点
　節電を実施している　　1点
　節水を実施している　　1点
　紙節約を実施している　1点
(5) 産業廃棄物の管理：6点満点
　アンケート票の6項目の合計項目数
(6) 汚染防止の法規制遵守：9点満点
　排水・大気・騒音の各事項について，下記点数の合計点
　・条例の規制値よりも厳しい自社基準を設定し，遵守している　3点
　・条例の規制値を確実に遵守している　　　　　　　　　　　　2点
　・条例の規制値をだいたい遵守している　　　　　　　　　　　1点
　・把握していないが遵守していると思う　　　　　　　　　　　0点
(7) 環境配慮型製品・部品の製造
　している　1点
　　　製品の環境配慮の項目数を加点（アンケート票の8項目のうち○の項目数）
(8) 納品の際の環境配慮：4点満点
　アンケート票の4項目の合計項目数
(9) 物品購入の際の環境配慮：4点満点
　アンケート票の4項目の合計項目数
(10) 社員への環境教育：3点満点
　・新入社員に対してだけでなく，定期的に実施している　3点
　・新入社員にのみ実施している　　　　　　　　　　　2点
　・不定期だが実施している　　　　　　　　　　　　　1点
　・実施していない　　　　　　　　　　　　　　　　　0点
(11) リスクの未然防止：3点満点
　・マニュアルを作り，訓練を実施している。　　　　　　　　　　　　　　　　　3点
　・環境リスクの予防マニュアルを作っているが，訓練までは実施できていない。　2点
　・環境リスクのマニュアルはないが，安全のための訓練とあわせて実施している　1点
　・特に何もしていない　　　　　　　　　　　　　　　　　　　　　　　　　　0点
(12) 社会貢献活動：4点満点
　アンケート票の4項目の合計項目数
(13) 経営者の環境意識
　・積極的に推進したい　　　　　　　　　　　3点
　・どちらかと言えば前向きに取り組みたい　　2点
　・どちらかと言えばあまり積極的ではない　　1点
　・推進したいと思わない　　　　　　　　　　0点
● 環境総合指標
　上記(1)〜(12)の合計点数　＊(13)の経営者の環境意識は含まない。

■図表6-8　環境活動の項目と分類

活動領域	環境性・経済性の潜在的領域	事項	環境活動の項目 (かっこの番号は図表6-7の番号に対応)
経営活動プロセス	環境コスト	EMS構築に関する活動	(1)環境理念 (2)体制 (3)目標・目的・計画 (10)社員への環境教育
		基本的な節約活動	(4)節電・節水・紙使用量削減
		環境法規制順守に関する活動	(5)産業廃棄物の管理 (6)排水・排気・騒音の管理
		拡大生産者責任に関する活動	(9)環境に配慮した原材料・部品の購入 (8)納品時の環境配慮
	環境リスク	リスク管理の活動	(11)リスク未然防止活動
製品・サービス	環境ビジネス	本業での活動	(7)環境配慮型製品・部品の製造
社会貢献	環境ブランド	社会貢献活動	(12)社会貢献活動

(2) 環境配慮要求による環境活動への影響

　図表6-9は，2006年度の機械・金属業について，環境活動の各項目を5点満点換算後の評価値について，「環境配慮要求を受けていない（要求なし）」「いずれかの環境配慮要求を受けた（環境配慮要求あり）」の各企業群について平均値を比較したレーダーチャートである。チャートで示された評価値は，各企業群の平均値である。2004年度の機械・金属業および2006年度のプラスチック加工業のレーダーチャートについても，個々の値は異なるものの，2006年度機械・金属業のケースと類似のパターンであったため図を省略する。

　図表6-9からわかるように，いずれの項目の活動においても，要求なしの企業群より環境配慮要求ありの企業群の方が，値が大きくなっている。レーダーチャートの環境活動項目は，図表6-8の項目順に時計回りとして配置している。

　経営活動プロセスの活動は，環境理念からリスク未然防止までの10項目である。環境配慮要求ありの企業群では，特に，環境理念から社員環境教育までのEMS構築に関する活動と，リスクの未然防止の活動で，いずれも値が大きくなっている。法規制順守に関する2つの活動については，環境配慮要求ありの

■図表6-9　環境配慮要求・EMS認証取得と環境活動

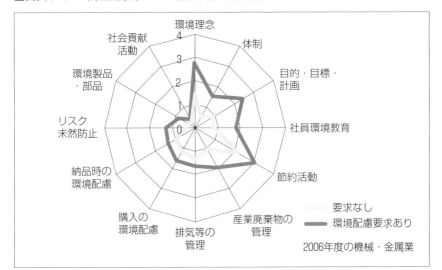

企業群では，両者とも値が大きくなっているが，産業廃棄物の管理の方が差が大きくなっている。要求なしに対する具体的な対比については後で示す。排気・排水・騒音の管理に関する評価指標では，条例より厳しい基準で自主管理する場合に最高得点を与えており，さらにそれら3項目の合計値で評価している。したがって，要求なしの企業群との差が小さいということは，環境配慮要求ありの企業群であっても3項目全てでより高いレベルの管理を行っているケースは多くはないことを意味している。また，グリーン調達や納品時の環境配慮に関する取り組みも，環境配慮要求ありの企業群では，要求なしの企業群よりも値が大きいため，相対的により多くの活動に取り組まれていることがわかる。しかし，評価値は他の項目ほどは大きくない。

　製品・サービスの活動について，評価値は小さいものの，環境配慮要求ありの企業群では，要求なしの場合よりも値が大きく，より多くの取り組みがなされていることがわかる。社会貢献活動については，いずれの企業群でも値が小さい。

　この分析では，製品・サービス評価指標を，アンケート票にリストアップした5項目のうち該当項目の合計としている。また，先述のように，排気・排

■図表6-10　環境配慮要求を受けた中小企業の環境活動の程度

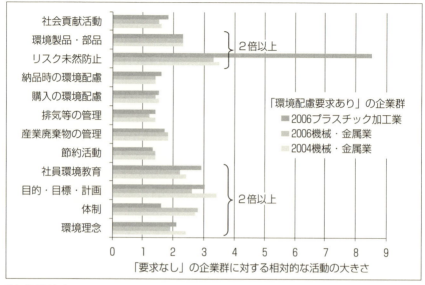

注）各項目とも，
　いずれかの要求を受けた企業群の評価値（平均値）／要求なしの企業群の評価値（平均値）
　で算出

水・騒音の管理の評価指標も，3項目の合計値を用いている。社会貢献活動の場合も項目の合計が算定の基本となっている。これらのケースでは，単純に，より多い取り組みの企業では点数が高くなる。ただ，特に環境経営の初期時点では，オーバーコンプライアンス，本業，社会貢献の領域で必ずしも活動数を増やせるわけではない。したがって，環境配慮要求ありの企業群の活動の程度について，要求なしの企業群に対する相対的な値を見るために，要求なしの企業群を1とした時の相対値を計算した。図表6-10に示す。

図表6-10から，要求なしの企業群の活動に対して2倍を超えるものを抽出すると，機械・金属業，プラスチック加工業とも，環境理念，体制，目的・目標・計画，社員環境教育といったEMS構築に関する活動，リスク未然防止，環境製品・部品の項目となる。

第6章　中小企業への環境配慮要求と環境経営イノベーション

(3) EMS認証取得への影響

図表6-11は,「ISO14001または国内版EMSの認証（両者あわせて以下,EMS認証）」を取得した中小企業について,認証取得要求があった企業数とその割合,および,認証取得を含めたEMS関連要求を受けた企業数とその割合を示している。図表中には,比較のために全体における該当する要求を受けた企業数と割合も示している。

図表6-11に示されるように,EMS認証取得企業は,2004年度では500社中34社,2006年度では402社中67社であった。それらのうち,EMS認証取得の要求を受けていた企業は,2004年度で23社,2006年度で44社となっており,いずれも認証取得企業のうち7割弱を占めている。また,認証取得以外の項目も含めたEMS関連要求全体では,2004年度で27社,2006年度で59社と,それぞれ8割弱および9割弱となっている。全体の企業でそれぞれの要求を受けた割合と比べて,これらの値はかなり大きいことがわかる。化学物質関連も含めいずれかの環境配慮要求を受けている企業の割合についても,EMS認証取得企業の方が大きくなっている。

これらの点から,EMS認証を取得した中小企業の大部分が,取引先からの環境配慮要求を考慮していたことがわかる。また,図表6-11から,EMS認証取得の要求を受けた企業は,2004年度で65社,2006年度で83社であり,それらのうち2004年度では3割強の23社が,2006年度では5割強の44社が,実際に認証取得したことがわかる。これらのケースでは,ISO14001の規格における要求事項は取引先の認証取得を求める内容ではないものの,実際にはある程度の

■図表6-11　環境マネジメントシステムに関する要求と認証取得

受けた要求事項	2004年度		2006年度	
	EMS認証取得 (34社)	全体 (500社)	EMS認証取得 (67社)	全体 (402社)
EMS認証取得要求	23 (67.6%)	65 (13.0%)	44 (65.7%)	83 (20.6%)
EMS関連要求	27 (79.4%)	140 (28.0%)	59 (88.1%)	189 (47.0%)
化学物質・EMS関連いずれかの要求	28 (82.4%)	196 (39.2%)	65 (97.0%)	274 (68.2%)

注）2006年度のEMS認証取得企業の内訳は,機械・金属業32社,プラスチック加工業35社

影響力をもつ要求がなされていたと推察できる。著者が個別にインタビューを行った企業でも「認証取得しなければ取引しないと取引先からの通達があった」という声も聞かれた。

(4) 環境配慮要求と EMS 認証取得による環境活動への影響の比較

図表6-12は，環境配慮要求ありの企業群と EMS 認証取得の企業群の各環境活動について，要求なしの企業群を1とした時の相対的な値を示している。先の図表6-10に示した2006年度の機械・金属業に関する値では，環境配慮要求ありの企業群全体について算定していた。環境配慮要求を受けた企業の中には EMS 認証を取得している企業が含まれる。図表6-12の作成に際しては，EMS 認証取得と環境配慮要求による影響を比較するために，環境配慮要求を受けた企業群のうち EMS 認証取得企業群を除外して値を算定した。表中には算定の対象となる企業数も記載している。

■図表6-12　環境配慮要求およびEMS認証取得と環境活動

活動領域	環境性・経済性の潜在的領域	環境活動の項目	環境配慮要求あり（EMS取得企業除外）		EMS認証取得	
			2006 機械・金属 (60社)	2006 プラスチック加工 (70社)	2006 機械・金属 (32社)	2006 プラスチック加工 (35社)
経営活動プロセス	環境コスト	環境理念	1.2	1.2	3.3	4.4
		体制	1.8	1.2	4.8	2.7
		目的・目標・計画	1.6	1.5	4.8	6.6
		社員環境教育	1.2	1.3	4.3	6.5
		節約活動	1.3	1.2	1.7	1.7
		産業廃棄物の管理	1.4	1.3	2.6	2.6
		排気等の管理	1.0	1.1	1.8	1.9
		購入の環境配慮	1.2	1.3	1.8	1.9
		納品時の環境配慮	1.2	1.2	1.8	2.6
	環境リスク	リスク未然防止	1.0	1.6	8.1	24.5
製品・サービス	環境ビジネス	環境製品・部品	1.9	2.0	3.3	2.9
社会貢献	環境ブランド	社会貢献活動	1.4	1.5	1.7	2.7

注）各項目とも，
　いずれかの要求を受けた企業群の評価値（平均値）／要求なしの企業群の評価値（平均値）
　で算定

図表6-12に示されるように、EMS認証取得の企業群では、すべての項目について、環境配慮要求ありの企業群よりも値が大きくなっている。特に、要求なしに対して3倍以上の活動を挙げると、EMS構築に関する活動、リスク未然防止、環境製品・部品がある。EMS認証企業を除外した環境配慮要求ありの企業群では、すべて要求なしの企業群に対して2倍以下の値であった。その中で、1.5倍以上の値がつく項目には、体制、および、環境製品・部品がある。

以上のことから、取引先のガイドライン順守の要求や環境影響評価に関するアンケートといった環境配慮要求の場合でも、環境に取り組む体制づくりや、環境配慮型の製品・部品の製造といった取り組みを押し上げていることがわかる。環境配慮型製品・部品が押し上げられているのは、第4章でも述べた大企業のグリーン調達による影響が一因であると考えられる。

先にも述べたように、EMS認証を取得した中小企業の約6割が認証取得を要求され、さらにほとんどが何らかの環境配慮要求を受けていた。したがって、図表6-12から、環境配慮要求を受けてEMS認証取得を行った企業が、EMS構築を行い、取引先が求める環境配慮製品・部品への対応に加えて、リスクの未然防止の取り組みも向上させていると言える。環境製品・部品が押し上げられる要因の1つはグリーン調達があると考えられるが、後述するようにEMS導入を契機として環境活動を推進し環境ビジネスを手がけるケースもある。また、リスク未然防止についてEMS企業の値が大きい理由としては、通常の企業ではほとんどリスク未然防止に関する訓練等の活動を行っていないためであると考えられる。つまり、EMS導入により、リスクマネジメントが飛躍的に向上すると言える。

5　環境配慮要求への対応から組織能力向上へ　　　　──S社のケース

(1)　S社のケース

前節で明らかになったように、EMS認証取得要求により認証取得を行った中小企業では、マネジメントシステムの構築と運用で全般的に環境活動が促進され、環境配慮型製品（部品等も含む）やリスクの未然防止の取り組みも進ん

だ。EMS認証取得なしの中小企業の場合でも，環境配慮要求を受けて，取り組む体制づくりや環境配慮型製品の取り組みが進んだ。それらは，図表6-12中に分類されているように，環境性と経済性向上のフレームワークにおいては，環境コスト，環境リスク，環境ビジネスと関係がある。

しかし，それらの領域の活動が「自動的に」経済性に結びつくわけではない。環境コスト領域の活動で「環境負荷削減がコスト削減につながるか」，あるいは，環境ビジネスの創出で「収益を向上させられるか」という点については，個々の企業が工夫し，「組織能力をいかに向上させるか」に依存している。ここでは，EMS認証取得要求を受けてISO14001を導入し，それを契機に事業やプロセスを変革した中小企業の事例として，S社のケース[10]を紹介しよう。S社は2006年度のアンケートの総合環境指標で高いスコアであった企業の1つである。

S社は，東大阪市に本社・工場がある従業員約150名（アンケート調査時）のプラスチック加工業の中小企業である。主要事業は厨房用（キッチン・バス・サニタリー用）樹脂・金属製品，親水性セラミック塗装と関連製品等である。S社では，製品の開発・設計から製造，販売まで行っている。

① 取引先からの要請と認証取得

S社は2002年に岐阜県にある工場（以下，正式名称ではないが岐阜工場と記す）と本社のサイトで同時にISO14001認証を取得した。認証取得のきっかけは，主要な取引先大企業M社の要請であった。M社では当時，取引先への要請だけではなく認証取得の支援も行っていた。取締役・経営統括推進部チーフI氏（当時）は，「M社さんが環境（EMSの認証のこと）を取らなければ発注できないとか，いつもそのような話が出ていました。2002年に初めてISO14001の認証を取得しました。5社くらい集めてもらって，1年間，毎月1回の勉強会に参加してご指導いただきながら取っていきました。」と話す。ISO14001認証取得に関するM社の勉強会に，S社の本社からはI氏と若手2名，岐阜工場から2名が参加した。

M社からは，ISO14001より以前に品質管理システムISO9001認証取得の要請もあった。「9001もM社さんが取得しないと…，ということでした。2000年に岐阜工場，本社は1年ほど後でした。岐阜工場が先に取得していたので教え

第6章　中小企業への環境配慮要求と環境経営イノベーション

てもらいながら本社が取れたということです。」とⅠ氏は話す。Ⅰ氏は本社をとりまとめた。その後，Ｓ社では，2007年には関東の支店を含めて３つのサイトで品質と環境の統合認証を取得している。

　EMS関連の実践書等でも記されているように，最初に該当する法令やそれらの順守の現状，環境負荷の現状を把握する必要があり，その作業へ労力を費やさなくてはならない。「登録してないわ，設備更新をしてないわで大変でした。樹脂の保有量があっているかなど，すべて消防署と一緒にチェックしました。取得する前に現状を把握する作業が大変でした。」とⅠ氏が話すように，認証取得の準備段階では，それまであまり振り返ることのなかった基本事項を再確認するという意義がある[11]。

　Ｓ社では，EMS構築に伴い環境委員会の活動も行っている。環境委員会には責任者と各部門から１人が出席する。初期段階では，毎月，委員が現場にも足を運び，互いに指摘しあうことで，組織としての基準づくりにつながった。Ⅰ氏は当時を振り返り，「なかなか，当り前だと思うまでいくのが大変だと思います。実際に分別を始める際に，やったら当り前のことなのですが，どうやってするんだ，なんでや，置き場をまず作らなくてはいけない，とか，そういうことがまず大変でした。とっかかりだけうまく流れれば，うまく進みだすなあと思いました。」と話す。

　その後の環境委員会では，環境活動の進捗状況の報告や，二酸化炭素の算定などの個々のテーマで情報交換が行われている。食堂の割り箸の変更やノーマイカーデーについて従業員から提案があった場合には，割り箸・プラスチック箸・マイ箸の比較やエコ運転に関する資料を収集し，議論してどのように取り組むか等を決めてきた。さらに，各部門の教育訓練の一環として，例えば，開発部門から禁止物質に関する情報提供の要望がある場合，Ⅰ氏が講師となり，学習会を開催している。

②　取引先大企業の支援が果たした役割

　Ｓ社ではEMSに関してＭ社からの３つの支援を活用できた。１つは，先述の認証取得時の勉強会である。Ⅰ氏は「コンサルティングを入れて認証取得をした会社からすると，私どもは，Ｍ社さんのグループで勉強して取得したので，Ｍ社さんが取ることを目的にしてくれていましたので，その点はとても楽だっ

たという印象があります。」と話す。2つは，毎年の内部監査に関するグループ審査である。認証取得後の1年間は，M社の支援でともに認証取得した5社がグループ審査を実施していた。その際にもM社の支援があった。その後は個々に内部監査も行っている。3つは，M社の内部監査員養成の支援である。それを活用して多くの従業員が内部監査員として内部監査を行えるようになった。S社では，係長以上は全員が環境・品質とも内部審査員となれるように研修の受講を進めてきた。従業員の1人が環境審査員の資格を取得してからは，社内で研修を開催している。EMS関連以外では，S社の取引先M社では，RoHSへの対応のために，M社に納入する製品について該当の化学物質の調査・測定を支援している。

　S社では，取引先による監査をきっかけに取り組みが進んだ経験もある。S社ではごみの分別や置き場の設定等を行っていたが，取引先大企業のK社の環境担当者がS社を訪問し監査した際に，取り組みが不十分であることに気づかされた。I氏は「運がよかったのは，私どもの得意先様が来られた時に，見える化があまり進んでいないと指摘されたことです。そのように言われると，次は見える化しようか，ということになりました。指摘を受けて，K社の工場を見させてもらいました。その時に写真を撮ってきました。『あ，ここはこうしている。こういうふうにしよう。』というように私どもで決めてルール化などしました。見せていただいても全てはできませんので，これはできる，というものをお手本にしました。自分たちではやっているつもりだったのですが，見に行くと，うちとは大分違うなということがわかりました。そこを変えていきました。認証取得や維持の審査を受けており，その時には（審査員から）何も言われないので，これでいいものだと思っていました。K社さんの監査をきっかけに勉強し直しました。」と話す。

　なお，毎年監査を実施する取引先企業もあるが，S社はISO14001認証を取得しているため免除される場合もある。S社も自らの協力会社に対して，ISOの認証取得により監査を免除するケースもある。

　③　事業改善の組み込み
　S社の主力事業の1つに親水性セラミック塗料および塗装がある。この塗料は，水を吸い取り，油を浮かせる性質があり，主な用途はレンジフードのフィ

第6章　中小企業への環境配慮要求と環境経営イノベーション

ルターなどである。S社では環境配慮型製品として位置づけており，本社と岐阜工場に樹脂成形機が，岐阜工場に塗装ラインがある。

　この親水性セラミック塗装については，塗装ラインがある岐阜工場の当時の工場長が，新たな塗料を試作したという知人から「いいはずなんだけれど塗ってくれるところがないから塗れない」という話を聞き，「それでは1回やってみよう」ということで共同開発が始まった。I氏は，「（工場長の知人は）塗料屋さんではなく，発明をするのが好きな市井の人でした。私どもとしては，2～3年，遊びかたがたやってきたわけですが，ひょっとしたら面白い商品になるのではないか，ということで商品化することになりました。塗装事業は認証取得より3年ほど前から始めました。その需要があるかはわからなかったが，面白いなということで始めたのです。」と話す。その後，複数の企業がS社の塗装や塗装製品を採用し，自社製品も開発し主力事業の1つになった。

　S社では，M社から支援を受けてISO14001認証取得に向けて取り組んでいたときに，「不良品率を下げて塗装の歩留まりを上げようということで，これも目標に入れました。」というように，当初から，事業の改善と結びつけた目標を設定した。

④　経済性の把握と効果の共有

　S社では，環境活動によるコスト削減や環境ビジネスによる収益を把握し，社内で共有している[12]。I氏は「M社さんに教えてもらったときにはそういうことはなかったのですが，どうしてもグループ等でこれだけ効果があるよと見せるのには，やはり金額で見せるのが一番いい。電力を15万kW削減したといったところで，よくわからないと。それなら，15万kWがなんぼに替わるねん，ということで，金額ベースにしようよ，ということです。ISO14001認証取得の2年後の2004年くらいから，コスト効果金額というのを出しています。ただ当初は，電気などだけでしたから，金額ベースにしても面白くありませんでした。違うところで，製品，環境にやさしい製品というのを主眼に移してくると，効果金額が大きくなってきました。」と話す。

　事業プロセスでの環境活動を継続する中で，S社が新たな気づきと大きなコスト削減効果を得た特徴的な活動には次の2つがある。1つは，成形過程に必要なため設置している屋上のクーリングタワー利用の効率化である。I氏によ

ると「冬場も何気なくずっと回すものだと思っていたのですが，回さなくても問題がないことに気づきました。去年は冬場だけ止めましたが，今年は2基あるうちの1基を止めるなどで期間を長くしてみる予定です。」というように，改善を進めている。2つは，リサイクルからリデュースへの変化である。S社では産業廃棄物を外部業者に委託して処理していたが，EMSの活動の中でリサイクルに回すことになった。産業廃棄物の処分量を減らしてリサイクル量を増やす活動を続けるうちに，リサイクルも減らす排出量自体のリデュースへと変わっていった。これも経済性把握の効果によるもので，I氏は「リサイクルしても200kgも出して10円くらいもらうのでは，ということで，リサイクルに出す量も減らそうということで進めています。」と話す。

製品の環境配慮では，S社は比較の基準を作り設計段階の見直しから始めた。基準づくりの参考としたのは流し台大手メーカーの製品環境基準等である。再生原料，インキなど個々に変更を進めた。その際にも経済性の把握と効果の共有を行った。I氏は「大手がされているような，1つの製品をつくるのに二酸化炭素はどれだけ出て，それを今度の製品ではどれだけ減らしたか，というような比較は，私どもではまだできていません[13]。ただ，個々に，塗料を変えた分，塗料がいくら減りました，効果金額はこれだけです，ということを示してきました。」と話す。

再生原料使用の製品では，ペットボトルのふたやラベルで再生樹脂をつくり製品化を行っている。この収益も把握している。S社が事業化した時点では，ふたやラベルのリサイクルは少なく，再生原料も青みがかった色になるため，色味等が気になりにくい押入れ用プラスチックケースの商品化から始めた。

⑤ 経済性向上に関する課題

I氏は，省エネ等の活動によるコスト削減や環境配慮型製品の収益といった「今までのような改善の効果の測り方をしていると難しいと思います。省資源に目をつけた商品開発なども必要」だと話す。つまり，資源効率性が高い環境配慮型製品の開発が，インタビュー時点での次の環境経営課題の1つである。

また，I氏は環境活動により経済性が上がるのではなく，あくまでもビジネスで収益を増やすことが重要と，次のように話す。「環境の取り組みをしているからということで取引先が増えたということはありません。親水性セラミッ

ク塗装の製品を手掛けたから新たな取引先ができた，ということはありますが。それは，環境に配慮した商品にお客さんがついたということです。本業で増やすということです。まだ普通の商品と同じようには売れていませんが。」

⑥ 環境活動に関する課題

インタビュー時点で，次の段階の環境活動に関する課題としては，次の2つがあった。

第1に，事業プロセスにおける省エネなどの活動のレベルアップである。広く知られていることであるが，活動の初期段階では，それ以前に対策を行っていなかった場合は特に効果が現れやすいが，次第に削減の余地がなくなる。「これからは，知恵を使わなければできなくなってくると思います。知恵を使っていかにして改善するかが勝負だと思います。」

第2に，RoHSやREACHへの対応である。先述のようにM社へ納品する製品に関してはM社の測定サービスを受けることができるが，他社への製品ではそのような支援はない。ただ，S社の製品がS社自身や取引先から輸出されるものではない。M社からもS社の製品が海外へ輸出されるわけではないが，M社はサプライチェーン全体の取り組みの一環としてきめ細かく把握をしているということである。しかし将来の国内規制の強化がある場合には，S社自身での測定や中国等のS社の取引先工場での把握が必要になるだろう。その点について課題があるとI氏は次のように話す。「自社で高価な測定機器を買うというのは難しいです。測定を請け負ってくれる会社もありますが，1点1回1万円というように高いです。それをすべて測るとなると，とても大変です。費用をかければできるのですが，この状況から言うと費用をかけるのは難しいです。私どもの作っている商品がヨーロッパに輸出されるというような商品ではありませんので問題はないのですが，世の中の流れがそのような方向に進むので，国内もRoHSと同じような規制をしたらやらなくてはなりません。」

⑦ 地域等との関わり

a）従業員参加型の社会貢献活動

S社では，2003年から毎年1回，地域の清掃を行っている。清掃日はS社の休日ではない土曜日を設定している。清掃日には，本社の従業員は出張で不在の場合を除き全員が参加し，午前中を清掃に当て，午後には通常どおり業務を

行う。「私たちの会社と地区の役員さんが来られて，年に1回だけですが，掃除をやらしてもらっています。地区の会長さんなどにはとても喜んでいただいているので，ずっと続けようと思っています。」とI氏は話す。

　b）金融機関からの評価

　金融機関から受けた評価として，I氏は2つを挙げた。1つは，地方銀行の冊子でS社のISO認証に関する取り組みを紹介されたこと，および，もう1つは，大手都市銀行の環境経営に関する優遇措置の対象となったことである。I氏は「社長から，10万円もらったよという報告を受けました。」と話す。

　c）行政の支援

　東大阪市では無料で騒音計や振動計を貸し出している。毎年の測定が義務づけられているので，S社でも東大阪市から借りて測定し報告している。

(2) S社の環境経営と組織能力の向上

　S社はISO認証取得によって環境活動に取り組み発展させてきた。その過程で環境に取り組む組織として能力を向上させてきた。能力向上に関するポイントは2つある。

　第1に，認証取得の前後で，取引先M社の支援を活用して，認証取得準備の勉強，初期のグループ審査，内部監査員要請など，EMSの基本事項を効率的に自社に導入できたことである。大企業がサプライチェーンへの取り組みを進め始めた時期には，このような支援を実施する場合も少なくなかった。S社の事例から，このような支援は，中小企業へのEMS導入に対して，ノウハウ提供，コスト削減，スピードアップというような役割を果たしていたと言える。S社では単に支援を受けるというのではなく，自ら積極的に学び，厳しい指摘を改善のチャンスに活かし，自社で吸収できる活動を応用するなど，環境への取り組みを自社にフィットさせて積み重ねる能力も養っていたと言える。

　第2に，EMSの活動をきっかけに，初期段階から事業に直結する活動を行ったことである。初期の環境目標に塗装事業の塗料の歩留まり率向上を組み込むことから始まり，製品設計の再検討，新たな自社製品の開発など，事業と結びつく活動を次々と展開した。それが可能になった要因の1つには，活動の経済的効果を把握し組織で共有したこともあったと考えられる。また，実践の

積み重ねにより，リサイクルからリデュースへと本質的な環境活動への意識変革が起こった。このように，自社の本業での取り組みを通して，本来の環境経営を実践し，その能力を高めていった。

6　環境マネジメントシステム認証取得と環境経営イノベーション

(1) S社の環境経営イノベーション

ここでは，第2章で示した環境経営に関するフレームワークを用いて，S社がどのような環境経営を行ってきたのかを整理してみよう。その上で，どのような点で，S社の環境経営が「環境経営イノベーション」という意味を持つのかを論じたい。

図表6-13は，第2章の図表2-9で示した企業とステイクホルダーの関係図に，前節で紹介したS社の環境経営に関して主な動きを示したものである。第2章ではこの図をもとに図表2-12で企業の存続条件の変化について説明した。

■図表6-13　S社とステイクホルダーの関係における変化

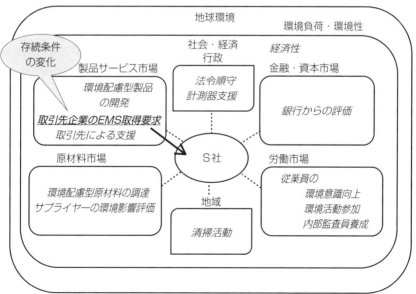

図表2-12(b)の新たな存続条件に示した事項のうち、S社にとって最も大きな存続条件の変化となったのは、取引先大企業によるEMS認証取得の要求であった。

取引先からの支援を活用してEMSを導入したS社は、単なる要求への対応を行ったのではなく、前節で述べたように、製造プロセスでの環境負荷削減、再生資源利用の製品、環境活動による経済性の効果の把握と共有、従業員の意識変革や内部監査員養成など、独自の活動を進め、その過程で組織能力を向上させた。地域でもそれまでにしていなかった清掃活動を始め、銀行からも環境面での高い評価を得た。図表6-13は、環境経営によって、S社とステイクホルダーとの間に「新たな関係」が生じていることを意味する。

図表6-14は、第2章の図表2-6の環境経営を方向づける戦略フレームワークを用いて、S社がどのような戦略を取ることが可能だったのかを示したものである。これは、経営者がそのような戦略を意図していたという意味ではなく、あくまでも後付けの戦略的な意味である。S社にとって、取引先のEMS認証取得要求という脅威は顕在化しており、大口顧客であるM社に対しては、要求の緩和や遅延を求める等の防衛型戦略は取りづらい。防衛型戦略を取ることができる中小企業は、オンリーワンの技術を持つ、その分野でのシェアが圧倒的など、余程の場合に限られると思われる。したがって、多くの中小企業がそうであるように、S社でも取引先の要請に応じざるをえない面が強かったと推察される。

では、「自動的に」革新型戦略が取れるのかというとそうではない。S社には環境配慮型製品の開発力があった。また、認証取得以前から手がけている新事業もあった。2006年調査時のデータでは、S社では、「自社ブランド製品を生産」「納入先企業の依頼に基づき企画した製品を生産」「納入先企業が企画した素材・部品・部分品の受託生産・加工」の売上高に占める比率が、それぞれ、20%、40%、40%で、もともと事業において自社開発も行っていたのである。そのように自社開発力があるため、市場の潜在的な機会があったと言える。そのような条件が揃って初めて革新型戦略が可能となる。ただし、第2章ではCSVの可能性について述べたが、S社の事例はCSVではない。なお、もしも取引先企業の要求にも対応できず、市場の機会を活かす組織能力が不足する場

■図表6-14　S社が取りうる環境経営の方向性に関する戦略

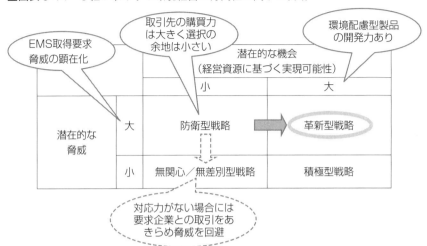

合には，環境配慮を求める企業との取引を諦め要求を回避せざるを得ないだろう。その場合には無関心型／無差別型戦略であろう。

図表6-15は，S社の主な取り組みが「環境性・経済性向上のどのような機会に対する活動として位置づけられるのか」という点について示したものである。この図では，それぞれの活動を第2章の図表2-7で紹介した環境性と経済性向上の機会に関するフレームワークにマッピングしている。配置場所は活動の大きさ等とは無関係である。RoHS対応は，当時のS社にとって将来の政策に関するリスクであるので，リスク領域[14]に位置づけている。EMS構築とその運用によって，環境に取り組む体制を構築し，製造プロセスや省エネなど環境負荷を減らす活動を組織として取り組むことになる。先に述べたように，S社では，EMSの活動については支援を活用して能力を高め，自社の開発力を活かして環境配慮型製品での収益も得ている。また，早い段階から環境活動による経済性を把握するということも自ら取り組んでいた。特に，環境コスト領域，環境ビジネス領域で，マイナスを減らす・プラスを増やすという機会を獲得していたと考えられる。

このように，S社では，取引先の要請を受けてISO14001認証を取得し，そ

■図表 6-15　S社環境性・経済性向上の機会

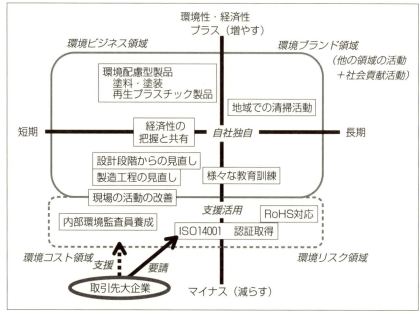

注）各領域に該当する活動をマッピングしたもの。記載場所は活動の大きさ等と無関係

れをきっかけに組織の活動や事業に環境への取り組みを組み込み，組織の能力を向上させ，環境性と経済性を向上させる機会を獲得してきた。S社は，環境経営という自社にとって新たな経営スタイルを導入し，自社にとって新しい環境ビジネスを手がけてきた。これがS社の環境経営イノベーションと言えるのではないだろうか。

(2) 認証取得と環境経営イノベーション

図表 6-12 で示したように，環境配慮要求を受けた企業群，EMS 認証取得の企業群とも，要求なしの企業群よりも環境活動を実践している。また，環境配慮要求を受けた企業群と EMS 認証取得の企業群を比較すると，当然ながら，圧倒的に EMS 認証取得企業群の方が，より活動を行っていることがわかる。先に指摘したように，特に，EMS 構築や運用，リスク管理に係る活動について両企業群の間で大きく差がついている。EMS 構築・運用やリスク管理活動

第6章　中小企業への環境配慮要求と環境経営イノベーション

は，EMS導入以前には「取り組んでいなかったこと」なのである。これらの新たな活動の採用は，中小企業にとって，EMS認証取得による環境経営イノベーションとしての意味を持つと言える。第4章で述べたように，大企業の初期の環境経営がISO14001認証取得によりEMSを導入するというイノベーションであった。S社の事例でも見たように，中小企業においても，やはり，EMS認証取得は，環境経営のイノベーションのきっかけとなりうる。

図表6-12で示したように，環境配慮型製品の項目についても，環境配慮要求を受けた企業群とEMS認証取得の企業群を比較すると，EMS認証取得の企業群の方が，値が大きい。先に指摘したように，この要因には，そもそも取引先大企業が自社製品用途で中小企業に環境配慮型製品・部品の納入を求めた場合もあると考えられる。しかし，S社のように，EMSの活動を展開する中で，本業での取り組みを進めたケースもある。EMS導入により自動的に環境ビジネスで収益を上げる活動に結びつくのではなく，取り組みの過程で，「どのような能力を向上させるか」という組織能力如何で，環境経営で選択できる

■図表6-16　EMS認証取得と中小企業の環境経営イノベーション

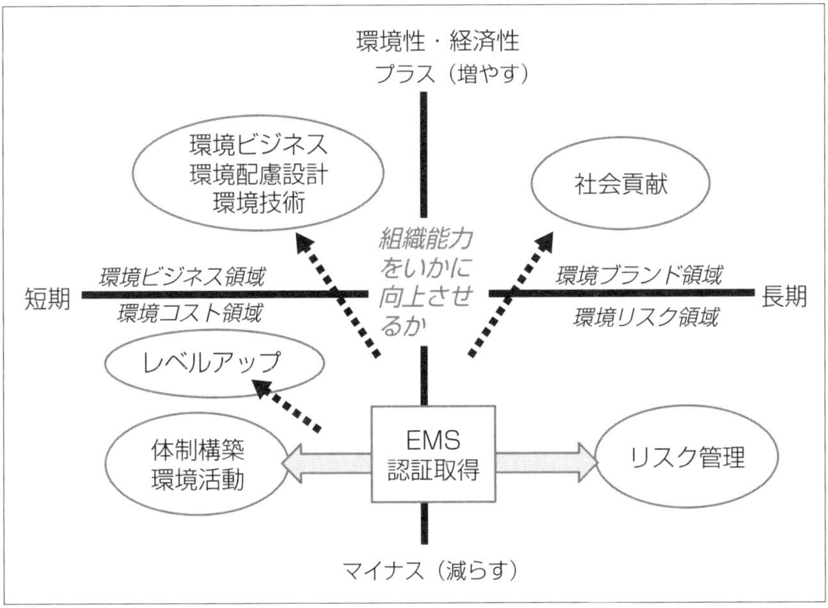

活動は違ってくる。S社のように，新たなビジネスの機会を得ること，新たな製品や技術を開発することは，その企業にとって環境経営イノベーションとしての意味を持つ。

　EMS認証取得自体も中小企業にとって新たな経営スタイルの採用という環境経営イノベーションの要素である。それによって組織能力を向上させ，自社にとって新しいビジネスや技術，さらに市場の機会を獲得することも，その企業にとって環境経営イノベーションである。以上のことを総括して，図表6-16にまとめた。

■ [注]────────

1）アンケート調査は，文部科学省私立大学学術研究高度化推進事業オープンリサーチセンター整備事業・専修大学社会知性開発研究センター／中小企業研究センター「アジア諸国の産業発展と中小企業」（研究代表者：小口登良専修大学教授・当時）の一環として，助成を受けた。
2）例えば平成15年度の「環境にやさしい企業行動調査」によれば，上場企業の約半数が，サプライチェーンの環境配慮を取引の条件として考慮に入れており，約3割は，環境配慮型製品を優先的に購入するグリーン調達を実施している。環境省（2001年に環境庁から改組）は，1996年度より毎年「環境にやさしい企業行動調査」を実施している。1996年度から1999年度までは概要のみだが，2000年度からは詳細な調査結果の報告書を公表している。2000年度以降，すべての年度で「子会社の環境配慮の取り組みに関する指導」に関する調査が含まれている。
3）第4章でも述べたが，ISO14001の規格「4.4.6運用」では，購入物品や外注サービスにも「著しい環境側面」を洗い出す手順書を作成し，相手先に関連手順と要求事項を伝達することが要求されている。製造業の大企業は，1996年の認証制度開始後率先してISO14001認証を取得したケースも多く，この規定に基づく取引先・外注先の環境影響評価の動きが広まった。
4）化学物質規制強化の動きに関しては第4章を参照。オランダではRoHS指令に先行してカドミウム規制が導入された。2001年にソニーは，輸出したゲーム機「PS-one」がこの規制に抵触していたためEU市場から製品回収を余儀なくされた。この事件は「ソニーショック」とも呼ばれ，日本においても，大手電気電子機器製造業を中心にサプライチェーンの環境対応に関する取り組みを進める契機となった。
5）アンケートに先立ち実施したヒアリング調査については，在間（2005a）を参照。
6）公表論文は在間（2005b, 2007, 2008b）である。
7）2004年度の調査対象企業の属性を比較すると，地域によって，企業規模や経済性，下請け比率などに偏りがあった。本研究では企業属性の相違を要因分析の主要な対象の1つとしていたため，2004年度の調査分析では全体の動向を分析した。結果は在間（2005b）で公表している。また，2006年度では調査企業数を少なく設定した。したがって，調査の目的と効率的な実施のために，2006年度は2地域とした。

8）化学物質排出把握管理促進法は1999年7月に交付された。
9）MSDSは「製品安全データシート」とも呼ばれていた。実施したアンケート調査票では当時の用語を用いている。
10）S社（東大阪市）へのインタビューは，2009年2月17日（火）時点のものである。当時の取締役・経営統括推進部チーフI氏にお話を伺った。
11）大企業であっても同様の意義がある。この点については在間（2001, 2003）を参照。
12）インタビュー時には，2006年度，2007年度の数字を見せていただいた。I氏は「やはり，今回（インタビューを受けて）改めて見直すと，かなりメリットがありました。」と語っていた。
13）インタビュー時点の状況。ただし，その当時でも，I氏は「いろいろなメーカーさんから，CO_2のデータなどが出てきましたので，ここからこれくらい出るんだとかわかるようになってきました。では，これくらいにもっていかないといけない，というように，今後は進めなくてはいけないと思います。」と今後の算定と削減の取り組み予定を話していた。
14）本書の第2章では環境リスクのみ記載したが，Esty & Winston（2006）は，financial risk, operational risk, strategic risk, hazard risk の4つを挙げ，リスク領域はその対応をすることと説明している。

中小企業の環境経営推進の条件と環境経営イノベーション

1 本章の目的と統計分析の目的

　第6章では，2000年代前半に広がっていた取引先企業による環境配慮要求が中小企業の環境活動に与えた影響を，著者が実施したアンケート調査の記述統計による分析から示した。主要な結果としては次の3つがある。第1に，環境マネジメントシステム（EMS）や化学物質に関してリストアップした事項のいずれかの環境配慮要求を受けている中小企業は，2006年度調査において，回答企業の約6割にものぼっていた。第2に，企業規模が大きいほど，あるいは，一部では下請け比率が大きいほど，環境配慮要求を受けた中小企業の割合は高くなる傾向が見られた。第3に，環境配慮要求により，「EMS構築」「環境配慮型製品・部品」「リスクの未然防止」の活動が促進される。EMS認証取得企業では，これら3項目の活動が，より促進される。

　第6章では，アンケート調査において環境総合指標で高得点だった中小企業としてS社の事例を紹介した。S社は，環境配慮要求を受けてEMSの国際規格ISO14001を取得し，環境活動を進める過程で能力を高め，環境性と経済性を向上させた。S社では，活動の初期段階において取引先大企業から提供されたEMSの認証取得や内部監査員研修といった学習の機会も活用していたことが明らかになった。

　本章では，第5章の図表5-2中の「中小企業の環境経営に関する促進・阻

害要因」「中小企業の環境経営推進の条件」「中小企業の環境経営による環境性と経済性」「中小企業の環境経営に関する戦略タイプ」といった環境経営の要因・条件・戦略といったテーマを分析する。特に，S社の事例のような「情報支援の利用」の役割にも焦点を当てることが，著者の分析の特徴である。本章の目的は，第6章と同様のアンケート調査データを用いて，以下の2点を明らかにすることである。

第1は，情報支援について，中小企業の利用実態や，求める情報との相違である。環境配慮要求が広まってきていた時期に，取引先等が提供するEMSや化学物質に関する情報・知識を得る機会を，中小企業がどの程度利用していたのか。当時，中小企業はどのような情報提供を求めていたのか。これらの点を記述統計から示す。また，当時の中小企業が環境経営を推進するに際して感じていた経営課題も示す。

第2は，中小企業の環境性向上と，認証取得，情報支援利用，企業の経済性，および，規模・形態・開発力等の内部要因，取引先からの環境配慮要求や直面する市場の状況といった外部要因との関わりである。この点について構造方程式モデリングによる統計分析から示し，中小企業の環境経営を推進する条件を考察する。

2 中小企業の環境経営に関する情報利用と求める情報支援

(1) 環境配慮要求と情報支援の利用

アンケート調査では，EMSと化学物質に関して，情報や知識の提供・学習機会の利用を質問している。なお，以下では，「情報や知識の提供・学習機会」の支援や利用という場合に，それぞれ「情報支援」「情報支援の利用，または，情報利用」と記す。

アンケート調査では情報に関する項目として，「取引先企業のセミナーや勉強会に参加した」「取引先企業のコンサルティングやアドバイスを受けた」「中小企業の協議会や商工会のセミナーや勉強会に参加にした」「中小企業の協議会や商工会からコンサルティングやアドバイスを受けた」「自治体のセミナーに参加した」およびEMSについては「認証機関のセミナーに参加した」「認

第7章　中小企業の環境経営推進の条件と環境経営イノベーション

証機関のコンサルティングを受けた」を挙げている。いずれも調査に先立ち実施したヒアリング調査を踏まえて得られた項目である[1]。

図表7-1は，2006年度のEMSや化学物質に関する情報支援の利用を表す。各項目の集計結果から，取引先企業のセミナー・学習会はEMS関連，化学物質関連とも約2割の中小企業が利用しており，化学物質関連では4社に1社は取引先企業によるコンサルティングやアドバイスも利用している。なお，図表中では，「コンサルティングやアドバイス」を「コンサルティング」と表記している。中小企業関連団体や認証機関の情報支援利用は10～15%，地方自治体は10%未満となっている。個々の項目では多いとは言えないが，実施主体を問わずいずれかの情報支援利用については，EMS関連で48.3%，化学物質関連で50.5%と，いずれも約半数が情報支援の利用の経験があることがわかる。

セミナー・学習会とコンサルティング・アドバイスの両者を含めた取引先企業の情報支援については，EMS関連で4社に1社が，化学物質関連ではコンサルティング・アドバイス利用も多いため約4割の中小企業が，それぞれ利用している。化学物質関連情報の方が多い要因として，第4章でも述べたように，

■図表7-1　中小企業の情報利用

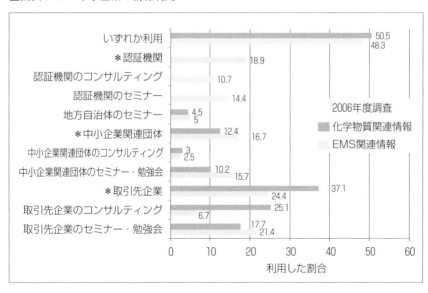

RoHSでは製品の有害物質含有が厳しく規制されており，その対応が必須である大企業がサプライヤーに指導するためであると考えられる。

2006年度調査では全中小企業のうち，取引先から環境配慮要求を受けた割合は，EMS関連で47.0%，化学物質関連で60.4%であった[2]。この値と単純に比較すると，取引先が提供する情報支援利用の割合は，EMS関連で22.6ポイント，化学物質関連で22.3ポイントも小さい。したがって，中小企業は，環境配慮要求を受けているほどには取引先からの情報支援を利用していないと言うことができる[3]。

図表7-2(a)は，2006年度調査での機械・金属業とプラスチック加工業の情報支援利用の比較である。化学物質について，取引先からのコンサルティング・アドバイスでは，プラスチック加工業の方が機械・金属業より10.4%も大きい。これは，化学物質対応に関してプラスチック加工業の企業の方が，必然性が大きい企業が多いためと考えられる。他の項目については値の差は10ポイント未満である。同様に図表7-2(b)は，機械・金属業について2004年度調査と2006年度調査の比較である。2006年度では2004年度と同程度か微増である[4]。約5%の差がある項目には，EMS関連情報の取引先企業によるセミナー・学習会，および，化学物質関連情報の取引先企業によるコンサルティング・アドバイスである。本章の以下では，業界間比較や年度比較を行わないため，特に断らない限り2006年度のデータを用いている[5]。

図表7-3(a)はEMS関連，(b)は化学物質関連について，それぞれ，環境配慮要求といずれかの情報支援利用でクロス集計した結果である。EMS関連，化学物質関連とも，それぞれに関する環境配慮要求を受けた中小企業の約7割が，何らかの情報支援を利用している。また，それぞれの環境配慮要求を受けていない企業でも2～3割は何らかの情報支援の利用があった。

図表7-4(a)はEMS関連，(b)は化学物質関連について，それぞれ，環境配慮要求と取引先企業が提供する情報支援の利用でクロス集計した結果である。EMS関連，化学物質関連について，それぞれに関する環境配慮要求を受けた企業の36.5%および51.9%の中小企業が，取引先企業が提供する情報支援を利用している。また，それぞれの要求を受けていない企業でも約15%弱は取引先企業の情報支援を利用していた。

第7章　中小企業の環境経営推進の条件と環境経営イノベーション

■図表7-2　情報支援利用の比較

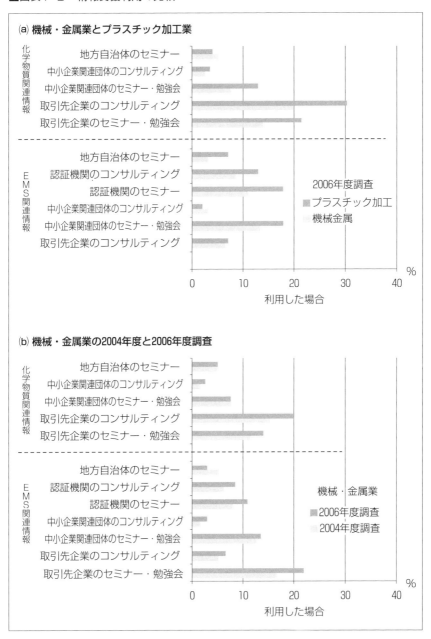

■図表7-3　環境配慮要求と情報支援の利用

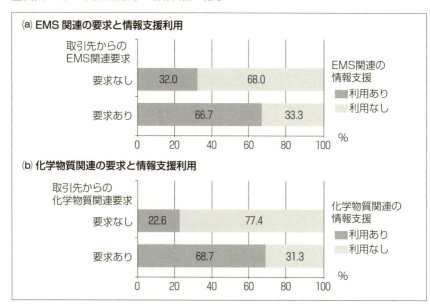

■図表7-4　環境配慮要求と取引先が提供する情報支援の利用

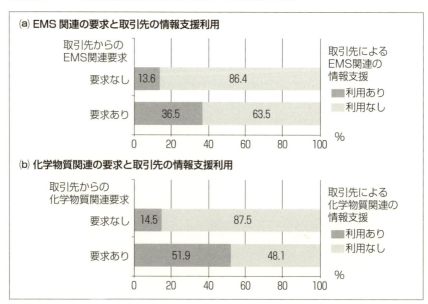

第7章　中小企業の環境経営推進の条件と環境経営イノベーション

■図表7-5　EMS認証取得企業に対する取引先による要求と情報支援

EMS関連情報支援の利用		EMS認証取得要求		利用計
		あり	なし	
取引先企業の情報支援	利用あり	22	8	30 (44.8%)
	利用なし	22	15	37 (55.2%)
いずれかの情報支援	利用あり	38	20	58 (86.6%)
	利用なし	6	3	9 (13.4%)

注）EMS認証取得企業67社

　図表7-5に，ISO14001または国内版の認証を取得（以下，EMS認証取得）した67社について，取引先からの認証取得要求と情報支援利用の有無を示す。取引先からのEMS認証取得要求を受けていた企業は44社で，そのうち取引先企業のEMS関連情報支援を利用した企業は22社であった。要求を受けなかったが情報支援を利用した企業は8社であった。これらを合わせると，67社中44.8%が取引先からの情報支援を利用していることがわかる。取引先企業のEMS関連情報支援の利用については，図表7-1に示すように，調査対象全体では24.4%であった。この値と比較すると，EMS認証取得企業は，より多く取引先の情報支援を利用していると言える。また，認証を取得した67社中58社が，EMS関連でいずれかの情報支援を利用しており，全企業の利用割合に比べて高くなっている。

(2) 中小企業が求める情報支援

　図表7-6は，中小企業が不足していると感じる環境活動に関する情報（以下，環境情報）を示している。項目で最も多かったものは，「自社に該当する環境法規制の内容」でおよそ4社に1社が不足していると回答していた。その他にも回答が2割を超えているのは，「自社に該当する環境法規制に対する具体的な対策方法」「省エネ・省資源活動を実施するための具体的方法」「規制されている・将来規制される化学物質の種類や品名」「規制されている・将来規制される化学物質の代替品など具体的対策」の各項目である。他方，図表7-6から，不足するという環境情報が「特にない」と回答した企業が約4割もあることもわかる。

■図表7-6　不足する環境情報と中小企業の割合

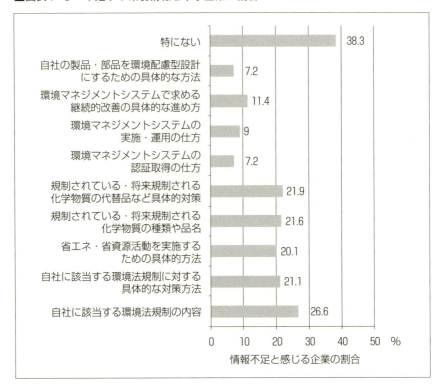

　図表7-7は，不足の環境情報の有無と，(a)環境配慮要求および(b)環境情報支援利用の関係を示している。何らかの環境配慮要求を受けた7割以上の中小企業が，不足情報があると感じている。また，EMS関連，および，化学物質関連の情報支援を利用した中小企業では8割以上が不足情報があると感じている。他方，環境配慮要求を受けていない場合，情報支援利用がない場合では，6割前後の中小企業は，不足する情報は特にないと回答していた。図表7-3および図表7-4に示したように，環境配慮要求を受けた企業群は，受けていない企業群と比べて相対的に多く情報支援を利用していた。したがって，取引先からの環境配慮要求を受けて環境活動を始めた中小企業は情報の必要性に直面し，情報支援を活用しているものの情報の不足にも直面していると推察される。他方，環境配慮要求を受けていない場合には環境活動を進める必要性が低

第7章　中小企業の環境経営推進の条件と環境経営イノベーション

■図表7-7　不足情報の有無

(a) 不足情報の有無と環境配慮要求

		いずれかの環境配慮要求	
		あり 企業数（%）	なし 企業数（%）
不足する 環境情報	あり	202（73.7%）	46（35.9%）
	なし	72（26.3%）	82（64.1%）

注）企業数：402社

(b) 不足情報の有無と環境情報支援利用

		EMS関連情報 いずれかの情報支援利用		化学物質関連情報 いずれかの情報支援利用	
		あり 企業数（%）	なし 企業数（%）	あり 企業数（%）	なし 企業数（%）
不足する 環境情報	あり	156（80.4%）	92（44.2%）	173（85.2%）	75（37.7%）
	なし	38（19.6%）	116（55.8%）	30（14.8%）	124（62.3%）

注）企業数：402社

■図表7-8　EMS認証取得企業と不足情報の有無

不足する 環境情報	EMS関連の 情報支援利用	EMS認証取得要求		計
		あり	なし	
あり	利用あり	44	4	48
	利用なし	4	1	5
なし	利用あり	8	2	10
	利用なし	3	1	4

注1）EMS認証取得企業67社
注2）情報支援は「いずれか」の支援

く，必要な環境情報について「特にない」という回答が増えるものと考えられる。

　図表7-8は，EMS認証取得企業67社を，EMS関連情報支援の利用，不足情報の有無，および，EMS関連要求の有無についてクロス集計した結果である。EMS認証を取得している67社のうち，14社は不足する環境情報が特にないと回答している。そのうち10社は情報支援利用の経験があることから，情報支援で必要な情報を獲得したために，調査時点での必要性が薄れているという

可能性を指摘することができる。逆に，不足情報があると回答したEMS認証取得企業のうち5社は情報支援利用の経験がないことから，それらの企業に対する情報支援が必要であると考えられる。特に，5社のうち4社は環境配慮要求を受けているため，必要性が高いと推察される。

3　経営者意識と不足する経営資源

(1) 環境経営に対する認識

　アンケート調査において，環境活動の推進に関する経営者意識を尋ねた項目については，「積極的に推進したい」「どちらかと言えば積極的に取り組みたい」がそれぞれ86社と217社で，合わせて303社で全体の75.4%となった。他方「推進したいと思わない」の回答は13社で全体の3.2%にとどまったが，残りの86社は「どちらかと言えばあまり積極的ではない」という回答であった。アンケートではこれらを，積極的・やや積極的の回答群と，やや消極的・消極的の回答群に分類し，それぞれについて理由を尋ねた。図表7-9に示す。

　図表7-9に示すように，積極的・やや積極的な企業群では，「取引先等から信頼を得られる」「省エネ・省資源活動がコスト削減につながる」をそれぞれ約半数の企業が挙げている。また，4社に1社は「事業にプラス」という回答を挙げている。なお，図には示していないが，どの理由項目も挙げなかった企業は1社のみで，複数の理由を回答した企業は99社で，その他は理由を1つ挙げていた。これらのことから，積極的・やや積極的な企業群では，コスト削減，事業面のメリット，差別化，信頼性という環境経営のメリットに関する認識がある程度は広まっていると推察できる。

　他方，図表7-9に示すように，消極的・やや消極的な企業群では，「取引上は必要ない」「環境以外の優先課題がある」「事業に結びつかない」を，それぞれ3社に1社は挙げている。また，図には示していないが，どの理由も挙げなかった企業は3社で，複数回答の企業は25社で，71社が単一回答であった。このことから，消極的・やや消極的な企業群では，特定の理由で環境活動を推進しないケースが多いことがわかる。

第7章　中小企業の環境経営推進の条件と環境経営イノベーション

■図表7-9　環境活動の推進に対する経営者意識についての理由

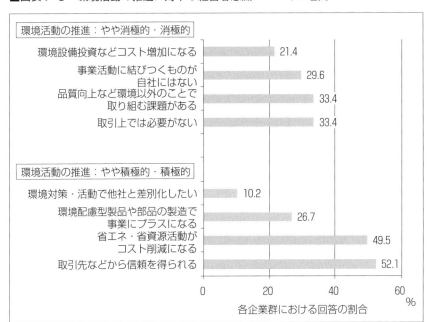

(2) 不足する経営資源——専門知識・情報およびスキルをもつ人材

図表7-10は，環境活動を推進するために不足すると感じている経営資源を表している。

図表7-10の(a)は，資金，専門知識・情報，人材それぞれについて回答した企業の比率である。複数回答であるので，ベン図を(b)に示した。これら3つの経営資源について不足していない企業は98社で24.4%である。98社のうち6社は，その他として時間や場所等を挙げていたが，図では3つの経営資源のみの割合や内訳を表示している。残りの75.6%は少なくとも1つは不足している。個別項目では，専門知識・情報が最も多く，半数以上の中小企業が不足していると回答している。資金と人材も約4割が不足と感じている。

図表7-10(b)は，3つの経営資源の不足についての内訳である。資金，専門知識・情報，人材ともに不足と回答している企業は72社で17.9%であり，複数の経営資源を挙げている企業は176社で43.8%である。人材という場合，環境

■図表7-10　不足する経営資源

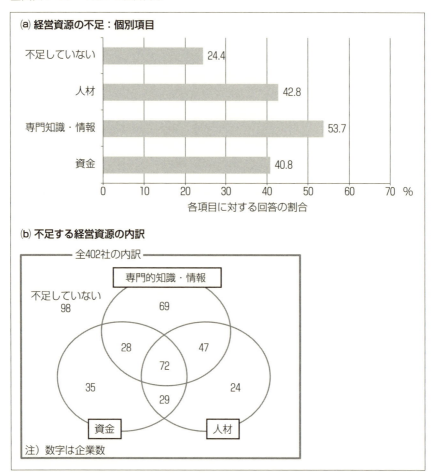

面での知識や技術をもつ人材，あるいは，環境マネジメントシステムを動かす人手となる人材という意味も含まれていると考えられる。例えば，第6章で紹介したS社では，初期段階で取引先企業のEMS学習会に参加する際，I氏は一緒に加えた2名の従業員について「2人のうち1人は，14001ではコンピュータがうまく使えなければ大変だな，ということで情報に明るい人，もう1人は総務の人にしました。現状分析をするのも，パソコンを使えないと，データをとってこなければいけませんし。そういう点では人選がうまくいったと思って

います。」と話している。したがって，人材という場合にも関連するスキルのような「情報的経営資源を有する人材」が含まれていると指摘できる。このベン図から，資金のみの回答は35社で8.7%にとどまり，全体の66.9%に相当する269社は，専門知識・情報と人材の少なくとも1つを課題として挙げていることがわかる。つまり，知識・情報・スキルといった情報的経営資源の不足を感じる中小企業の割合が多いと推察される。

4　環境性と経済性

(1) 環境性の指標

第6章の図表6-7と図表6-8で示したように，分析に際して，アンケート調査票から12の環境活動項目に分類し，それぞれの評価指標を作成した。図表7-11は，12の評価指標から環境性の総合指標を作成するために，主成分分析を行った結果である。なお，分析にはSPSSを用いた。

第1主成分は，全体がプラスの値であり，総合的な活動の評価を表すと解釈できる。第1主成分を「環境総合指標」と名づけ，以下の統計分析に用いる。第2主成分では，「社会貢献活動」「環境製品・部品」「購入の環境配慮」「納品時の環境配慮」の符号がプラスで相対的に大きい値になっている。逆に，「環境理念」「体制」「目的・目標・計画」といったEMS構築に係る活動が負の符号で相対的に大きな値となっている。したがって，第2主成分は，「EMS構築活動か自主的活動か」を評価する指標と解釈できる。

(2) 経済性の指標

図表6-2で示したように，アンケート調査では，企業の属性，事業形態，経済性，競争力，競争環境について，それぞれ複数の事項を調査している。企業の経済性の項目には，年商と総資産額がある。年商については，前年度（2005年度）とその3年前（2002年度）を尋ねており，その期間の年商成長率も算出した。図表7-12に，年商（2005年度の値で，以下「年商」と記す），従業員1人あたり年商，総資産額，それぞれの自然対数変換値，および，年商成長率について，基本統計量と環境総合指標との相関係数を示した。

■図表7-11　環境活動の指標に関する主成分分析

	第1主成分 環境総合指標	第2主成分 EMS構築か自主活動か
環境理念	0.807	−0.301
体制	0.639	−0.313
目的・目標・計画	0.828	−0.329
社員環境教育	0.825	−0.009
節約活動	0.527	0.159
産業廃棄物の管理	0.723	−0.040
排気等の管理	0.596	−0.151
購入の環境配慮	0.517	0.464
納品時の環境配慮	0.458	0.536
リスク未然防止	0.727	−0.093
環境製品・部品	0.490	0.346
社会貢献活動	0.344	0.496
固有値	4.945	1.224
寄与率（累積寄与率）	41.2 (41.2)	10.2 (51.4)

　図表7-12より，総資産額以外は，環境総合指標と正の相関がある。また，1人あたり年商は5％水準で，年商，年商（対数），1人あたり年商（対数），総資産額（対数），および，年商成長率は1％水準で，有意である。

　経済性の質問項目に関しては無回答のケースが多く，図表7-12より，度数が最も多い変数は年商である。ただし，年商は最大値と最小値の差が大きいため，以下の分析では，経済性の指標として，自然対数変換後の値である年商（対数）を用いる。

(3)　環境性と経済性

　図表7-12に示したように，環境総合指標と年商（対数）のピアソンの相関係数は0.413で，1％水準で有意である。図表7-13に散布図を示す。このように，環境総合指標と年商には正の相関があるが，経済性が環境性に影響を及ぼすかその逆かという因果関係を示すものではない。

　しかし，次節では，中小企業の環境経営推進の要因を分析する際に，中小企業の経済性を，環境性向上の要因の1つと仮定してモデル設計を行う。その理由は以下のとおりである。第4章で示したように，製造業大企業では，初期時

■図表7-12　経済性指標と環境性指標の相関係数

	度数	平均値	標準偏差	最小値	最大値	環境総合指標との相関係数
年商05	300	1713.20	5059.93	20	70000	0.246**
年商05対数	300	6.44	1.30	3.00	11.16	0.413**
1人あたり年商05	300	28.77	43.76	1.23	466.67	0.146*
1人あたり年商05対数	300	2.96	0.79	0.20	6.15	0.198**
総資産額	235	1073.60	1944.17	10	20000	−0.038
総資産額対数	235	6.02	1.46	2.30	9.90	0.215**
年商成長率（％）	292	23.81	143.25	−75	1710	0.234**

注1）全サンプル数は402
注2）年商，総資産額の単位は百万円
注3）*は$p<0.05$，**は$p<0.01$

■図表7-13　環境性と経済性の相関

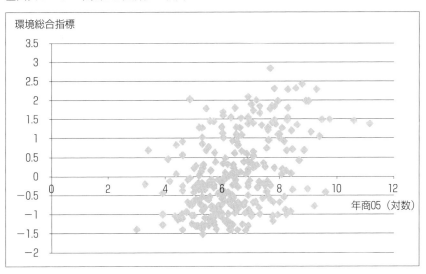

点の環境経営の特徴は「コストに耐えた」EMS構築や環境対策であり，環境ビジネスによる利益向上が顕著になるのは，その後であった。調査を実施した2000年代前半は，中小企業にとって環境経営の初期段階であったと言え，環境活動により経済性向上という段階に必ずしも至っていたとは言えない。例えば，第6章で紹介したように，当時環境経営が進んでいたS社の事例において，I

氏は「環境の取り組みをしているからということで取引先が増えたということはありません。」と発言していた。また，新たな環境配慮型商品についても顧客はできたものの「まだ普通の商品と同じようには売れていませんが」と発言している。これらの点を踏まえて，以下の分析モデルでは，「環境性ゆえに経済性の向上」ではなく，「経済性の高さゆえに環境性の向上」という仮定を設け，モデル化する。

5　中小企業の環境経営推進の条件──分析モデルと仮説

以下では，アンケート調査データを用いて，中小企業の環境性と，経済性，企業属性，取引先からの環境配慮要求，EMS，情報支援利用といった要因の関係について，構造方程式モデリングにより統計分析を行う。

第5章で整理した環境経営イノベーションに関する分析課題や既存研究，アンケート調査に関連して実施したヒアリング調査の知見，第6章および本章のアンケート調査分析結果を踏まえて，分析モデルを図表7-14のように設定した。これは，企業属性，事業形態，競争力，市場環境といった要因が，環境配慮要求や経済性に影響を及ぼし，環境配慮要求，経済性に加えて，経営者の環境意識，情報支援利用，EMS認証取得が環境総合指標に影響を及ぼす，とい

■図表7-14　分析モデルの概要

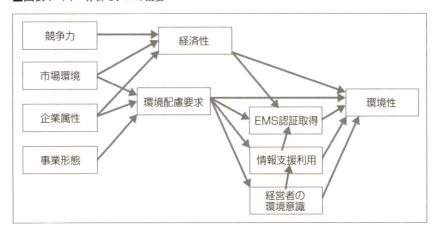

第7章　中小企業の環境経営推進の条件と環境経営イノベーション

うモデルである。本節では，この分析モデルに関して用いる変数と検討する仮説を説明する。分析結果は次節で示す。なお，分析にはSPSSおよびAmosを用いた。

(1) 分析に用いる変数

分析に用いる変数を図表7-15に示す。以下では，各変数について説明した上で，分析モデルを設定するための仮説を提示し，それらの仮説に必要な変数を抽出する。

① **環境性と経済性の指標**

環境性と経済性の指標は，先に述べたように，環境総合指標および年商（対数）を用いる。

② **環境配慮要求に関する変数**

環境配慮要求の指標を作成するために，図表6-3で示した環境配慮要求6項目の有無の値から，主成分分析により合成変数を作成した。環境配慮要求の主成分分析の結果を図表7-16に示す。

第1主成分は，すべて正の符号であり環境配慮要求の総合評価と解釈できる。第1主成分を「環境配慮要求程度」と名づけ，分析ではその主成分得点を用いる。

第2主成分で，プラスの値で特徴的な項目は，ISO14001認証取得と国内版EMS認証取得である。他方，マイナスの値で特徴的なものは化学物質に関す

■図表7-15　分析に用いる変数

項目	変数の名称
環境性	環境総合指標
経済性	年商(対数)
環境配慮要求	環境配慮要求程度
情報支援利用	情報支援利用程度
経営者の環境意識	経営者環境意識
EMS認証取得	EMS認証取得
企業属性	業種，従業員数
事業形態	下請比率，納入社数または最大納入先比率，輸出
競争力	強み1，強み2，強み3，強み4，価格決定・自社
市場環境	製品単価変化または原材料価格変化

る2項目である。したがって，第2主成分は「EMS認証取得要求か化学物質関連の要求か」という側面を表すものと考えることができる。

③ 情報支援利用に関する変数

情報支援利用については，図表7-1で示したように，EMS関連で7項目，化学物質関連で5項目がある。アンケート調査の回答から，その有無に関する

■図表7-16　環境配慮要求に関する主成分分析の結果

	第1主成分 環境配慮要求程度	第2主成分 EMS取得か化学物質か
要求・ISOの取得	0.632	0.470
要求・国内EMS取得	0.556	0.649
要求・環境保全ガイドライン順守	0.713	0.299
要求・環境影響評価回答	0.677	−0.281
要求・化学物質調査回答	0.695	−0.535
要求・SDS提出要求	0.562	−0.550
固有値	2.475	1.398
寄与率（累積寄与率）	41.3 (41.3)	23.3 (64.6)

■図表7-17　情報支援利用に関する主成分分析の結果

	情報支援の項目	第1主成分	第2主成分	第3主成分	第4主成分	第5主成分
EMS関連	取引先企業のセミナー・勉強会	0.588	−0.262	−0.054	−0.529	−0.046
	取引先企業のコンサルティング	0.371	−0.518	−0.078	0.011	0.460
	中小企業関連団体のセミナー・勉強会	0.479	0.480	0.405	−0.205	0.064
	中小企業関連団体のコンサルティング	0.167	0.123	0.626	0.214	0.087
	認証機関のセミナー	0.632	−0.078	−0.101	0.320	−0.445
	認証機関のコンサルティング	0.452	−0.347	−0.018	0.560	−0.312
	地方自治体のセミナー	0.284	0.473	−0.514	0.172	0.244
化学物質関連	取引先企業のセミナー・勉強会	0.598	−0.299	−0.079	−0.473	−0.208
	取引先企業のコンサルティング	0.269	−0.472	0.048	0.209	0.595
	中小企業関連団体のセミナー・勉強会	0.452	0.556	0.200	−0.157	0.137
	中小企業関連団体のコンサルティング	0.275	0.078	0.438	0.302	0.046
	地方自治体のセミナー	0.403	0.498	−0.488	0.197	0.132
固有値		2.296	1.808	1.318	1.236	1.017
寄与率（累積寄与率）		19.1 (19.1)	15.1 (34.2)	11.0 (45.2)	10.3 (55.5)	8.5 (64.0)

ダミー変数を作成した。さらに，環境情報利用の程度に関する合成変数を作成するために主成分分析を行った。図表7-17に結果を示す。

主成分は5つ抽出された。第1主成分は，すべての項目が正の符号であり，環境情報支援利用に関する総合評価を表すと解釈できる。したがって，これを「情報支援利用程度」と名づけ，分析に用いる。

図表7-17から，第2主成分から第5主成分については，EMSと化学物質という内容ではなく，取引先企業，中小企業関連団体といった情報提供主体や，セミナー・学習会あるいはコンサルティングといった内容で区分されていることがわかる。プラスの値について，それぞれ特徴的な項目を抽出すると，第2主成分は中小企業関連団体や自治体のセミナー・学習会，第3主成分は中小企業関連団体，第4主成分は認証機関のコンサルティング，第5主成分は取引先企業のコンサルティングである。他方，マイナスの値についての特徴的な項目は，第2主成分は取引先企業，第3主成分は地方自治体，第4主成分は取引先企業のセミナー・学習会，第5主成分は認証機関である。

④ 経営者の環境意識に関する変数

経営者の環境意識は，アンケート票の4項目から，消極的・やや消極的・やや積極的・積極的と分類し，0から3まで等間隔で点数づけを行った。分析ではその値を用いる。

⑤ EMS認証取得に関する変数

アンケート調査では，ISO14001認証取得の有無，国内版EMS認証取得の有無を尋ねている。それぞれの回答のダミー変数から，両者を合わせたEMS認証取得の有無について合成変数を作成し，分析ではその値を用いる。

⑥ 企業属性に関する変数

アンケート調査データで企業属性に関する項目としては，地域，業種，従業員数，操業年数，従業員平均年齢がある。地域については，第6章で述べたように，調査の設計段階から焦点としていない。また，操業年数および従業員平均年齢は，地域，業種および従業員数と相関があり，いずれも5％または1％水準で有意であった。これらを踏まえて，分析では，企業属性の変数として，業種と従業員数を用いる。

業種はダミー変数で機械・金属業を1とした。なお，この調査では，従業員

300名以下の中小企業を対象としていたが，回答企業には，従業員360名が1社，400名が1社，546名が1社含まれていた。第6章および本章での分析ではそれらも含めている。

⑦　事業形態に関する変数

アンケート調査データから得られる事業形態に関する変数としては，自社ブランド比率，下請比率，輸出の有無，製品・技術開発の有無，納入先企業数（以下，納入社数と記す），販売額最大の納入先企業の売上に占める比率（以下，「最大納入先比率」と略す）がある。

第6章でも用いた下請比率は，売上に占める「取引先が企画した完成品の受託生産」と「取引先が企画した素材・部品・部分品の受託生産や受託加工」の合計比率である。自社ブランド比率は「自社ブランド製品の生産」の比率である。値の作成上から当然であるが，これら2変数には相関があり1％水準で有意である。したがって，分析ではいずれか一方を用いる。自社ブランド比率は，下請比率だけではなく，事業形態に係る上記の変数すべてと相関があり，いずれも1％水準で有意であった。したがって下請比率を用いる。

輸出は，直接輸出および納入先企業等から間接輸出している場合に「輸出あり」としてダミー変数で表した。全企業402社のうち「輸出あり」は206社であった。

納入社数と最大納入先比率は相関があり，1％水準で有意である。分析の際には，他の変数との相関などを考慮して，いずれか一方の値を用いるものとする。

加工技術や製品開発の有無については，全企業402社中240社が製品開発や加工技術の開発を行っていると回答していた。ただし，競争力に関する変数に開発力が含まれているため，重複を避けるため，ここでは変数として含めないものとする。

⑧　競争力に関する変数

競争力に関する変数としては，強みと価格決定力の項目がある。

強みの質問項目は，「コストが低い」「品質が良い」「短い納期で生産できる」「他企業にない独特の加工技術がある」「製品開発力が優れている」「販売力が充実している」「需要や技術に関し，他企業が気づかない情報を持っている」

第7章　中小企業の環境経営推進の条件と環境経営イノベーション

■図表7-18　強みに関する主成分分析

	第1主成分 強み1	第2主成分 強み2	第3主成分 強み3	第4主成分 強み4
強み・低コスト	0.529	−0.060	−0.476	−0.511
強み・品質	−0.061	−0.690	−0.011	0.566
強み・納期	0.691	0.001	0.299	0.081
強み・加工技術	−0.765	−0.189	0.022	−0.401
強み・製品開発力	−0.184	0.648	−0.063	0.077
強み・販売力	−0.086	0.478	−0.446	0.507
強み・情報	0.015	0.295	0.754	−0.028
固有値	1.387	1.251	1.088	1.012
寄与率（累積寄与率）	19.8 (19.8)	17.9 (37.7)	15.5 (53.2)	14.5 (67.7)

「その他」について複数回答で，ない場合には「特に強みはない」の選択肢も設けた。それぞれの強みを有する場合を1としたダミー変数は，互いに相関が高いケースがあった。そのため，特徴を表すために主成分分析によって指標を作成した。結果を図表7-18に示す。

いずれの主成分についても正負の値を含んでいるため，「強みの大きさ」のような総合評価を表す指標はつくれない。プラスの値で特徴的な項目は，第1主成分では低コストと納期，第2主成分では製品開発力と販売力，第3主成分では情報力，第4主成分では品質と販売力である。他方，マイナスの値で特徴的な項目は，第1主成分では加工技術，第2主成分では品質，第3主成分では低コストと販売力，第4主成分では低コストと加工技術である。第1主成分から第4主成分それぞれに，「強み1」「強み2」「強み3」「強み4」と名づけた。分析には，それぞれの主成分得点を用いた。

価格決定力の質問項目は「おおむね自社の希望どおりになる」「販売先の意向に左右される」「競合他社の価格に左右される」「輸入品の価格に左右される」「何とも言えない」の択一選択である。前者4項目の集計結果は，順に，80，168，100，5であった。分析では，自社の価格決定力を表す変数として，「おおむね自社の希望どおりになる」の回答に関するダミー変数を作成し，「価格決定・自社」と名づけた。

なお，4つの強みは主成分得点であるので相関はない。また，4つの強みと

価格決定・自社の間にも有意な相関は見られなかった。

⑨ 市場環境に関する変数

市場環境に関する変数としては，自社の製品・部品単価の変化，および，製造に必要な原料・素材・部品等の購入価格の変化がある。前者を「製品単価変化」，後者を「原材料価格変化」と名づける。それぞれ，回答の選択肢は「下がっている」「変わらない」「上がっている」である。それらに，順に，「－1」「0」「1」を割り当て，変数を作成した。これら2つの変数には相関があり，5％水準で有意であった。したがって，分析の際には，他の変数との相関を考慮して，いずれか一方を用いる。

(2) 分析モデルと仮説

① 環境性向上の要因に関する仮説

図表7-14に示したように，分析モデルでは，環境性向上に対して直接的要因と間接的要因を含んでおり，直接的要因として，経済性，環境配慮要求，EMS認証取得，情報支援利用，経営者の環境意識を設定している。第5章で紹介したように，既存研究では，企業の従業員数や経営資源との直接の相関を調べていることが多い。しかし，第6章の分析から，環境活動の大きさは，環境配慮要求の影響や認証取得をきっかけとした活動によると考えられる。また，本章で示したように，環境配慮要求，情報支援利用，経営者意識には関連があると考えられる。これらを踏まえて，環境性向上に対する直接・間接の効果を検討する。

環境性向上に対する環境配慮要求，経営者の環境意識，情報支援利用，経済性に関する仮説として，以下の4つがある。

第1は直接的要因であるが，環境性は，環境配慮要求，経営者の環境意識，情報支援利用，および，経済性が大きいほど，また，EMS認証取得によって，向上する。

第2に，環境配慮要求は経営者の環境意識，情報支援利用，EMS認証取得に影響を及ぼす。それを通して間接的に環境性を向上させる。

第3に，経営者の環境意識は，情報支援利用に影響を及ぼし，それを通して間接的に環境性を向上させる。また，情報支援利用はEMS認証取得に影響を

第7章　中小企業の環境経営推進の条件と環境経営イノベーション

与え，それによって間接的に環境性を向上させる。

第4に，経済性の大きさはEMS認証取得に影響を与え，それによって間接的に環境性を向上させる。

なお，このモデルでは，経営者の環境意識，情報支援利用，認証取得の関係について，経営者の環境意識が高いほど情報支援を利用し認証取得につながるという「経営者の環境意識→情報支援利用→認証取得」の一方向を仮定している。その理由は，繰り返しになるが，中小企業の環境経営に関して初期時点での調査データであることを考慮したためである。当然ながら，認証取得をしたことで情報支援を利用し経営者の意識も高まるという「認証取得→情報支援利用→経営者の環境意識」の逆パターンも起こりうる。また，経営者の環境意識から，情報支援利用を経ずに認証取得というケースもありうる。しかし，中小企業の環境経営に関する初期時点の分析であること，および，単純化のために，図表7-14のような単純なパスを設定している。

② 環境配慮要求の要因に関する仮説

環境配慮要求の要因として，企業属性・事業形態，および，市場環境を設定し，以下の仮説を検討する。

第1に，従業員数が多いほど，環境配慮要求は大きい。これは，第6章の図6-5でも検討したように，規模の大きな中小企業ほど大企業と取引するケースが多いと考えられるためである。

第2に，下請け比率，納入社数，最大納入先比率が大きいほど環境配慮要求が大きい。これは，それらの中小企業ほど，取引先からの要求を受けやすいと考えられるからである。

第3に，輸出を行う中小企業では環境配慮要求を受ける。これは，第4章で述べたように，欧州の規制強化と環境配慮要求に関係があるからである。

第4に，厳しい市場環境に直面する中小企業は環境配慮要求も受ける。ここでの厳しい市場環境とは，製品単価の低下や原材料価格の上昇を指す。これは，アンケート調査に先立ち実施したヒアリング調査から設定したものである。

なお，第6章で示されたように，プラスチック加工業の中小企業は，機械・金属業よりも環境配慮要求を受けている割合が多い。

③ 経済性向上の要因に関する仮説

環境配慮要求の要因として，企業属性，競争力，および，市場環境を設定し，以下の仮説を検討する。

第1に，従業員数が多いほど経済性は大きい。一般的に，規模の大きな企業は小さな企業よりも経済性が大きく，この分析では従業員1人あたりの年商ではなく年商を用いているために設定される仮説である。

第2に，強みがある中小企業の方が経済性は大きい。強みのタイプでは特に低コストや販売力といった直接経済性に係る強みに関して，その傾向があると考えられる。

第3に，価格決定力のある中小企業の方が経済性は大きい。これは，取引先と交渉力があると考えられるからである。

第4に，緩やかな市場環境にある中小企業では経済性が大きい。ここでの緩やかな市場環境とは，製品単価の上昇，あるいは，原材料価格の下降を指す。これらの条件は経済性に係るからである。

6　中小企業の環境経営推進の条件——分析結果

(1) 分析モデルにおける外生変数の相関係数

図表7-14で示した分析モデルの概要と，図表7-15で示した変数，および，先に述べた仮説を踏まえて，分析モデルの全体像を図表7-19で示す。

この分析モデルにおいて，モデル全体の従属変数は「環境総合指標」で，それ以外の変数は環境総合指標の説明変数である。説明変数のうち外生変数は，企業属性の「業種」「従業員数」，事業形態の「下請比率」「納入社数，または，最大納入先比率」「輸出」，市場環境の「製品単価変化，または，原材料価格変化」，および，競争力の4つの「強み」と「価格決定・自社」である。それ以外の「年商（対数）」「環境配慮要求程度」「経営者環境意識」「情報支援利用程度」「EMS認証取得」は内生変数である。

前節の仮定に基づき，外生変数のうち，環境配慮要求の説明変数は，「業種」「従業員数」「下請比率」「納入社数，または，最大納入先比率」「輸出」「製品単価変化，または，原材料価格変化」であり，経済性の説明変数は，「従業員

第7章　中小企業の環境経営推進の条件と環境経営イノベーション

■図表7-19　分析モデル

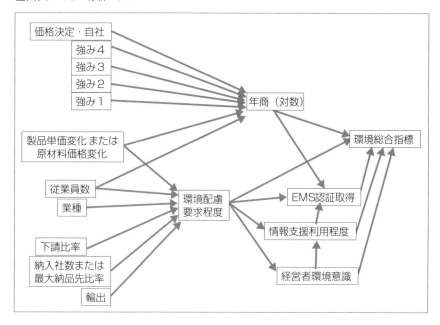

数」「製品単価変化，または，原材料価格変化」「4タイプの強み」「価格決定・自社」である。

図表7-20は，外生変数の相関係数である。同じカテゴリーの変数間の相関については前節で述べた。それ以外の変数間で相関が有意であるものは，従業員数と納入社数および輸出，下請比率と製品単価変化および原材料価格変化，輸出と製品単価変化，従業員数と強み2，製品単価変化と価格決定・自社，および，原材料価格変化と強み3である。

先に述べたように，納入社数と最大納入先比率，および，製品単価変化と原材料価格変化は同じカテゴリーの変数で相関があるため，いずれか一方を用いる。図表7-20より，前者については，納入社数は従業員数と相関があるため，最大納入先比率を用いる。後者については，製品単価変化のほうが相関をもつ変数が多いため，原材料価格変化を用いる。なお，構造方程式モデリングでは，外生変数間で，従業員数と輸出および強み2，原材料価格変化と下請比率および強み3の相関も設定し分析する。

■図表7-20　外生変数間の相関

(a) 環境配慮要求の説明変数

	業種	従業員数05	下請比率	納入社数	最大納入先比率	輸出	製品単価変化	原材料価格変化
業種			−0.032	0.040	0.031	0.005	0.050	−0.074	0.014
従業員数05				−0.022	0.124*	−0.074	0.119*	−0.041	−0.073
下請比率					-0.081	0.057	−0.086	−0.119*	−0.134**
納入社数						−0.201**	0.073	0.040	0.000
最大納入先比率							0.004	−0.130**	−0.075
輸出								−0.017	0.017
製品単価変化									0.106*
原材料価格変化									

注）*はp<0.05，**はp<0.01

(b) 経済性の説明変数

	従業員数05	製品単価変化	原材料価格変化	価格決定・自社	強み1（低コスト・納期）	強み2（開発・販売力）	強み3（情報力）	強み4（品質・販売力）
従業員数05		−0.041	−0.073	−0.012	−0.089	0.127*	−0.051	0.008
製品単価変化			0.106*	0.203**	−0.051	−0.015	0.038	0.066
原材料価格変化				0.014	0.011	−0.026	0.109*	0.003
価格決定・自社					−0.091	−0.013	0.074	−0.062
強み1						0.000	0.000	0.000
強み2							0.000	0.000
強み3								0.000
強み4								

注）*はp<0.05，**はp<0.01

(2) 基本モデルの分析結果：仮説の検証とモデルの修正

　上述の基本モデルについて，共分散構造分析の結果を図表7-21に示す。なお，図表7-21では，4つの強みについて，係数推計値の符号から，図表7-18に関する検討事項を踏まえて，それぞれの特徴を表す名称を記している。

　まず，分析モデルの適合性を検討する。図表7-21の下欄に，基本モデルの適合度の統計量を示している。カイ二乗のP値が有意であるため，モデルが正しいという帰無仮説は棄却される。しかし，サンプル数が200〜400程度のケースでは棄却されてしまう場合が多く，この基本モデルもそのケースに該当している。他の適合度の統計量として，CFI（Comparative Fit Index），RMSEA

第7章 中小企業の環境経営推進の条件と環境経営イノベーション

■図表7-21　基本モデルの共分散構造分析の結果

被説明変数 内生変数	説明変数	標準化 推定値	非標準化 推定値	標準誤差	t値	P値
環境配慮要求程度	原材料価格変化	0.099	0.211	0.101	2.093	0.036
	従業員数05	0.287	0.005	0.001	6.153	<0.001
	業種	−0.126	−0.254	0.093	−2.728	0.006
	下請比率	0.096	0.002	0.001	2.059	0.039
	輸出	0.142	0.285	0.094	3.046	0.002
	最大納入先比率	0.054	0.002	0.002	1.157	0.247
経営者環境意識	環境配慮要求程度	0.324	0.24	0.035	6.838	<0.001
年商05（対数）	価格決定・自社	−0.01	−0.03	0.129	−0.235	0.814
	強み4（品質・販売力）	0.114	0.145	0.052	2.82	0.005
	強み3（低コスト・販売力）	−0.091	−0.116	0.052	−2.235	0.025
	強み2（開発・販売力）	0.053	0.068	0.052	1.315	0.189
	強み1（加工技術）	−0.043	−0.055	0.052	−1.074	0.283
	原材料価格変化	−0.072	−0.196	0.111	−1.764	0.078
	従業員数05	0.681	0.015	0.001	16.73	<0.001
情報支援利用程度	環境配慮要求程度	0.368	0.366	0.045	8.145	<0.001
	経営者環境意識	0.27	0.363	0.061	5.984	<0.001
EMS認証取得	年商05（対数）	0.213	0.062	0.014	4.499	<0.001
	環境配慮要求程度	0.29	0.106	0.018	5.797	<0.001
	情報利用1	0.188	0.069	0.018	3.838	<0.001
環境総合指標	年商05（対数）	0.082	0.061	0.026	2.394	0.017
	環境配慮要求程度	0.153	0.147	0.035	4.188	<0.001
	EMS認証取得	0.368	0.959	0.091	10.523	<0.001
	情報支援利用程度	0.212	0.203	0.035	5.883	<0.001
	経営者環境意識	0.354	0.458	0.043	10.627	<0.001

注）モデルの適合度統計量：χ^2=201.7（p<0.001），CFI=0.913，RMSEA=0.046，AIC=325.7

(Root Mean Square Error of Approximation)，AIC（赤池情報量基準）を記している。基本モデルでは，CFIは0.9以上，RMSEAは0.08以下であり，基本モデルの適合性が高いと判断できる。AICは修正モデルとの比較に用いる。

次に，モデルの修正を検討する。図表7-21に示されるように，基本モデルでは，係数の推計値の有意確率が0.05以上であるケースがある。1つは，環境配慮要求程度の説明変数のうち，最大納入先比率である。もう1つは，年商05（対数）の説明変数のうち，価格決定・自社，強み2（開発・販売力），強み1（低コスト・納期），および，原材料価格低下である。したがって，先に挙げた

仮説のうち棄却される事項としては次の4つがある。

1つは，環境配慮要求に影響を与える要因における第2の仮説で，下請比率が大きいほど環境配慮要求が大きいという仮説は棄却されないが，最大納入先比率が大きいほど環境配慮要求が大きいという仮説は棄却される。

2つは，経済性向上の要因に関する第2の仮説で，4つの強みのうち，強み1（加工技術）と強み2（開発・販売力）については，それらの強みが経済性を向上させるという仮説は棄却される。

3つは，経済性向上の要因に関する第3の仮説で，価格決定力のある中小企業の方が経済性は大きいという仮説は棄却される。

4つは，経済性向上の要因に関する第4の仮説で，原材料価格が低下している緩やかな市場環境にある中小企業では経済性が大きいという仮説は棄却される。

■図表7-22　修正モデルの共分散構造分析の結果

被説明変数 内生変数	説明変数	標準化推定値	非標準化推定値	標準誤差	t値	P値
環境配慮要求程度	原材料価格変化	0.095	0.203	0.101	2.01	0.044
	従業員数05	0.283	0.005	0.001	6.06	<0.001
	業種	−0.126	−0.253	0.093	−2.718	0.007
	下請比率	0.099	0.002	0.001	2.102	0.036
	輸出	0.143	0.287	0.094	3.056	0.002
経営者環境意識	環境配慮要求程度	0.324	0.24	0.035	6.834	<0.001
年商05（対数）	強み4（品質・販売力）	0.12	0.154	0.052	2.955	0.003
	強み3（低コスト・販売力）	−0.104	−0.134	0.052	−2.564	0.01
	従業員数05	0.691	0.015	0.001	17.046	<0.001
情報支援利用程度	環境配慮要求程度	0.367	0.366	0.045	8.125	<0.001
	経営者環境意識	0.27	0.363	0.061	5.985	<0.001
EMS認証取得	年商05（対数）	0.215	0.062	0.014	4.526	<0.001
	環境配慮要求程度	0.289	0.106	0.018	5.777	<0.001
	情報利用1	0.188	0.069	0.018	3.837	<0.001
環境総合指標	年商05（対数）	0.084	0.063	0.025	2.469	0.014
	環境配慮要求程度	0.153	0.146	0.035	4.172	<0.001
	EMS認証取得	0.368	0.958	0.091	10.509	<0.001
	情報支援利用程度	0.212	0.203	0.035	5.881	<0.001
	経営者環境意識	0.354	0.457	0.043	10.609	<0.001

注）モデルの適合度統計量：$\chi^2=127.3$（$p<0.001$），CFI=0.932，RMSEA=0.055，AIC=223.3

修正モデルでは，これらの棄却されたケースを除外する。

(3) 修正モデルの分析結果

修正モデルの共分散構造分析の結果を，図表7-22と図表7-23に示す。

すべての係数推計値についてP値は0.05より小さい。また，モデルの適合性に関しても，CFIは0.9以上，RMSEAは0.08未満になっており，モデル適合性は高いと判断できる。基本モデルと修正モデルのAICを比較すると，修正モデルの方が，AICの値が小さくなっているので，適合性が高くなったと言えるため，したがって，修正モデルを妥当なモデルと判断できる。

■図表7-23　共分散構造分析の結果

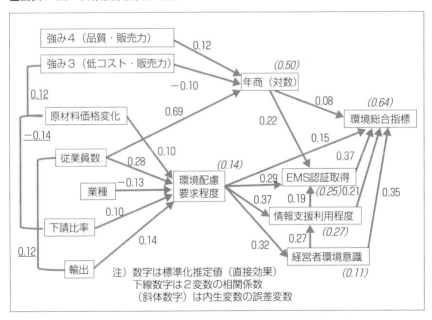

(4) 環境性を向上させる直接的・間接的要因

図表7-24は，環境総合指標に対する各説明変数の直接・間接効果をまとめたものである。

総合効果が最も大きいものは環境配慮要求である。環境配慮要求について直

接効果と間接効果の内訳を見ると，間接効果の方が値は大きい。したがって，環境配慮要求の大きさ自体が直接的に環境性を高めることよりも，環境配慮要求を通じて，経営者の環境意識を高めて情報支援利用やEMS認証取得を促すといった間接効果が，より大きな役割を果たしていると考えられる。

直接効果が最も大きいものはEMS認証取得である。これは，第6章でも示された「EMSの導入や運用が契機となり環境経営が推進される」ということが，この分析からも支持できることを示唆している。

情報支援利用も環境性向上に影響を与える。分析モデルでは，情報支援利用の間接効果は，EMS認証取得し環境性を向上させると設定されている。分析結果は，その間接効果よりも，情報支援利用によって環境活動が推進される直接的な効果の方が大きいことを示している。

経済性の高さは直接的・間接的に環境性向上に影響を与える。しかし，分析結果から，環境配慮要求，EMS認証取得，経営者環境意識，情報支援利用の各効果の方が，年商（対数）で表す経済性による効果よりも大きいことがわかる。また，経済性による直接効果と間接効果には大差がない。これらのことは，この分析モデルで設定した「経済性ゆえの環境性」に対して，次の2点を示唆

■図表7-24　環境総合指針に対する直接・間接効果

効果	説明変数	総合効果	直接効果	間接効果
直接および間接効果	環境配慮要求程度	0.501	0.153	0.349
	経営者環境意識	0.430	0.354	0.076
	EMS認証取得	0.368	0.368	
	情報支援利用程度	0.281	0.212	0.069
	年商(対数)	0.163	0.084	0.079
間接効果	従業員数	0.255		0.255
	輸出	0.072		0.072
	業種	−0.063		−0.063
	下請比率	0.049		0.049
	原材料価格変化	0.048		0.048
	強み4（品質・販売力）	0.020		0.020
	強み3（低コスト・販売力）	−0.017		−0.017

注）すべて標準化された値

第7章　中小企業の環境経営推進の条件と環境経営イノベーション

するものと言える。第1点は，経済性が大きい中小企業が「自動的に」環境性を向上できるというよりも，むしろ，経済性がEMS認証取得を支えることを通じて環境性を向上させることである。第2点は，経済性の効果よりも，経営者の環境意識，および，EMS認証取得や情報支援利用の効果の方が大きいことである。

経済性以外の企業活動に係る要因のうち，間接効果が最も大きいものは従業員数であり，規模が大きい中小企業ほど環境活動に取り組む傾向があると言える。また，輸出，下請比率，原材料価格変化，低コスト・販売力・品質といった強みも，小さい値であるが間接効果があることが明らかになった。

7 環境経営の情報的経営資源と環境経営イノベーション

(1) 環境経営推進の条件と情報的経営資源の獲得というイノベーション

図表7-25は，分析結果をまとめた概念図である。

中小企業の企業活動要因と環境経営推進の可能性について，2つの経路がある。第1の経路では，「規模が大きい」「下請け型である」「輸出している」「厳しい市場環境にある」という特徴をもつ中小企業では，取引先からの環境配慮要求に応えることによって環境性を高めることが可能である。第2の経路では，「規模が大きい」「品質・販売力・低コストといった強みがある」という特徴をもつ中小企業では，高い経済性を活かして環境性を向上させることが可能である。

いずれの経路においても，EMS認証の取得や情報支援の利用によって，環境性向上の「可能性」が高められる。第1章で提示したように，組織が環境に取り組む仕組みであるEMSや，様々な環境経営に関する情報・知識・ノウハウ・技術は，すでに知られているものであっても，それを新たに採用する組織にとっては「イノベーションの採用」という意味を持つ。EMSや環境経営に関する情報等は，獲得する企業にとって，環境経営に関する情報的経営資源となるものである。上記2つのいずれの経路においても，環境経営に関する情報的経営資源の獲得というイノベーションが環境経営を推進する源となるのである。

■図表7-25　中小企業の環境経営推進の条件

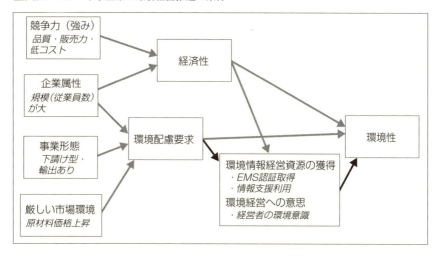

　ただし，環境経営に関する新たな仕組みや情報の採用は，どのような組織であっても自然と起こるというものではなく，環境経営の情報的経営資源に目を向ける経営者の意思決定が不可欠である。第1章や第2章で述べたように，環境経営は経営者の意思決定なくしては始まらない。環境経営の基盤は，経営者が自社と環境問題の関わりを認識し，「環境面でどのような企業でありたいのか」を明確化した理念である。

(2)　中小企業の環境経営戦略に関するインプリケーション

　以上のことから，中小企業が環境経営に取り組むに際して，「自社にとって新しい情報的経営資源の獲得というイノベーション」であることを認識することの重要性を指摘することができる。さらに，そのイノベーションの採用は，2つの経路で戦略的に行うことが可能である。

　第1の戦略は，下請け型や厳しい市場環境といった取引先の影響を受けやすい中小企業では，取引先の環境配慮要求に対応しながら，取引先等の情報支援を活用しEMS導入や環境活動を展開することで新たな環境経営に関する情報的経営資源を獲得し，環境性を向上させることである。

　第2の戦略は，品質・低コスト・販売力といった強みを誇る中小企業では，

高い経済力を活かしてEMS認証取得や環境活動において新たな環境経営に関する経営資源を獲得し，環境性を向上させることである。

第5章で述べたように環境経営に関する実証研究では，戦略タイプはリアクティブとプロアクティブに分類される。分析に用いた環境性の指標は，第6章の図表6-7に示すように，法規制順守に留まらない活動に対して，高い点数づけを行っている。したがって，環境総合指標の高さは，より積極的・自主的な環境活動の多さも表し，プロアクティブな要素を反映していると考えられる。

上記のうち第1の戦略は取引先からの要求への対応から始まる。既存研究では，ステイクホルダーの要求への対応はリアクティブと位置づけられる。しかし，ここで指摘した第1の戦略は，取引先の要求への対応から始めた環境経営であっても，プロアクティブな要素も向上しうることを示唆している。リアクティブとプロアクティブの境界は，単に要求事項の対応にとどまらず，「経営者が明確な意思を持ち，環境経営に関する情報的経営資源を獲得する」というイノベーション採用の有無にあると指摘できる。第6章で挙げたS社の事例は，取引先からの要求に応じてEMS認証を取得した。しかし，それだけにとどまらず，自社の創意工夫で環境ビジネスを増やし，活動の積み重ねで従業員の意識が変わり，環境活動の範囲を広げてきた。その姿は「プロアクティブな環境経営」と言える。

■ [注]
1) 調査票の選択肢には「その他」と「情報収集をしたことがない」の選択肢も設けた。
2) 第6章の図6-1では，業種別・調査年別の集計結果が示されている。
3) ただし，取引先企業から情報支援の機会がなくて利用していないか，機会があったにもかかわらず利用していないかについてはこの調査の対象ではなかったため不明である。しかしながら，この点については，「利用したかどうか」という行動を尋ねるのではなく，「知らされたかどうか」という記憶を尋ねることになり，複数の取引先をもつ中小企業にとって正確な回答が難しいことが予測される。
4) 在間（2007）では，情報利用に関する分析について，2004年度は従業員10名以上の企業に対する割合を表していた。その場合には一部の項目を除き減少している。
5) 経年変化や業界間比較については，在間（2007）を参照。

第8章

中小企業の環境経営イノベーションに対する支援
―― 環境コミュニケーションの役割

1 環境コミュニケーションの定義と本章の目的

　第7章では，中小企業の環境経営推進要因を，著者が実施したアンケート調査データの統計解析から明らかにした。主要な結果としては次の2つがある。第1に，環境性向上と内部・外部要因の関係では，低コスト・販売力・品質という強みと高い経済性をもつ中小企業と，下請け型で厳しい市場環境下にあり取引先からの環境配慮要求を受ける中小企業について，異なる経路がある。第2に，いずれの経路でも，経営者の環境意識と，情報支援利用や環境マネジメントシステム（以下，EMS）認証取得による環境経営面の情報的経営資源の獲得が重要な役割を果たす。経済性の要因よりも，それらの要因による効果の方が大きい。

　第7章の分析と考察から，中小企業が環境経営を推進するための支援策について，次の2つのインプリケーションが得られる。1つは，EMS導入支援の重要性である。第7章の分析から，環境性向上に対してEMS認証取得の直接的効果が大きいことが示された。第3章で整理したように，EMSの認証規格にはISO14001だけでなく中小企業も取得しやすい国内版の規格もある。分析結果から，それらの役割が再確認された。従来の支援策に追加すべき視点は，マネジメントシステムを契機とした「自社にとって新しいノウハウや技術の採用」という環境経営イノベーションとしてEMSの意義を再認識することである。

2つは,情報支援の有用性である。先に述べたように,環境経営推進の2つの経路とも,環境性向上に対して情報支援利用が影響する。情報支援によって中小企業は環境経営に関する情報的経営資源を獲得することができる。ここでの情報とは,単に情報提供ではなく,学習会やコンサルティング,アドバイスなど,双方向のコミュニケーションを含むものである。

人間のコミュニケーションは「行為者Aが,共有したいメッセージを,何らかの媒体を通して,行為者Bに伝達する過程」であるが,単なる情報伝達や情報共有ではなく,多かれ少なかれ受け手である行為者Bの態度や行動に,何らかの影響を与えることを意図してなされる[1]。つまり,コミュニケーションは,メッセージの内容や伝える媒体によって,知識的情報の提供や意見的情報の伝達にとどまらず,受け手の態度変容や行動変容を促すものであり,その意味から「社会心理としてのコミュニケーション」という側面をもつと言える。また,コミュニケーションは,行為者Aから行為者Bへの一方的な伝達ではなく,「継起してなされる,両者が意識を共有する相互行為」である。相互行為は,個人間だけではなく,組織レベルや地域レベルなど様々な形で起こり,それらの相互行為を通して社会に何らかの変化をもたらす可能性がある。その意味から,コミュニケーションは,社会変容を促進しうる「社会過程としてのコミュニケーション」[2]という側面もある。

本書では,「環境問題,環境活動,環境対策など環境に関するメッセージを伝えたり伝えられたりする過程」を「環境コミュニケーション」と呼ぶが,上述のコミュニケーションに含まれる2つの側面を踏まえて,受け手の環境配慮を促進しうる「社会心理としてのコミュニケーション」と,相互行為を通じて社会の環境配慮を促進しうる「社会過程としてのコミュニケーション」いう意味を含める[3]。取引先,中小企業関連団体,自治体等が中小企業に提供する環境経営に関するセミナー,学習会,アドバイス等の機会は,「環境コミュニケーションの場」を提供するものである。ここでの「場」とは,伊丹・軽部(2004)が定義する「人々の間の濃密な情報的相互作用を可能にする状況的枠組み」[4]という意味での「場」である。以下でも示すように,中小企業への情報支援では,単なる情報提供の場所ではなく,環境活動に関する情報交流を行い参加者が相互作用をする機会や仕組みが提供されている。

本章では，第5章の図表5-2中の「中小企業の環境経営推進のための支援策」「中小企業に環境経営を普及させる政策」といった事項を検討する。本章の目的は，「環境コミュニケーションの場」の提供という視点から情報支援の現状を整理し，中小企業の環境経営を普及させるための支援策を考察することである。以下では，まず，環境コミュニケーションの場の提供について，著者がヒアリングした事例を紹介する。次に，情報支援の効果について，エージェントベースモデリングの方法により，シミュレーション分析を行う。さらに，情報支援に関する課題について2つの視点を提示する。1つは，中小企業の環境経営に関する多様性に焦点を当て，「中小企業のタイプとそれに必要な支援策」という視点である。2つは，「中小企業の経営課題と環境経営課題のリンク」という視点である。

2　中小企業の環境経営に関する環境コミュニケーションの場

　在間（2010c）は，大手企業，自治体，地方版環境マネジメントシステムの認証機関，銀行，NPOへのヒアリングから，それらの組織が中小企業の環境経営支援として，環境知識・ノウハウ，社会貢献やビジネスの機会を提供していることを明らかにしている。ここでは，それらも含め，著者がヒアリングした「環境コミュニケーションの場」を提供する情報支援活動について，第2章図表2-3に挙げた環境活動の領域「コンプライアンス」「経営活動プロセス」「製品・サービス（ビジネス）」「社会貢献」の分類に基づき整理する。

(1)　環境法規制に関する専門家によるアドバイスの提供
　1993年の環境基本法制定後，環境政策の体系が再構築され環境法規制も多様化している。第7章の図表7-6に示したように，「自社に該当する環境法規制の内容」や「具体的な対策」に関する情報が不足していると感じている中小企業は少なくない。各自治体は様々な情報提供を行っているが，政府系の組織である中小企業基盤整備機構（以下，中小機構と略す）[5]でも情報支援を実施している。
　中小機構では，経済産業省と中小企業庁の意向で1994年頃から，主として環

境規制に関わる情報に関して，電話やメールでの相談に応じている。大企業OBで環境に関する専門家も嘱託で在籍し，専門的観点からアドバイスを行っている。中小企業が直接問い合わせるケースと，他の機関を通じて問い合わせるケースを合わせて，月に数十件程度の相談がある。

開始当初は，例えばクリーニング業の溶剤に関する相談など，トリクロロエチレン等の有害化学物質規制に関する情報支援が中心であった。最近では，情報支援の内容は，RoHSやREACH等の化学物質，廃棄物や容器包装等のリサイクルといった事項に変化している。中小機構では，相談内容に応じて，省エネセンター，産業環境管理協会，行政の窓口等を紹介している。

このような中小機構の職員や専門家による環境法規制に関するアドバイスは，中小企業の不足する知識を補完する役割を担う環境コミュニケーションの場である。

(2) 経営活動プロセスに関する環境コミュニケーション

経営活動プロセスに関する情報支援には，以下のような事例がある。

① EMSの実践・普及の支援

第3章で述べたように，国内版のEMS認証規格には，エコアクション21，KES，エコステージがある。これらは，ISO14001をベースにして，よりわかりやすい内容や支払いやすい価格に設定されており，経営資源が限られた中小企業等の組織でも取り組みやすい規格になっている。それらの認定機関や認証機関では，普及のための様々な活動を行っている。例えば，KES環境機構[6]は，有償コンサルティング以外に，無料相談窓口も設けている。そのため認証取得企業は運用面での困り事等に対して随時アドバイスを受けることができる。また，KES環境機構では，認証取得企業を対象にした学習会を設けている。学習会は，環境ビジネス紹介や悩み相談等の情報交流の場として利用されている。

NPO法人エコサポートTGAL（以下，TGAL）[7]はKESの協働審査機関の一つであるが，KESだけではなく，エコアクション21や鹿児島市環境管理事業所の認証取得や運用支援等を行っている。TGALは理事長K氏が，大手電機系企業勤務時代に蓄積した計測技術，品質や環境管理，情報ネットワーク

設計や組織マネジメントの実績を活かして,「環境保全・まちづくり・人づくりによる地域の活性化」を目的として設立したものである。K氏は,「取引先からの要求を受けてEMSを導入した中小企業の中には,認証取得が目的化し,継続的な改善ができていない,あるいは,運用が負担になっているケースがある。認証取得だけでは成果は小さく,環境保全の推進によって経営や組織マネジメント力を強化するということに主眼を置く必要がある。認証取得は活動の始まりであり,大きな成果を得るには経営者のリーダーシップと全員参加活動の継続が必要だ。」と話す。

TGALでは,認証取得企業の事例等の情報発信を行い,さらに支援企業に,発信した情報の活用方法もアドバイスしている。例えば,小規模の中小企業では業務に追われるため学習会の習慣がないケースが多い。そこでTGALでは,毎週1回発信されるTGALの情報を従業員間で読み発表しあう学習会の実施をアドバイスしている。実践した中小企業では,学習会が社内の環境教育につながることに経営者が気づいたケースや,従業員が自ら他の業務に必要な勉強会も開催するようになったケースが生まれている。

K氏が経営強化と結びつけてきた事例として挙げる企業の1つに設備設計業のE社[8]がある。E社の社長S氏は,2001年頃,自ら探して,ある大企業のISO14001の学習会に参加した。当時,県庁では公共工事発注においてISO9001取得も考慮されるようになっており,S氏はISO14001についても取得する必要性が高まると感じていた。S氏は勉強会に参加し,中小企業ではISO14001認証取得が難しいと感じたという。その時期にK氏からKESのことを聞き「これならやれる」と思い認証を取得した。E社では,EMS運用を開始して1〜2年後に,会長と社長がKES審査員の資格を取得した。その資格を活かして「KESの仲間を増やす」という目的を掲げ,KESのコンサルティングも開始した。

E社では,認証取得後に組織のコミュニケーションにも変化があった。KES取得前は,トップダウンで会長からの伝達や,設備設計業務に関して担当者同士が集まって話す機会はあったが,それ以外で事業サポート役の女性従業員も含めた全員が集まり話をするという場はなかった。認証取得後は,環境教育で定期的に全員が集まり意見を交わすようになった。それによって従来は埋もれ

ていた意見が組織活動に反映されるようになった。

さらにE社は最近では環境と人材育成を結びつけている。近年，省エネ等の環境配慮型設計の件数をEMSの目標の1つに掲げているが，件数をカウントする担当を新人に割り当てている。E社の常務取締役のN氏は，「新人は，設計などの書面を見て該当するケースを選び出すことで，環境配慮型設計とは何かを学ぶことができる。」と話す。

以上のように，認証機関が情報発信やアドバイス等の環境コミュニケーションの場を提供し，支援を受けた中小企業自身も自ら学び組織を変え，EMS普及の担い手になるなど，環境コミュニケーションの機会を創出している。

② **中小企業の省エネ対策支援**

省エネは環境経営における組織活動の基本事項であり，省エネ支援に関する環境コミュニケーションの場を提供する活動もある。例えば，豊田市では地域の中小企業の省エネ推進活動を実施していた。活動のきっかけは商工会議所の青年部・エコ推進委員会主催の環境に関する講演会であった。参加した若手経営者らが発案し参加を呼びかけ，支援組織[9]が活動を担った。主な活動は，中小企業が環境家計簿に電気使用量を記入してFAXで支援組織に送信し，支援組織が二酸化炭素排出量を算出して返信するというものであるが，省エネに関するアドバイスも行っていた。

京都シニアーベンチャークラブ連合会（以下，略称のKSVUと記す）[10]は，京都の大企業のOB人材を活用し，産学連携，中小企業支援，地域貢献に取り組む組織である。KSVUの活動が他の地域にも広がり，中小企業庁が実施している企業等OB人材データベース構築[11]につながった。KSVUでは，中小企業への省エネ診断・アドバイス活動を，2008年10月頃から手がけている。初年度は75件，東日本大震災のあった2011年度は100件以上の診断を行った。2010年からは，京都府の委託事業として京都府地球温暖化防止センターに事務局員をおいて，事業を運営してきた。

この活動は，中小企業の現場でエネルギー使用量を測定した上で，具体的な省エネ対策をアドバイスするものである。温度設定の見直しや設備の運用管理，無駄の指摘と改善のアドバイス，設備投資の場合は適切な設備のアドバイス等，個々の中小企業の事情に応じた具体的な対策を支援している。この活動は，

OB人材による社会貢献という意味合いがあるが，交通費等を要するため報酬を受け取っている。その額は，省エネ対策により削減された1カ月分の電気代に相当する金額を基準に設定されている。中小企業にとっては，安価でコンサルティングが受けられ，省エネのノウハウが得られるというメリットがある。

このような省エネアドバイスの活動は，中小企業に具体的に実行できる方策を支援する環境コミュニケーションの場であると言える。

③ 環境経営による経営改善に関する事例集

環境経営や省エネに関して事例集を作成し，それを用いた学習会等で環境経営を推進するケースもある。

関東経済産業局[12]では，2009年度に中小企業の省エネ対策に関するアンケートを実施し，調査を踏まえて中小企業の省エネを促進するために具体的なテクニックや事例をまとめた。その事例集の評価が高く，さらに他の部署や外部機関とも連携して，省エネ以外の項目についても発展させることになり，2013年に環境経営のテクニック集および事例集を発行した。その後，2013年度末にも新たな事例集が発行された。事例集が焦点を当てるのは，環境への取り組みと工程や経営改善をリンクさせることである。

関東経済産業局の事例集では，優れた環境経営を行う中小企業，優れた支援を行う自治体，自治体と企業の協働など，ユニークな活動を取り上げている。環境経済産業局の活動は，単に優れた取り組みを紹介するのではなく，事例作成の調査過程において，大手企業の環境技術の経験者，専門家，経営コンサルタントが，自身の経験やノウハウを活かして，実際に中小企業の現場でアドバイス等を行っている。さらに，作成したテクニック集と事例集を用いてセミナー等を開催し，中小企業へ環境経営を広めている。セミナーは，関東経済産業局のみではなく，金融機関や商工会議所等でも開催され，事例集が活用されている。

このように，関東経済産業局の事例集の作成と活用は，調査・アドバイスを受ける中小企業や，事例を活用しようという中小企業にとって有用な環境コミュニケーションツールの役割を果たしている。インタビューした担当者S氏は事例集の今後の活用について，次の2つの課題を挙げていた。1つは，「中小企業がセミナーでの学習をもとに自社に応用するとなると，もう1段階アド

バイスやコンサルティングが必要」なことである。2つは，「今後は，他の地域などにも広げ，テクニック集や事例集を活用して自ら推進する組織を増やすこと」である。

(3) 中小企業の環境ビジネス支援
中小企業の環境ビジネスに関する情報支援には，以下のような事例がある。
① 環境配慮型製品の認定
飯田市[13]は2002年度より，市内の企業が開発・製造した環境配慮型製品を認定する「ぐりいいんだ認定制度」を実施している。2009年度から認定製品の再認定も実施されている。応募された製品は審査委員会の審査を受ける。審査を通った場合には認定委員会の判定を経て認定書が交付される。認定委員会は技術系専門家，学識経験者や企業経営者OB等で構成される。認定製品は，飯田市のホームページ等の広報活動を通して公表され，公共事業等において活用される。企業はこのような支援を5年間受けることができる。2014年9月24日付の認定製品リストでは17製品が紹介されている。「ぐりいいんだ認定ラベル」は，環境省の環境ラベルデータベースにも登録されている。認知度が高まれば環境コミュニケーションのツールとなる可能性があると言える。
② 環境ビジネスの可能性に関する情報提示
東大阪市[14]では，2010年から2年間，「環境ビジネスロードマップ」を作成し市内企業の環境ビジネス進出について，調査や専門家のアドバイス等の情報支援を実施した。東大阪市のモノづくり支援策には，「高付加価値化」「販路開拓」「操業環境の維持」「人材育成」といった柱があり，環境ビジネスは高付加価値化として位置づけられ，中小企業の技術を生かした新しい環境ビジネスを興すことが目的であった。環境ビジネスロードマップは，環境ビジネスの中で特に東大阪市の産業特性に関係の深い分野についてまとめたものである。東大阪市では，ロードマップを踏まえてセミナーの開催や，大学や中小企業が連携するモデル事業も実施した。経済部モノづくり支援室の環境ビジネス支援では，公害対策部門の技術系職員も中心的役割を果たしている。モノづくり支援室の担当者は，「行政としてできることとして，情報提供と，関連組織や人材を結び付けてきっかけづくりをすることに力を注いでいる。」と話していた。この

第8章　中小企業の環境経営イノベーションに対する支援

ように東大阪市の取り組みは，従来からのモノづくり支援に位置づけ，地域の産業にフィットした技術やビジネスの情報支援を行ったものであり，中小企業の新たな環境ビジネスを支援する上で有用な環境コミュニケーションの1つであったと言える。

③　地域の環境ビジネス掘り起こしと情報交流支援

　九州経済産業局[15]が九州地域環境・リサイクル産業交流プラザ（以後，通称のK-RIPと記す）と連携して行う「エコ塾」では，九州における環境ビジネスに関する情報支援を実施している。エコ塾は2007年から毎月開催され，中小企業等が開発した優れた環境ビジネスを取り上げ，経営者のプレゼンテーションによるセミナーと情報・人脈交流会で構成される。2011年までに約60回，110社の中小企業が講演し，参加者は2,800名以上であった。2014年末には開催回数が80回を超えている。

　エコ塾には，経営等の専門家であるK-RIPのコーディネータも参加しており，エコ塾での発表を契機に事業が海外展開の支援に結びついたケースもあった。エコ塾では，プレゼンを行う中小企業にビジネス展開したい業種などに関して事前にヒアリングし，対象となる企業等に情報発信し参加を促すといった仲介的な取り組みも実施している。交流会の際には，名札を産業分野別に色分けするなど，きめ細かな対応により，取引のきっかけになるよう工夫しており，交流会により実際に取引につながるケースもある。

　このように，エコ塾は，地域の環境ビジネスを掘り起こし，求められる情報提供と交流の場を提供する有効な環境コミュニケーションとなっている。

④　既存のビジネス支援による環境ビジネス振興

　既存の中小企業のビジネス支援において環境ビジネスも支援するケースもあり，例えば，京都市の外郭団体が担う企業価値創出（バリュークリエーション）制度がある。この事例は次章で扱う。

⑤　金融機関による環境ビジネス支援

　第2章で述べたように，近年，環境金融は広がっており，環境優遇融資や環境ビジネスのマッチング等の支援がある。例えば，滋賀県のS銀行[16]が開催する「エコビジネスマッチングフェア」では，最初に，企業が有する「エコの強み」を全部リストアップして，S銀行の取引先である大手の商社や企業等の

バイヤーに事前に提供する。S銀行は，バイヤーの依頼に基づき30分ずつのタイムスケジュールを組み，希望する企業と商談をする場を設ける。このように展示会での商品紹介にとどまらず，個別の商談の機会があるため，環境ビジネスに取り組む中小企業にも販路支援となっている。

S銀行では，「エコビジネスマッチングフェア」の前段階として「エコビジネスフォーラム」も開催している。これは，2000年度から8年間実施した「サタデー起業塾」という名前のビジネスフォーラムを，2008年度から，環境に特化させたものである。ビジネスフォーラムは，ニュービジネスを発掘して事業化することを目的としており，大学・行政・監査法人・証券会社などの専門家が審査し，S銀行が無担保で融資することで商品化をサポートする仕組みである。ビジネスフォーラムの活動の中で，中小企業が商品化しても販路開拓が困難であるという課題があった。その解決策として，S銀行では，発掘した環境ビジネスを「エコビジネスフォーラム」で育てた上で，「エコビジネスマッチングフェア」で販路拡大につなげること目指している。

(4) 社会貢献の機会の提供

KES環境機構では，地域に溶け込む認証規格をめざして，中小企業と小学校や地域住民を結びつける環境活動の場を設けている。具体的には，京都市教育委員会や京都市内小中学校と連携して，KES認証を取得した中小企業に，環境教育を実施する機会を提供している。KES環境機構や環境教育を実施する中小企業は，この取り組みが，地域における中小企業の信頼性向上に結びつく活動であると期待している。

(5) 企業間ネットワーク構築による支援

地域における環境経営のネットワークづくりの取り組みもある。例えば，三重県[17]では，行政主導で，「企業環境ネットワーク三重」という組織を設立している。メンバーは三重県の中小企業である。EMS認証を取得していない企業には，KESを基にした三重県版EMS「M-EMS（みーむす）」の認証取得を奨励している。ネットワークでは，環境報告書のサイトレポート作成指導や，東京都にあるNPOの事業を活用して地域の中小企業による小学校への環境教

育の機会も提供している。三重県は2012年までの10年間，優れた環境経営を行う企業を表彰する日本環境経営大賞を実施した。その期間中には，大賞の成果を地域にフィードバックする意味で，受賞企業のセミナーをネットワーク企業向けに開催していた。

⑹ 市民団体と企業の環境コミュニケーション

中小企業が市民団体と交流する中で，環境経営を推進した事例もある。

徳島県のオーガニック加工食品の製造販売を行うH社（徳島県，食品加工）[18]は，先代社長が戦後にソース製造会社を起こし，戦争で生き残った者の社会貢献として，添加物を一切含まない「超特急ヒカリソース」を作った。当時は売れなくても作り続け，1972年頃，より安全・安心な商品の開発に乗り出した。1975年に現社長が入社し無農薬野菜などの原材料を探し始め，1977年に最初の無農薬無添加の製品発売に至った。

1990年頃には有機食品に関する関心が生まれ，口コミ等で国内外の販売が増加し，消費者団体や市民団体がH社の畑を見学に訪れるようになり，生産者と消費者の顔が見える交流が始まった。その中で，現社長が環境問題の専門家と知り合い農薬問題と環境汚染の関係を学んだ。それがきっかけとなり，2000年の工場移転の際には，太陽光パネルを設置し創エネに取り組み，堆肥化設備の導入による食品リサイクルシステムを構築するなど，環境保全型工場に変革した。近年は，台風による被害を受けた農家の要請に応えて，災害で外見は傷んでいるが中身は問題がない果物・野菜を買い取り，加工して商品化する問題解決型商品の開発も手がけるようになった。

H社の取り組みは，企業とステイクホルダーとの環境コミュニケーションの場から環境経営が推進されたケースである。

3 中小企業の環境経営のイノベーション普及 ——エージェントベースモデリングの方法

⑴ シミュレーション分析に必要な要素とエージェントベースモデリング

前節で紹介したように，中小企業の環境経営を促進するために，環境コミュ

ニケーションの場を含む多様な情報支援がなされている。次の第9章では，その中からビジネス支援を取り上げ，企業へのヒアリング調査から支援の効果を分析する。本章の以下では，中小企業の環境経営の普及に対する情報支援の役割に関して，エージェントベースモデリング（Agent-based Modeling，以下ABM）によりシミュレーション分析を行う。著者は，図表8-1に示す方法論の三角形に基づき，ヒアリングやアンケートの実証研究で得られた知見をモデルに反映させ，シミュレーション結果から実証分析の有効性を評価し，さらなる分析課題を探るという研究方法をとっている。ここでは，単純化した基本モデルを設計し環境コミュニケーションの効果を提示する[19]。

中小企業の環境経営の普及条件をシミュレーション分析するためには，モデル化が必要な要素として少なくとも次の3つがある。

1つは，複数の市場取引と複数の異なる意思決定主体のモデル化である。特に下請け型中小企業を扱う場合には，中小企業が直面する部品等の市場，取引先企業が直面する製品市場という2つのタイプの市場取引のモデル化が必要になり，モデルには，消費者，大企業，中小企業という異なるカテゴリーの経済主体の意思決定を記述する方法が求められる。

2つは，多様な意思決定のモデル化である。企業行動については，経済理論分析の代表的エージェントの合理的意思決定モデルではなく，環境経営の意思決定に係る経済性・環境性の評価関数や戦略ルール，外部要因・内部要因に基

■図表8-1　方法論の三角形

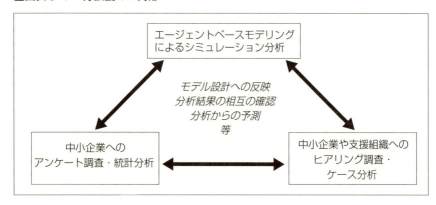

づく意思決定等について，多様性をモデル化することが必要である。また，消費者行動についても，製品の価格や環境面について多様な選好のモデル化が必要であり，分析課題に対する必要性に応じて，環境配慮の態度や行動といった社会心理学の要素を組み込むことを可能にする手法が求められる。

3つは，学習のモデル化である。中小企業に環境経営が普及するダイナミクスを表すには，経済主体の行動変容を表す学習モデルや，相互作用による変化を表現できる社会学習を組み込むことが必要になる。

ABMは領域横断的なアプローチを可能にする有効な方法で，社会科学でも活用が進んでいる[20]。ABMにおけるエージェントとは，経済理論モデルの代表的経済主体としてのエージェントとは異なり，内部モデルを持ち自律的に意思決定を行うエージェントである。ABMでは，異なるカテゴリーのエージェントの多様な意思決定を内部モデルやルールで記述し，エージェントが相互作用することにより創発されるダイナミクスを分析する。Heckbert et al.（2010）は，学問分野によりABMの定義に相違があるものの，共通点は，ミクロなエージェントの相互作用によりマクロな結果を創発すること，および，異質的エージェントの行動のダイナミクスを明示的に表現できることであると指摘している。図表8-2は，Heckbert et al.（2010）が示すABMと他の方法の相違点である。表に示されるように，ABMは，「ダイナミックフィードバック（dynamic feedback）」「進化（evolve）」「自律性（autonomous）」「多様な相互作用（heterogeneous interaction）」「明確な適応的意思決定（explicit adaptive decision making）」を含むという特徴がある。

■図表8-2　エージェントベースモデリングの特徴

	ダイナミックフィードバック	進化	自律性	多様な相互作用	明確な適応的意思決定
数理解析・統計解析	×				
システムダイナミクス	○	×			
進化モデル	○	○	×		
セルラーオートマタ	○	○	○	○	×
エージェントベースモデリング	○	○	○	○	○

（出所）Heckbert et al.（2010）をもとに筆者作成

上述のように，中小企業の環境経営普及を分析するためのモデル設計では，中小企業・大企業・消費者といった自律的な意思決定を行う多様なエージェント，周囲の状況への適応や行動のルール等において多様な意思決定を表現する内部モデル，エージェントの学習による行動変容，および，ミクロなエージェント間の相互作用から創発されるマクロなダイナミクスを含む必要がある。このような要件を含むには，経済学，経営学，社会心理学といった複数の領域にまたがる知見に基づくことも求められる。ABMは，これらの要件を満たす方法である。

(2) 環境問題とイノベーション普及に関するABM研究
① 環境問題に関するABM研究
　在間（2008c）のレビュー論文では，環境問題に対する政策・制度デザインについて，ABMを用いた既存研究をサーベイし，ABMの利点やモデルの特徴を整理している。既存研究が対象としている問題分野は，主として以下の4つである。

　1つは，企業の汚染排出制御という環境経済学の古典的問題の分野である。例えば，Kuscsik et al.（2007）は，セルオートマトン型のモデルで汚染排出工場への分散型制御におけるフィードバックメカニズムの効果を分析している。

　2つは，環境資源の利用や供給に関する問題分野である。土地利用に関するエージェントベースモデリング研究を網羅したレビューとしては，例えば，Parker et al（2003）やMatthews et al（2007）がある。実証データや実験結果を踏まえたリアルなモデル設計やシミュレータ開発により，現実のケース分析が行われている[21]。資源問題を取り巻くステイクホルダーが分析過程に参加して課題解決をはかるツールとしてもABMが活用されている[22]。

　3つは，環境配慮の普及に関する問題分野である。例えば，Mosler & Martens（2007）は環境配慮の態度の普及に対するキャンペーンの効果を分析している。環境配慮型製品の普及に関する市場取引を含むモデル分析には，Zaima（2005, 2006）およびJanssen & Jager（2002）がある。これらはエージェントの内部モデルに社会心理学の研究を踏まえていることが特徴である。最近では，具体的な製品・サービスを対象として実証研究やケース分析を踏ま

えたモデル設計がなされている。例えば，Schwoon（2006）やZhang et al.（2011）は燃料電池自動車を対象としている。

4つは，気候変動など地球規模の環境問題の分野である。例えば，山形・水田（2001）は排出権取引に関する国際交渉を分析している。

② イノベーション普及に関するABM研究

中小企業の環境経営の普及条件や支援策の効果を分析するABMは，上記4つのうち，環境配慮の普及に関する問題分野に属している。環境配慮の普及の分析は，イノベーション普及のABM研究にも位置づけられる。この分野は，企業や消費者の「環境配慮行動の採用」の普及プロセスをABMでシミュレーション分析するもので，agent-based diffusion modelsと呼ばれている。この分野の優れたレビュー論文としてはKiesling et al.（2011）がある。図表8-3は，Kiesling et al.（2011）の分類を踏まえて，イノベーション普及のABMにおけるモデル設計を整理したものである。以下で述べる本書でのモデルには図表8-3の全ての要素を含むわけではなく，相対的に単純なモデル設計になっている。しかし，既存の環境配慮のイノベーション普及モデルでは消費者行動の普及を扱うケースが多く，中小企業・大企業・消費者の3つのエージェントが係る部品市場と製品市場の2つの市場取引を含むモデルは他にはない。以下では研究の第一段階として基本モデルを設計する。なお，モデル化に際しては，実証研究の知見を組み込んでいる。

(3) 基本モデルの設定

① モデル化する状況

作成する基本モデルでは，自動車や電気製品のような特定の製品を対象として設計するのではなく，抽象的な財の取引について，実証研究を踏まえて以下のような状況を組み込む。

モデルでは，下請け型の中小企業に焦点を当てる。第6章および第7章で用いた2006年度のアンケート調査では，402社中，下請けを全く行っていない中小企業は48社であった。残り354社は，比率は異なるものの，何らかの下請けを行っていた。中小企業の取引先大企業は必ずしも最終製品のメーカーではない。しかし，単純化のため，取引先大企業は最終製品の生産者と設定し，中小

■図表8-3　イノベーション普及のABMの分類

項目	モデル設計の分類
①消費者の意思決定ルール・目的関数	採用者の割合の閾値
	コスト最小化
	期待利得最大化、期待利得の閾値
②消費者の状態・選択オプション	2状態：採用・非採用
	4状態：感染モデル
	2状態間を確率的遷移
	2状態以上で条件（採用者数や情報有無など）により遷移
③消費者の意思決定における社会心理	行動意図の決定要因に関する計画行動理論
	コンシューマット・アプローチ
	環境配慮の態度と行動の不一致
④消費者の多様性	消費者の採用性向（採用者数・期待利得などの閾値）
	採用や製品の予定価格
	コミュニケーション行動（コンタクトの頻度など）
⑤社会的影響のモデル化のレベル	ミクロレベル（口コミ）
	メゾレベル（近隣の相互作用）
	マクロレベル（全体で）
⑥社会的影響で広まるもの	イノベーションの認知
	信念・メッセージ
	製品などに関する主観的な情報
⑦相互作用のトポロジー	完全グラフ
	レギュラーネットワーク
	ランダムネットワーク
	スモールワールドネットワーク
	スケールフリーネットワーク
⑧イノベーションの次元	内生的なイノベーションのモデル
	共進化のモデル
	イノベーション間の競争のモデル
⑨経済取引を含むモデル	企業間競争を含まない（需要曲線や生産の学習曲線）
	企業間競争を含む（価格や生産量の意思決定や調整）
⑩モデルの妥当性	具体的な地域や具体的な製品
	実証データ・ケース分析

（出所）Kiesling et al.（2011）をもとに筆者作成

第8章 中小企業の環境経営イノベーションに対する支援

企業と大企業,大企業と消費者の2つの市場取引をモデル化する。

モデルでは,大企業は取引する中小企業を選択するが,1つは継続的に取引する固定相手としての中小企業で,もう1つは該当期間の一時的な相手としての中小企業である。また,大企業は継続的な取引先中小企業に生産量の3分の1を発注する。中小企業アンケート調査では97%の中小企業は2社以上と取引していた。また,売上高が最も多い取引先について,その販売額が売上高に占める割合の平均値は33.2%であった。このような知見を踏まえている。

モデルでは,中小企業の価格競争を設定している。これは,アンケート調査において,約7割の中小企業が製品価格は取引先や競合相手に影響を受けると回答していたこと,および,4分の1の中小企業が販売価格は低下していると回答していたことに基づく。

モデルでは単純化のため,初期時点では中小企業は環境活動を行っていないものと仮定している。アンケート調査では,2006年度のアンケート調査では約70%の中小企業がEMSや化学物質に関する要求を受けており,75.4%の経営者は環境に取り組みたいと回答していた。ただし,ISO14001や国内版EMSの認証取得企業は15.2%であった。現状では中小企業の環境経営に関するレベルは様々であるが,モデルでは単純化のため,環境活動の取り組みが始まっていない時点を想定している。

作成するモデルは第一段階の設計であり,特定の製品に関して現実のデータを用いて分析するのではなく,抽象的な取引モデルであるため,消費者の製品選択行動は単純化する。

以下の②～⑥はモデルの設定の記述なので,関心のない読者の方はスキップしていただきたい。

② 社　　会

社会は,消費者,大企業,中小企業の3つのカテゴリーのエージェントから構成される。t時点の消費者,大企業,中小企業のエージェント数は,それぞれ,$N_C(t)$, $N_L(t)$, $N_S(t)$である。単純化のため消費者数は一定と仮定する。つまり,$N_C(t) = N_C(0)$である。企業が倒産した場合,該当企業は市場から退出するものとし,そのようなケースでは企業数が減少する。このモデルでは新規参入は考えない。

社会には2つの市場がある。1つは製品市場で、大企業が供給する製品を消費者が購入する。もう1つは部品市場で、製品に必要な部品を中小企業が供給し、大企業が購入する。

③ **製品と部品**

製品と部品はそれぞれ1種類で、大企業間、中小企業間で、それぞれ価格競争を行う。

t時点の第i大企業の製品価格は$P_{Li}(t)$で、第j中小企業の製品価格は$P_{Sj}(t)$である。初期時点では、製品価格、部品価格、それぞれ均一とする。すなわち、$P_{Li}(0) = P_L(0)$、および、$P_{Sj}(0) = P_S(0)$である。

④ **環境経営**

a）**環境経営のレベル**

企業が環境経営に取り組む程度を「環境レベル」と呼ぶ。t時点の第i大企業および第j中小企業の環境レベルは、それぞれ、$E_{Li}(t)$および$E_{Sj}(t)$である。環境レベルは0以上100以下の整数で表わされる。数値が大きいほど、環境活動の程度が進んでいることを意味する。環境レベルは、工場やオフィスでの環境負荷削減、流通段階や製品の使用・廃棄段階の環境負荷削減、社会的活動等、何らかの活動を追加することで向上する。モデルの単純化のため、何らかの活動を行った場合にレベルが1段階向上するものとする。企業の環境レベルは公表されているものとする。

初期時点では、大企業、中小企業とも環境レベルは均一とする。すなわち、$E_{Li}(0) = E_L(0)$、および、$E_{Sj}(0) = E_S(0)$である。また、$E_L(0) > E_S(0)$、すなわち大企業の環境レベルは中小企業より高いものとする。

b）**環境経営のコスト**

t時点の第i大企業および第j中小企業の環境経営のコストを、それぞれ、$C_{Li}(t)$および$C_{Sj}(t)$とする。環境レベルを上げる場合に費用が必要となる。ただし、レベルを上げる度に大きな費用を要するわけではない。環境レベルを上げて値が、$1 + 3(z-1)$、（zは自然数）となる場合に、大きな費用C_LまたはC_Sが必要となり、他の場合は小さな費用c_Lまたはc_Sですむものとする。また、環境レベルを維持するか下げる場合には費用を要しないものとする。これまでの調査で得られた知見では、企業の環境経営では、初期費用や環境関連設備の

投資費用は大きいが,環境負荷削減による処理コスト削減のようなメリットもあるため維持費用は小さくなる。モデルでは,この点を考慮している。環境設備によりコスト削減が生じる場合には,ペイバック期間をすぎると費用が浮く効果もあるが,モデルの単純化のため,基本モデルでは考えない。

⑤ 消費者行動

a) 環境配慮レベルと製品の購入

消費者の環境意識の程度を「環境配慮レベル」と呼ぶ。t時点の第k消費者の環境配慮レベルを$E_{Ck}(t)$で表す。環境配慮レベルは0以上100以下の整数とする。環境配慮レベルの値が大きいほど,環境意識の程度が高いものとする。初期時点において,消費者の環境配慮レベルは$E_C(0)$を超えないものとする。

毎期,消費者は図表8-4に示すルールに基づき製品を1単位購入する。環境配慮レベルが50以下のとき,消費者は製品価格に関心があり,最も安い価格づけをしている企業の製品を選択する。このルールを「価格」と呼ぶ。消費者の環境配慮レベルが50より大きいとき,消費者は企業の環境経営に関心があり,環境レベルが最も高い企業の製品を選択する。このルールを「エコ」と呼ぶ。ルールに該当する企業が2社以上ある場合には,それらの中からランダムに選択するものとする。ほとんどの消費者はこれらのルールに従うが,少数の消費者は気まぐれであるとする。毎期,Rの比率の消費者は製品をランダムに選択する。Rは0より大きく1より十分小さい値とする。

b) 効用関数

t時点で第i大企業の製品を選択した第k消費者の効用関数は,(1)式で与えられる。効用関数は消費者の満足度を表し,製品の環境レベルが高いほど,あるいは,製品価格が安いほど,効用が高くなる。

$$U_{Ck}(t) = E_{Ck}(t) E_{Li}(t)/100 + (100 - E_{Ck}(t)) P_L(0)/P_{Li}(t)) \qquad (1)$$

■図表8-4 消費者の製品選択ルール

ルール名	環境配慮レベル	製品選択のルール
価格	$E_C \leq 50$	最も安い価格
エコ	$E_C > 50$	最も高い環境レベル
ランダム		ランダム

c）学習と環境配慮レベルの調整

　製品選択の2つのルールに関する評価関数は，該当するルールを選択した消費者の効用の平均値として定義する。T_1期間ごとに，消費者は各ルールの評価値を知り，自らの環境配慮レベルを図表8-5に従って調整する。消費者が「価格」ルールを選択している場合，「エコ」の平均効用が「価格」のそれを上回っていれば，環境配慮レベルを1だけ上げる。消費者が「エコ」ルールを選択している場合，「価格」の平均効用が「エコ」より大きければ，環境配慮レベルを1だけ下げる。その他のケースでは，消費者は環境配慮レベルを変えないものとする。

⑥　企業行動

a）意思決定と環境レベル

　企業は，価格と環境レベルを調整するルールをもつ。価格，環境レベルとも，選択肢は「上げる」「下げる」「変えない」であり，ルールは図表8-6に示すように9通りある。表には各ルールの名前も記している。初期時点では，ルールは企業にランダムに割り振られる。

b）生産量

　t時点の第i大企業の生産量は$V_{Li}(t)$で，製品市場の需要で決まる。第j中小企業の生産量は$V_{Sj}(t)$で，部品市場の需要で以下のように決まる。

　各大企業には長期的に取引を行う中小企業1社がある。大企業は，長期取引先以外に，毎期，取引する中小企業を1社選ぶものとする。短期取引先の中小企業の選択基準の基本は，価格が最も安い中小企業の中から選ぶ。大企業が環境レベルを上げる場合には，環境レベルが最大の中小企業で最低価格の相手を選ぶ。2社以上の中小企業が該当する場合には，それらの中からランダムに選択する。

　製品1単位につき，部品1単位を必要とする。大企業は，毎期，生産量のうち2/3の整数値の部品を選択した短期取引先企業に発注し，残りを長期取引先の中小企業に発注する。ただし，長期取引先企業が倒産した場合には，全生産量分を短期取引先の中小企業に発注する。

c）利　　得

　t時点の第i大企業の利得関数は(2)式で定義される。ここで，固定および短

第8章　中小企業の環境経営イノベーションに対する支援

■図表8-5　消費者の環境配慮レベル調整ルール

当期のルール	平均効用が高いルール	環境配慮レベルの調整
価格	エコ	＋1
エコ	価格	－1
他のケース		0

■図表8-6　企業の価格と環境レベルの調整ルール

		価格		
		上げる	変えない	下げる
環境レベル	上げる	(＋1, ＋1)	(＋1, 0)	(＋1, －1)
	変えない	(0, ＋1)	(0, 0)	(0, －1)
	下げる	(－1, ＋1)	(－1, 0)	(－1, －1)

期サプライヤーは第 i 中小企業および第 n 中小企業とする。

$$\Pi_{Li}(t) = P_{Li}(t)V_{Li}(t) - (1/3)P_{Si}(t)V_{Li}(t) - (2/3)P_{Sn}(t)V_{Li}(t) - C_{Li}(t) \quad (2)$$

第 j 中小企業の利得関数は(3)式で定義される。

$$\Pi_{Sj}(t) = P_{Sj}(t)V_{Sj}(t) - C_{Sj}(t) \quad (3)$$

d）学習とルールの変更

各ルールの評価関数は，該当するルールを選択する企業の平均利得で定義される。T_2 期間ごとに，大企業，中小企業とも各ルールの評価値を知り，学習する。評価値で表される確率に従って，企業は新たなルールを選択する。評価値が大きいほど，選択される確率が高いものとする。

e）初期資金と倒産条件

大企業，中小企業の初期時点の資金は，それぞれ，M_L，M_S とする。集計利得が下がり，$-M_L$，$-M_S$ になった場合には，倒産するものとし，市場から退出する。

■図表8-7　シミュレーションで用いたパラメータ

項目	パラメータ値
エージェント数	$N_C(0)=1000$, $N_L(0)=100$, $N_S(0)=100$
価格	$P_L(0)=500$, $P_S(0)=100$
環境レベル	$E_L(0)=10$, $E_S(0)=3$
環境配慮レベル	$E_C(0)=70$（初期時点における最大値）
ランダム選択の比率	$R=0.005$
環境コスト	$C_L=5000$, $C_S=1000$, $c_L=500$, $c_S=100$
初期資金	$M_L=10000$, $M_S=1000$
学習	$T_1=12$, $T_2=3$
シミュレーション期間	$T=600$

(4)　シミュレーションのパラメータ

基本モデルをJavaで実装した。シミュレーションに使用したパラメータを図表8-7に示す。

4　中小企業の環境経営のイノベーション普及 ──シミュレーション分析結果

(1)　基本モデルの妥当性

シミュレーションを10回行った。シミュレーション結果は2つのパターンに分かれた。図表8-8および図表8-9に，それぞれのパターンについて，企業の環境レベルの平均値および消費者の環境配慮レベルの平均値の変化，価格の変化を示す。

図表8-8(a)および(b)に第1のパターンを示す。このパターンは10回中6回現れた。このケースでは，消費者の平均環境配慮レベルが中程度にもかかわらず，大企業，中小企業の平均環境レベルが，いずれも低いレベルに収束した。製品価格は部品価格と同程度まで下がり，部品価格は最低価格に収束した。このパターンを「ノーマルケース」と名づけた。

図表8-9(a)および(b)に第2のパターンを示す。このパターンは10回中4回現れた。このケースでは，中小企業の平均環境レベルは低レベルに収束したが，

■図表8-8　基本モデルのシミュレーション結果：ノーマルケース

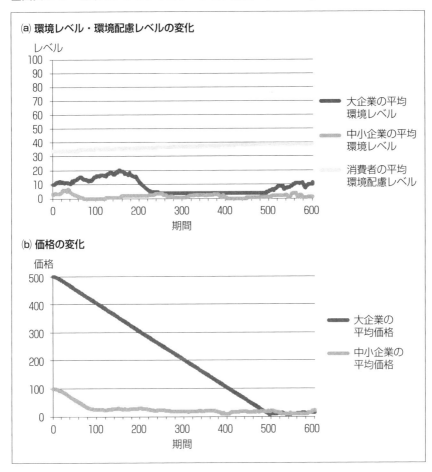

　大企業の平均環境レベルは，消費者の環境配慮レベルに反応して向上し，最大値レベル近くで収束した。中小企業の部品価格は最低価格に収束したが，大企業の製品価格は低下するものの部品価格と同じレベルにまで至らなかった。このパターンを「過剰反応ケース」と名づけた。

　いずれのケースのパターンにおいても，大企業に環境経営は浸透しているが中小企業にまで環境経営が十分普及していない現在の状況を再現していると言える。その点で，基本モデルの設計について妥当であると確認できた。

■図表8-9　基本モデルのシミュレーション結果：過剰反応ケース

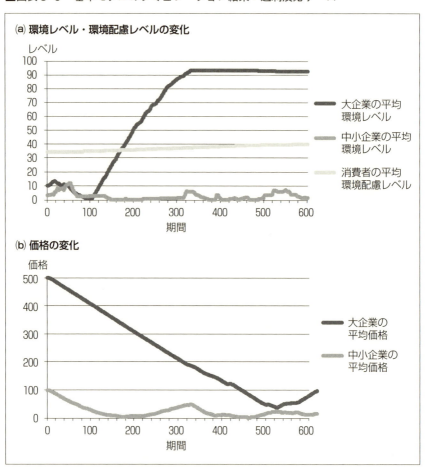

(2) 基本モデルの分析結果

① 効果的な環境経営の戦略

シミュレーションでは各企業エージェントの行動ログを記録しており，10回のシミュレーションにおいて集計利得がトップであった企業エージェントの行動を分析し，企業の効果的な戦略を考察することができる。いずれのケースでも，半数以上の企業が倒産し市場から退出した。

図表8-10(a)および(b)に，大企業，中小企業，それぞれについて，ノーマル

■図表8-10　集計利得最大の企業

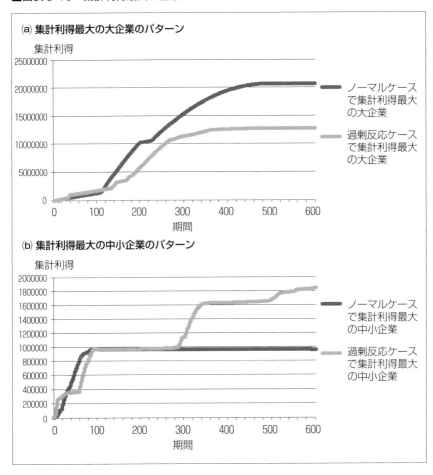

ケースおよび過剰反応ケースにおける「集計利得最大の企業」の集計利得の時間変化を示す。大企業では，過剰反応ケースよりもノーマルケースの方が，大きな利得を得ていた。逆に，中小企業では，ノーマルケースの方が過剰反応ケースよりも集計利得が小さかった。

　図表8-11(a)および(b)に，ノーマルケースおよび過剰反応ケースにおける集計利得最大の大企業の環境レベルを，平均環境レベルと比較する。いずれのケースでも，集計利得最大の大企業は，平均レベルよりも環境レベルが高い。

■図表8-11　集計利得最大の大企業の環境レベル

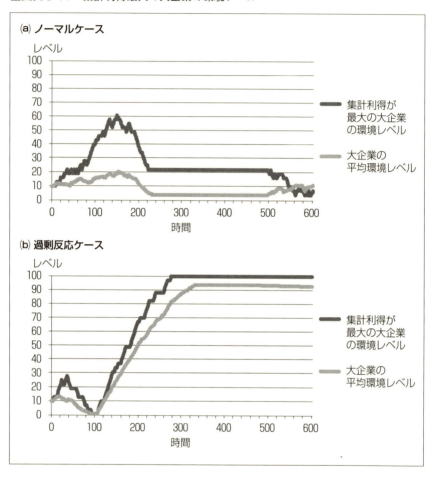

　図表8-12(a)および(b)に，集計利得最大の大企業の価格変化を示す。ノーマルケース，過剰反応ケースとも，集計利得最大の大企業の価格は平均価格とほぼ同じだった。

　図表8-13(a)および(b)に，ノーマルケースおよび過剰反応ケースにおける集計利得最大の中小企業の環境レベルの変化を示す。ノーマルケースでは初期の80期間くらいまでは，集計利得最大の中小企業の環境レベルは平均レベルよりも高かったが，それ以後はほぼ同じレベルであった。過剰反応ケースでは，集

■図表8-12　集計利得最大の大企業の価格

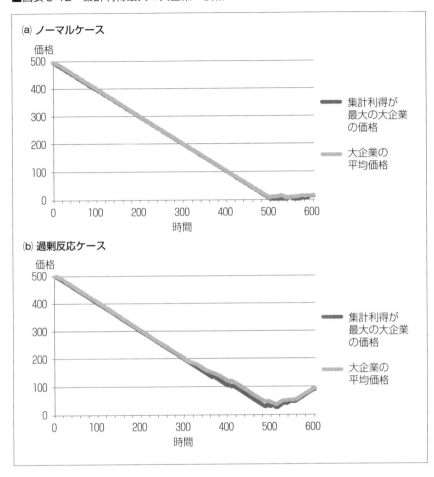

計利得最大の中小企業の環境レベルは平均レベルとほぼ同じであった。図表8-14(a)および(b)に，集計利得最大の中小企業の価格変化を示す。ノーマルケースでは，集計利得最大の中小企業の価格は，160時点までは平均価格よりも低かったが，350時点以後は平均価格よりも大幅に高かった。過剰反応ケースでは，集計利得最大の中小企業の価格は，平均利得よりも常に低かった。

　これらの結果から，環境レベルと価格について，企業がとりうる有効な戦略について，以下のことを指摘できる。大企業の効果的な戦略は，価格を平均レ

■図表8-13 集計利得最大の中小企業の環境レベル

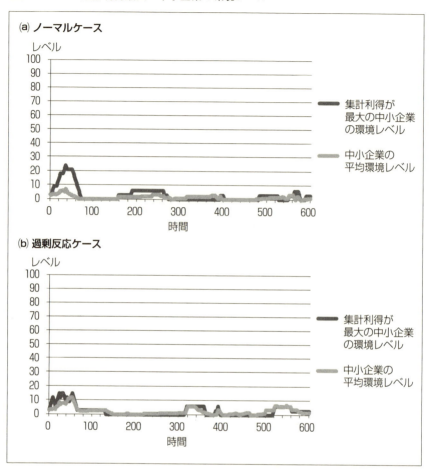

ベルに維持しつつ、環境レベルを平均より早く向上させることである。逆に、中小企業の効果的な戦略は、環境レベルを平均程度に保ちながら、平均よりも価格を早く下げることである。これによって中小企業は十分な発注量を確保し、その後に価格を上げることができる。

② 環境経営のコストの重要性

モデルでは、企業の環境レベルに影響を与える2つの要因が組み込まれている。1つは初期時点における消費者の環境配慮レベルの最大値であり、もう1

■図表8-14　集計利得最大の中小企業の価格

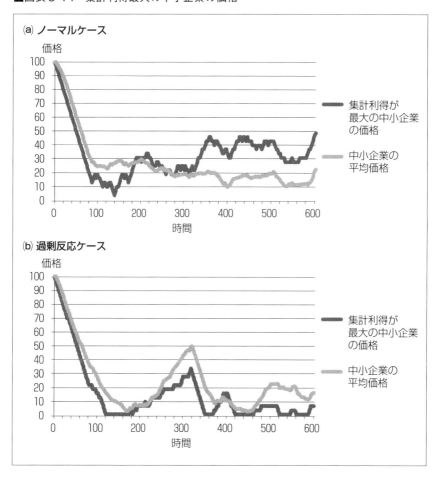

つは企業が環境レベルを上げる場合に要するコストである。この2つのパラメータの値に関する感度分析を行った。

　第1は，初期時点における消費者の環境配慮レベル最大値が，基本モデルのパラメータより高い複数のケースを分析した。図は省略するが，いずれのケースでも，シミュレーション結果のパターンは，基本モデルの過剰反応ケースと似たパターンを示した。消費者の環境配慮レベルに応じて大企業の平均環境レベルは向上するが，中小企業は低レベルに収束した。平均価格については，中

■図表 8-15　感度分析：環境活動のコストが 0 のケース

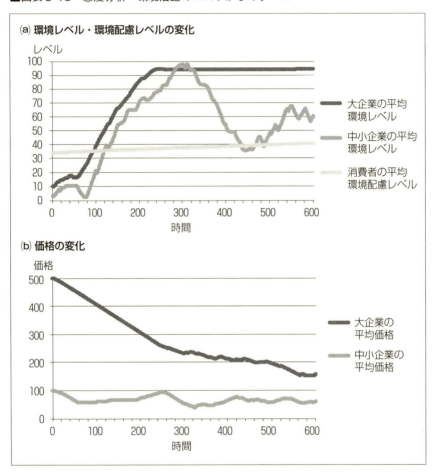

小企業は最低価格に収束したが，大企業の製品価格は高止まりした。

　第 2 は，企業が環境レベルを上げる際に費用がかからないケースを分析した。シミュレーションを 5 回行い，典型的なパターンを図表 8-15(a)および(b)に示す。このケースでは，大企業は消費者の環境配慮レベルに反応し環境レベルを上げる。その結果，大企業の平均環境レベルは上がる。中小企業は大企業の行動に反応し平均環境レベルが高くなる。製品および部品の平均価格は，減少傾向はあるものの，基本モデルのシミュレーションパターンより高い価格に収束

した。基本モデルでは倒産し退出する企業は半数以上あったが，このケースでは倒産・退出した企業はなかった。

　この感度分析から以下の2点が示された。第1に，消費者の環境意識は，中小企業への環境経営の普及条件として重要性は低いことである。この理由は，消費者は中小企業に間接的影響しか及ぼさないからであると考えられる。第2に，コスト条件は，中小企業への環境経営の普及のための重要な要因であることである。環境経営の実施においては，常に大規模な費用を要するわけではないが，新たな環境技術や機器への投資が必要となる状況は存在する。

5　環境コミュニケーションによる支援の効果　　　——シミュレーション分析から

(1)　応用モデル設定

　環境コミュニケーションによる支援の効果を分析するために，応用モデルを作成した。外部から提供される情報的経営資源獲得に関する経営者の積極性，外部の情報支援に対する中小企業へのアクセスの頻度，および，外部からの情報提供量という3つの要素を導入する。応用モデルでは，知識獲得により環境改善費用を抑制する効果を組み込んでいる。

　環境経営に関する外部の情報を獲得しようという第j中小企業の経営者の積極性はA_{Sj}で，0から1までの実数で表され，初期時点にランダムに割り振られる。毎期，A_{Sj}で経営者は外部情報にアクセスするか否かを決定する。t時点での第j中小企業の環境面の知識ストックを$K_{Sj}(t)$で表す。知識ストックは0以上100以下の整数である。初期時点では中小企業の環境知識ストックは0であるものとする。中小企業の経営者が外部情報へのアクセスを決めた場合，その企業の知識ストックは1だけ増える。t時点での第j中小企業の環境経営のコスト関数は(4)式で定義される。これは，知識ストックが大きくなるとコスト削減をもたらされることを意味している。

$$C_{Sj}(t) = C_{Sj}(t)(1 - K_{Sj}(t)/100) \quad (4)$$

(2) 応用モデルのシミュレーション結果

応用モデルでは，経営者の積極性に応じて環境経営の知識蓄積が進むケースを分析した。シミュレーションを5回行ったが，同じパターンになった。シミュレーション結果の典型的なパターンを図表8-16(a)および(b)に示す。大企業が消費者の環境配慮レベルに対応して環境レベルを向上させ，その結果，大企業の平均環境レベルは向上する。中小企業も大企業の環境レベルに応じて自らの環境レベルを向上させ，その結果，中小企業の平均環境レベルも高くなる。このように，大企業と中小企業が関わる2つの市場で環境経営のイノベーション普及の共進化を表すパターンが得られた。

応用モデルのシミュレーション結果から，外部からの情報提供が中小企業の環境経営の普及に有効であることが明らかとなった。これは，企業内に蓄積された環境知識が中小企業の不足する情報的経営資源を補完し，環境コストを減らすことができるという条件の下で実現することができる。

先の章や本章で紹介したように，実際に，EMS認証機関，取引先大企業，銀行，非営利組織等によって，中小企業への環境経営に関する情報支援がなされている。応用モデルの分析結果は，これらの活動の有効性を支持するものである。

(3) 環境政策へのインプリケーション

このようなABM分析から環境政策へのインプリケーションとしては，外部の情報にアクセスする中小企業への支援を行うこと，および，中小企業へ情報支援を行う外部機関に対する支援を行うことの重要性を指摘することができる。従来の中小企業への直接的な政策だけではなく，支援を行う組織にプラスのサンクションを与える政策により，中小企業に対して適切な情報支援を行う組織自体を増やすことも有効であると指摘できる。ただし，応用モデルも単純化されており，知識蓄積によりコスト削減につながる設定になっている。例えば，情報にアクセスしてもコスト削減に結びつかないケースなども導入するなど，今後は，現実の事例を踏まえてモデルを精緻化する必要がある。

■図表8-16　外部からの情報支援にアクセスするケース

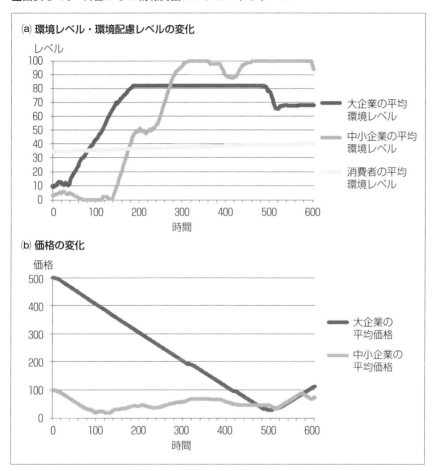

6　中小企業の多様性と環境経営への支援策の課題

(1)　中小企業のタイプの課題

　本章では，環境経営に関する環境コミュニケーションによる支援策の事例を紹介し，その効果をエージェントベースモデリングの方法でシミュレーション分析した。応用モデルでは，外部情報獲得について経営者の積極性の程度をモデル化したが，現実にも，環境経営への取り組む意欲にはばらつきがある。ま

た，環境経営の取り組みの程度によって，求める支援は異なる。環境経営に関して，中小企業を分類し，効果的な支援策を実施する必要があると考えられる。ここでは，環境経営に関する中小企業のタイプという課題を検討する。

第5章で紹介したように，Parker et al.（2009）は，既存の中小企業の環境経営推進に関する研究論文や，実際の環境政策では，中小企業の「タイプ」という視点が欠けていること，さらに，中小企業はさまざまなタイプがあるため単一の政策でなくタイプに応じた複数の政策が必要であることを指摘し，経営者の環境優先・事業優先の意思によって4つのタイプ「順守志向」「利益志向」「環境志向」「優位志向」に分類している。Parker et al.（2009）は，実証研究のサーベイから，各タイプに対する有効な政策を整理している。第5章の図表5-5に示したように，リアクティブ型の中小企業へは強制的な規制や金銭的ペナルティが有効であるが，プロアクティブ型では，自発的規制，財政支援，事業へのアドバイスなどが有効である。

(2) 環境経営に関する中小企業の分類

Parker et al.（2009）では，経営者の意思を分類軸としているが，環境対策の制度設計を行う際に，行政が経営者の意思に関する地域での分布等を把握することは困難であると考えられる。また，環境配慮に関する態度と行動のギャップという問題もあり，取り組む意思の表明が必ずしも実行を意図するとは限らない。それに対し，企業は環境経営の状況を環境報告書等で公表していることが多く，それらの情報は客観的に把握しやすいと考えられる。そこで，中小企業を環境経営の観点から分類する軸として，第2章で述べた環境経営の定義に基づき，2つの軸を導入する。1つは，「マイナスを減らす」方向である環境マネジメントシステム（EMS）である。この分類軸には，国際規格ISO14001認証取得，国内版・地域版の認証取得に加えて，取引先のガイドライン順守も含む。2つは，「プラスを増やす」方向である「環境ビジネス」である。この分類軸には，中小企業であるので，自社開発か下請けかを問わず，環境配慮型の製品に加えて，部品・素材を含む。

EMS導入と環境ビジネスという観点で，中小企業を分類すると，図表8-17のようになる。「タイプⅠ」は，EMSを導入し環境ビジネスも手掛けている企業，

第8章　中小企業の環境経営イノベーションに対する支援

■図表8-17　環境経営に関する中小企業の分類

		環境ビジネス	
		あり	なし
EMS導入(注)	あり	タイプⅠ	タイプⅡ
	なし	タイプⅢ	タイプⅣ

(注) EMS導入「あり」には，国際規格取得，国内規格取得，および，取引先ガイドライン順守が含まれる。

「タイプⅡ」は，EMSを導入しているが，環境ビジネスは行っていない企業である。「タイプⅢ」は，環境ビジネスを展開しているが，EMSは導入していない企業，「タイプⅣ」は，どちらも取り組みがない企業である。タイプⅢやⅣでは，経営者が環境経営に取り組まなければならないと思っていても取り組んでいない場合と，思っていないので取り組んでいない場合の両者が含まれる。2006年度のアンケート調査では，402社中，タイプⅠ，Ⅱ，Ⅲ，Ⅳの企業数は，それぞれ，83，29，139，151であった。

　各タイプでは，環境経営の課題として次のような事項がある。タイプⅠとタイプⅡのEMS導入企業では，より高いレベルの環境活動の実施が課題となる。EMS導入後，法規制順守や自主活動に取り組む仕組みができる。全員参加型の環境活動も進むが，次第に効果の伸びが小さくなり，新たなノウハウやアイデア等が必要となる。環境ビジネスを実施するタイプⅠやタイプⅢの企業では，事業を発展させるという課題がある。第2章でも述べたように「近視眼的マーケティング」の課題があり，環境配慮型製品だからといって買ってもらえるわけではない。中小企業では販路に課題があるケースも少なくはない。タイプⅣでは，環境経営の第一歩としてEMSを導入し，自社の環境負荷に目を向けることが課題である。このように，環境活動の現状によって異なる課題があり，それに適した支援策が求められる。

(3)　中小企業の経営課題と環境経営

　中小企業は経営資源も限りがあり，多くの経営課題を抱えている。日経BPコンサルティング（以下，日経BPと略す）が2011年7月に発行した「中小企業　経営課題　実態調査2011」は，従業員100名以下の中小企業3,213社に対する

網羅的に経営課題のアンケート調査を行っている。

日経BPの調査データによると「環境保全対策／エコに対する取り組み」が課題であると回答した企業は19.3%の621社で，内訳は「やや課題」が1.8%，「課題である」が9.7%，「大いに課題である」が7.8%であった。約8割の企業が環境・エコは課題でないと考えていることが示されている。ただし，既に取り組んでいるため課題ではないか，関心がなくて課題がないのかは，このデータからはわからない。

著者は日経BPのデータを用いて経営課題に関するクラスタ分析を行った。その結果，4つのクラスタに分類されることがわかった。第1は，いずれの項目も課題だと回答していない企業である。第2は，「品質・製造・販売，人材・経費」が課題であると回答した企業である。第3は，海外進出等一部の課題を除きほぼ全ての項目が課題であると回答している企業である。第4は，「人材・経費，コンプライアンス・環境」が課題であると回答している企業である。全体の企業比率は，第1クラスタが60.2%，第2が12.7%，第3が5.6%，第4が21.5%であった。この分析に示されるように，中小企業にとって環境への取り組みは単独の課題なのではなく，複数の課題の1つである。

この結果から，中小企業が抱える他の課題と環境経営の課題をリンクさせて支援することも重要であることがわかる。中小企業の環境経営への支援をデザインするためには，中小企業の環境経営への認識だけではなく，「中小企業はどのような経営課題に直面しているか」「経営課題において環境経営課題はどのような位置づけか」という基本事項を調査する必要があると言える。

■ [注]
1) 安田（1981）を参照。
2) 林（1988）を参照。
3) 環境コミュニケーションの定義は在間（2010a）に基づく。
4) 伊丹・軽部（2004）p.67の定義を参照。
5) 中小企業基盤整備機構（中小機構）へのヒアリングは2014年2月20日に実施した。
6) KES環境機構へのヒアリングは2009年9月7日および2012年9月7日に実施した。
7) NPO法人エコサポートTGALへのヒアリングは2014年1月18日および2014年7月19日に実施した。
8) E社へのヒアリングは2014年9月8日に実施した。

9) 2012年2月21日にヒアリングした際は,活動を(社)環境創造研究センターが担っていた。
10) NPO法人京都シニアベンチャークラブ連合会へのヒアリングは,2010年2月10日および2012年3月5日に実施した。
11) 退職後も自らの知識・経験・ノウハウを生かしたいというOB人材がデータベースに登録し,事業展開等でアドバイスを求める中小企業とマッチングするというものである。中小企業は低価格で必要なコンサルティング等を受けることができる。
12) 関東経済産業局資源エネルギー環境部へのヒアリングは,2014年2月27日に実施した。
13) 飯田市産業経済部工業課へのヒアリングは,2012年3月13日に実施した。
14) 東大阪市経済部モノづくり支援室へのヒアリングは2011年9月20日に実施した。
15) 九州経済産業局へのヒアリングは2012年3月23日に実施した。
16) 滋賀県のS銀行へのインタビューは,2009年2月23日に実施した。
17) 三重県地球温暖化対策室へのインタビューは2009年2月16日に実施した。
18) H社へのヒアリングは,2012年3月16日に実施した。
19) 本章において,環境問題に関するエージェントベースモデリング(ABM)の研究動向については在間(2008c),中小企業の環境経営に関するイノベーション普及のABMは在間(2012)およびZaima(2013)をもとに加筆修正したものである。
20) 出口(2004)やSquazzoni(2010)を参照。
21) 例えば,Evans and Kelley(2004)を参照。
22) 例えば,Barreteau et al.(2003)を参照。

第9章

中小企業の環境ビジネス・イノベーション
―― 成功する企業特性と情報支援の効果

1　本章の目的と分析課題

　前章では，中小企業の環境経営に対する環境コミュニケーションの場の提供という情報支援について，具体的な支援策を整理し，その効果をエージェントベースモデリングにより分析した。本章では，支援策の中から「既存のビジネス支援による環境ビジネス支援」を取り上げ，企業へのヒアリング調査から支援の効果を分析する。本章では，第5章の図表5-2中の「中小企業の技術やビジネスのイノベーション」「イノベーションに取り組む中小企業の特徴」といったテーマを扱う。

　本章では，環境ビジネス・イノベーションを志向する中小企業と，それらの中小企業への支援に焦点を当てる。ここでは，「中小企業の環境ビジネス・イノベーション」を，「中小企業が新しいと知覚したアイデア・対象物を用いて，環境ビジネスでの新生産方法や新原材料・新製品の開発を行うこと」と定義する[1]。また，「環境ビジネス」を「環境貢献型あるいは環境配慮型の製品やサービスの提供」と定義する[2]。特色ある支援制度として，中小企業の優れた新規事業を認定し助言など情報支援を行う，京都市の企業価値創出支援制度を取り上げる。

　本章の目的は，環境ビジネス・イノベーションを志向する中小企業の特性，環境ビジネス成功の条件，および，情報支援制度の効果を明らかにすることで

241

ある。「環境」が経済成長の重点分野として位置づけられる今日では，新事業開発として環境ビジネスに挑む中小企業も登場している[3]。他方，『中小企業白書2012年版』では，中小企業は販路開拓等多くの経営課題を抱えているものの定期的な経営相談が十分ではなく，的確な助言を受ける支援が重要であることを指摘している。

著者は，支援制度で認定された中小企業に対して質的調査を実施した。リサーチ・クエスチョン（以下ではRQと略す）は，「①環境ビジネスに挑戦する中小企業はどのような企業か」「②環境ビジネスに取り組む企業は環境マネジメントにも取り組んでいるか」「③環境ビジネスが成功している企業の特徴は何か」「④中小企業への情報支援は事業や経営にどのような影響を及ぼすか」「⑤制度の課題は何か」である。以下では，調査対象の制度と調査の概要を述べ，新事業として環境ビジネスに取り組む中小企業の企業特性を整理し，上記RQ①②を明らかにする。また，事業や経営における情報支援の効果に焦点を当て，上記RQ③④を分析する。さらに，上記RQ⑤の，制度デザインの課題について考察する。なお，本章は，在間（2013）に加筆修正したものである。

本章では，環境ビジネス・イノベーションに取り組む中小企業の特徴に着目しており，第5章で紹介した既存研究の中では，中小企業のプロアクティブ性やその要因に関する実証研究に位置づけられる。特徴としては，複数企業への質的調査から，第6章や第7章で行った量的調査結果と比較することである。また，本書の分析は中小企業の環境経営支援に関する研究にも位置づけられる。特徴としては，具体的な事例を取り上げ，その効果や課題を解明することである。さらに，本章の分析は，同一の制度を利用する複数の中小企業への質的調査から，環境経営の特徴と制度の効果をリンクさせて解明するものである。このような研究は，著者の知る限り，ほとんど実施されていない。

2　企業価値創出支援制度の目的と支援内容

㈶京都市中小企業支援センター（以下では「支援センター」と記す）[4]は，京都市が100％出資する外郭団体で，個別企業への支援を目的とする組織である。支援センターは，中小企業への融資事業を担ってきた㈶京都市小規模事業

金融公社と，経営指導を担ってきた京都市中小企業指導所を統合して，平成13年4月に設立された組織である。

企業価値創出（バリュークリエーション）制度は，京都市の約7万社の中小企業全業種の中から「京都にしかない」あるいは「日本にしかない」技術やサービスで第二創業に取り組む優秀な中小企業100社を「オスカー認定」して，個別の支援をする制度である。「オスカー認定」は，「映画のオスカー賞のように優秀な」企業・事業という意味で名づけられている。この制度は，京都市が地域経済活性化に向けて策定した「京都市スーパーテクノシティ構想」に掲げられた「2010年までに100社認定」という数値目標を達成するために設置された。以下では「オスカー認定制度」と略す。

この制度の特色の1つは，少なくとも試験販売に至っている第二創業を対象とすることである。つまり，事業計画の「タマゴ」の段階ではなく，事業が動き出した「ヒヨコ」の段階を対象とし，「ヒヨコ」が「ニワトリ」になる期間を半分にする支援を行うことが目的である。「元気な企業」をさらに元気にする制度を通して，新事業による雇用創出や納税の増加へ導く意味がある。

企業選定は，学識経験者を含む10名の外部審査員と支援センターのマネージャー4名により，書類審査，現場審査，オーディションの3段階の審査を経て実施される。認定される企業は2通りあり，公募情報を知って応募するケースと，支援センターのマネージャー等がビジネスショー等で発掘するケースがある。

マネージャーは，申請段階で財務状況の健全性をチェックし，不健全な場合は立て直すことをアドバイスし申請には至らない。また，申請を企業価値の変革につなげるために，社長が勝手に申請するのではなく，企業ぐるみで申請することをアドバイスしている。

オスカー認定制度の支援内容は，補助金ではなく，「知恵」の提供を主としている。主な支援メニューとしては，以下の4つがある。1つは，支援センターが実施している融資や立地など他の支援制度を利用できることである。2つは，マネージャーや民間企業OBの支援員の人脈などを生かした情報支援を行うことである。例えば，取引のノウハウや中小企業が気づいていない強みを生かすアドバイスを行うことや，知的財産など中小企業独自では難しい情報を

専門家派遣で支援することがある。また金融機関のビジネスショーに推薦する支援もある。3つは,年に2回以上開催される交流会「オスカークラブ」に参加し,専門家や企業との交流ができることである。2008年からは,通常の交流会に加えて若手研修会も実施した。中小企業自身が若手従業員の研修を実施することは費用的・時間的にも困難であり,それを補完するものである。4つは,国や自治体の表彰制度に推薦することである。

3　調査方法と調査対象企業の環境ビジネス・イノベーション

オスカー認定制度では,目標の2010年より1年前倒しで100社認定が達成された[5]。100社のうち環境ビジネスに分類できる事業は15社で,その中から,電子・機械・金属・化学の製品・部品の企業7社を対象とした。これは,著者が行ったアンケート調査結果との比較可能性を考慮したためである。

インタビューの手法は,大まかな質問項目を伝えておき話の内容に沿って質問を進める半構造化面接法である。各社とも,経営者に約2時間インタビューを行い,可能な限り工場などの現場を見せていただいた。

図表9-1に,7社の本業,および認定を受けた第二創業のビジネス,認定時期と調査日を記す。いずれの企業も本業と技術的なシナジーが働く分野での環境ビジネスに進出していることがわかる[6]。

各社へのヒアリングより,それぞれのビジネスの新規性について図表9-2にまとめた。新規性の点では,A・F社は新材料・新製法,B・D・G社は新材料の新用途,C・E社は技術応用による新製品である。これらの企業は,経営者が新しいと知覚した材料や製法を応用して新事業を具現化しており,環境ビジネス・イノベーションを志向する企業であると言える。

4　環境ビジネス・イノベーションに取り組む企業の特性

ここでは,第1節で述べたRQの①と②を明らかにする。環境ビジネス・イノベーション志向の企業の特性を分析するために,「中小企業のイノベーション能力」「環境経営のプロアクティブ性」という2つの観点を用いる。

第9章　中小企業の環境ビジネス・イノベーション

■図表9-1　調査対象企業の本業と環境ビジネス

	A社	B社	C社	D社
本　業	金型製造・プラスチック成型加工・緩衝材	段ボール・包装材製造販売	パーツハンドリング・省配線機器製造	アルミ関連建材・騒音対策壁設計・施工
認定事業	古紙・竹等利用の発泡緩衝材	新素材緩衝材利用パッケージ	省エネ型システム	アルミ防音パネル
認　定	2003年10月	2007年7月	2007年11月	2006年11月
調査日	2010.2.16	2011.12.15	2012.2.22	2011.11.17

	E社	F社	G社
本　業	ガス機器点火装置・電飾パネル等製造	小型精密機械部品加工・表面処理	化学製品・建築材料・金属材料卸売
認定事業	LED電飾板	鉛・クロムフリー表面処理	環境配慮型害虫忌避剤
認　定	2003年10月	2005年11月	2003年10月
調査日	2012.2.27	2011.12.1	2012.2.20

■図表9-2　各社の環境ビジネスの新規性

イノベーションのタイプ	企業	内容
新材料・新製法	A社	発泡剤不使用の発泡緩衝材。製品特許取得 水蒸気による発泡。紙としてリサイクル可能
	F社	自社開発の無電解ニッケルで黒い表面処理 国際レベルでも画期的な技術
新材料の新用途	B社	新素材フィルムを自社段ボールと組合せ
	D社	自動車部品のアルミ製防音材を自社技術（アルミ加工）と組合せて簡易型防音材
	G社	比較的安全な害虫忌避剤を浴衣に塗布
技術応用による新製品	C社	省エネ型の組合せ
	E社	LEDの応用

(1)　中小企業のイノベーション能力

　第5章でも紹介したが，Bos-Brouwers（2010）は，既存研究レビューから，中小企業のイノベーションの利点は，「組織の柔軟性」と「経営者」であると

整理している。また，Bos-Brouwers（2010）は，中小企業の組織の柔軟性として，官僚制的でないこと，技術や市場の環境変化に敏感であること，および，内部のコミュニケーションが早く効率的であることという3つの特徴を挙げている。経営者については，企業家精神や水平的なリーダーシップスタイル，アイデア創出といったイノベーションへの直接的関与が特徴であり，イノベーションプロセスにおける経営者の役割が非常に重要であると指摘している。

組織の柔軟性の特徴に関連する事柄として，「社長自ら朝一番に出社しトイレ掃除を実施している」ことや「社内のコミュニケーションが活発である」こと等が，インタビューした複数の企業から聞き取れたが，対象とする事業との関わりが明確になる情報を得ることはできなかった。

しかし，インタビューした7社の経営者は，自社の強みを認識し新事業展開に重要な役割を果たしていることが明らかになった。特に，外部との関わりで自社の環境ビジネスを展開するという特徴があり，次の3つに分類できる。

1つは，外部の異業種他社との連携で，新事業を展開することである。A社の経営者は異業種交流に積極的で，経営目標として掲げた新事業へも他企業との連携を活用した。G社も，経営者自身が積極的に，異業種や大学との連携で複数の事業を展開している。

2つは，外部から専門家を招いて，自社に不足する技術や知識を補い事業展開することである。異業種連携では，自社が持たない技術や知識を他社が補うのに対し，専門家招致ではあくまでも自社の経営資源を補完することになる。E社は，環境技術を自社製品に応用するため，経営者自身が関わって専門家による学習会を行い，企業買収も行った。

3つは，外部から新素材を取り入れて自社独自の事業を展開することである。B社では，創業以来，時代の変化を先取りして包装材料を選択しており，経営者自身が他の企業が開発した新素材を見つけて自社製品に応用した。D社では，先代経営者が他業種で利用されていた素材を偶然見つけたことをきっかけに，現経営者が自社製品に応用し事業化した。

(2) 環境経営のプロアクティブ性

図表9-3は，7社の環境マネジメントシステム認証取得の有無，その背景，

第9章　中小企業の環境ビジネス・イノベーション

■図表9-3　各社の環境経営活動

	A社	B社	C社	D社
EMS認証取得	KES	KES	ISO14001	なし
取引先からの要求・経営者の態度・特徴的な環境活動	●要求はあったがそれ以前から自発的に準備しており取得	●取引先からの認証取得要求大 ●製品と環境問題が関連し製品の環境配慮に積極的 ●大学と連携で社会活動	●取引先からの要求あり取得 ●先代から経費削減として電力のデマンド管理実施 ●環境配慮商品をプラスの環境側面に	●取引先からの要求はない ●リサイクルなど当り前の活動はしているので，現在は環境よりも顧客への投資を重視

	E社	F社	G社
EMS認証取得	ISO14001	ISO14001	KES
取引先からの要求・経営者の態度・特徴的な環境活動	●要請はなかったが自発的に取得・徐々にレベルを向上 ●従業員アンケートによる改善実施	●環境対応は必須の業種で，ISOは当然と考えて取得 ●条例等より厳しい自社基準を順守，電力のデマンド管理も実施	●ISOは重要だと考えていたが，取引先からの要求はないのでコスト面でKESを取得 ●それまでの実践をシステム化した

特徴的な環境活動についてまとめたものである。

　認証取得しているのは6社で，「取引先からの要求に応じて」「業界で必須のため」取得したのはB・C・F社で，「要求がない段階で取得」はA・E・G社であった。後者はプロアクティブな行動であると言える。また，第6章と第7章で述べたように，要求を受けて環境活動を始めた場合でも，創意工夫で自主的な活動を展開する中小企業もある。B・C・F社でも，取引先からの要求に応じてスタートしたが，「製品の環境配慮」「電力のデマンド管理」「条例より厳しい自社基準遵守」「社会活動」というように，要求以外の環境経営活動にも積極的に取り組んでいる。これらの企業もプロアクティブであると言える。

　González-Benito（2006）や第7章の分析で抽出したプロアクティブ性に関する要因のうち，7社に関係する事項には「ステイクホルダーの要求」「経営

■図表9-4　各社の強み・経営者意識・国際性

	A社	B社	C社	D社
強み	難易度の高い事業	時代の変化・ニーズに合わせた事業展開	標準品を持ちながらきめ細かにカスタマイズ	データ・ノウハウ蓄積，従業員の資格取得
輸出（直接・間接）・海外拠点等	あり	展示会に出展	あり 海外拠点設立中	あり
経営者の考え・行動	●10年で新事業を2つつくることや毎年の経営目標を従業員に宣言 ●業界団体で積極的な活動 ●異業種交流会に積極的に参加	●創業以来の事業の定義を軸にして，時代の変化に対応して素材や方法を変化させてきた ●伝統と革新の視点	●省エネ関連で積極的な商品開発 ●他企業との連携で新たな商品開発	●先代経営者のときからモノづくりが好き ●難しい商品だからシンプルに売る ●自分の足で営業

	E社	F社	G社
強み	今日の技術要求を翌日に対応できるスピード	特殊な処理の技術・研究開発	異業種の顧客から勉強し用途開発
輸出（直接・間接）・海外拠点等	展示会に出展 海外拠点あり	あり	あり 展示会に出展
経営者の考え・行動	●従業員満足により顧客満足 ●失敗を機に専門家を招き社内学習・研究開発強化し自社開発 ●がむしゃらな努力の積み重ね	●価格競争は避けオンリーワン ●業界などの展示会に積極的に出展 ●同業種・異業種交流会の活動も受注に役立つ	●環境や安全に関係する製品であるため，全従業員が資格取得し対応 ●好奇心をもつ ●大学研究室との連携にも積極的

者の態度」「強み」「国際性」が該当した。それぞれの項目について，ヒアリング内容の概要を図表9-4に示す。

「ステイクホルダーの要求」については，図表9-3に示したように，要求の有無にかかわらずプロアクティブ性が見られた。経営者は時代の要請や製品との関連を認識していた。つまり「経営者の環境経営に関する意識」が高いと言

える。また，「経営面の態度」においても，図表9-4に示すように，事業開発および異業種交流・連携に積極的であった。

「強み」については，「難易度」「特殊」「資格」といった技術的側面，「時代の変化」「カスタマイズ」「対応のスピード」といった適応的側面，「情報の蓄積」「異業種から勉強」といった知識的側面があった。「輸出・国際化」については，7社とも，「輸出」「海外拠点」という国際化の特徴を持っていた。これらの結果は，既存の実証研究結果を支持していると言える。

5　成功する企業の特徴と情報支援の効果

本節では，第1節で述べたRQの③④⑤を明らかにする。

(1) 認定事業と情報支援の効果

インタビューした7社について，認定応募の背景，事業の位置づけ・成果・課題，および，受けた情報支援の内容・実感する効果を，図表9-5にまとめた。

応募の背景では，先に挙げた「公募型」「発掘型」の分類では，A・C社が公募型で他は発掘型になる。インタビューで経営者が「目標」「チャレンジ」という言葉を用いたのは，A・B・C社で，この3社は積極的な応募であると言える。以後，この3社を「積極応募型」と記す。

先に挙げた制度の4つの支援については，以下のことが明らかになった。第1の「支援センターの他の支援情報」を利用したのはB社である。第2の「マネージャー・支援員の人脈等を活用した情報支援」は具体的に，「事業フォロー・中小企業診断士の派遣」「行政等の支援情報提供」「テレビ等マスメディア紹介」「ビジネスマッチング」があり，すべての企業が何らかの支援を受けていた。第3の「交流会や若手研修会」では，A・B・C・E社が利用していた。第4の「国・自治体の賞への推薦」はD社が該当する。

支援による効果の実感では，積極応募型のA・B・C社の経営者は具体的に役立ったと感じていた。また，オスカー認定による効果については，7社とも信頼性の向上を挙げており，積極応募型でその感じ方が強いことがわかった。

■図表9-5　各社の応募事業と情報支援

	A社	B社	C社	D社
応募の背景	オスカー認定を経営目標として掲げて自ら応募	関係者の知人から勧められて応募	経営者仲間から聞き自ら応募	取引先銀行を通して支援センターから要請があった
事業の位置づけ	新事業の柱の1つ	産学連携での新事業開発	チャレンジ	核となる事業
売上に占めるシェア	○	△		◎
受けた経営支援	●事業のフォロー ●社外での事例発表の機会	●マスコミでの紹介 ●交流会で製品紹介 ●様々な相談	●他企業への紹介 ●行政の支援制度の情報提供 ●テレビ等で紹介 ●交流会活動	●中小企業診断士の派遣 ●ビジネスマッチング ●他の賞の推薦・受賞
支援効果の実感	●支援担当者の来社により情報整理に役立った ●「見えないもの」の効果を実感	●宣伝効果があった ●専門家と知り合い取り組みが進んだ ●販路支援および相談窓口が役立った	●小まめな連絡で密に接してもらい、経営に役立った ●他の助成も受けることができた ●交流会も継続して参加している	●マッチングでは成約はなかった ●人の紹介よりも、自分の足で顧客に出向くことが商売につながると考えている
認定による効果の実感	●社外での事例発表や新聞などで紹介された ●金融機関の評価が高まった	●第三者機関に認めてもらえることで信頼感・安心感を与えることができ販路に結びついた	●人脈が広がり営業がしやすくなった ●金融機関の評価が高まり融資条件がよくなった	●仕事での信頼性は高まっている
オスカー以外の認定・受賞	あり	あり		あり

注）売上に占めるシェアの表記：◎50%以上で大部分を占める，○50%未満だが数十％を占める，△10%未満

(2) 環境ビジネスとして成功する企業の特徴

　オスカー支援制度は第二創業の支援であるので，事業の「成功」を，ここでは売上に占めるシェアから検討する。図表9-5より，売上に占めるシェアが高いのは，D・E・A社である。これらの企業では，「自社で基幹事業や柱と

	E社	F社	G社
応募の背景	以前に他賞を受賞した関連で応募を要請された	応募の要請があった	取引先銀行から勧められて応募
事業の位置づけ	数年前から基幹事業の1つ	対外的にも画期的な技術	他企業依頼による新事業
売上に占めるシェア	○		
受けた経営支援	●交流会活動	●テレビでの紹介 ●ビジネスマッチング	●各種の情報提供 ●ビジネスマッチング
支援効果の実感	●交流会などで出会いの場になっていると思う	●知名度を上げるいろいろなPRをしてもらえた	●実際にマッチングやジョイントには至らなかった
認定による効果の実感	●専門家も交えて中小企業の具体的な経営課題について議論・助言する場があるとよいと思う	●信頼性が高まったと思う ●認定が直接受注に結びつくわけではない	●ネームバリューが高まった
オスカー以外の認定・受賞	あり		

して位置づけている」という特徴がある。要請に応えて応募したD・E社は，ある程度成功しているから「発掘」されたとも言える。

また，インタビューから，これら3社の環境ビジネスでは，「技術や環境面での知識の裏づけ」があることも明らかになった。A社では，連携する3社のうち1社は環境経営に関する深い知識を有する企業である。また，石油系発泡

剤を用いる発泡材料は，製造が容易であり便利な素材だが，環境負荷が大きいことが従来からの課題であった。A社の製法では，石油に由来するポリオレフィン系の物質を接着機能として一部使用するだけで，石油系発泡剤を使用せず水蒸気で発泡させる。そのため，環境負荷が従来製法より小さくなる。A社の製品は，このような科学的知見に基づくものである。D社は，騒音測定データを自社で蓄積しており，自社製品である簡易型防音装置による騒音削減の効果を数値で示すことができる。「現地で騒音の実測をして，約束した減量効果をクリアしなければ納品できない。そこまでやるのは大変な手間と時間がかかる。その点で，マネが非常にやりづらい商品だと思う。」と経営者が話していた。E社ではLEDに関して専門家による技術指導や勉強を徹底して行い，知識やノウハウを蓄積してきた。

(3) 支援が環境ビジネスの成功に果たした役割

環境ビジネス成功の3社のうち，支援が事業に対して特に役立ったのは積極応募型のA社である。「事業化をして，実際，安定して売れ始めるかなというとき」に応募したというA社の経営者は，「オスカー賞の場合は，補助金はないけれども，全部どうなりましたかというフォローを細かくしていただいて，その方が事業の整理にもなりますし，1つの区切りにもなりますし。やっぱり自社だけで進めていったら，なかなか計画どおりいかないんですね。それをもう宣言することによって，このときまでに何とかやっておかないといけないというようなイメージです。」と支援の「見えない効果」について説明した。

これは，図表9-6(a)に示すように，事業の実施にあたってPDCAがうまく回らなかったが，支援員がチェックすることでPDCAサイクルが進むようになったことを意味する。つまり，支援がビジネスのマネジメントに役立ったと言える。

また，売上に占めるシェアが小さいが，B社の場合も支援が事業にマッチしていたと言える。図表9-5に記すように，B社ではオスカー認定が販路にプラスの影響を及ぼした。この点について，経営者は，「当社の場合は，物を作ったはいいけれども，その後の販売っていうところで非常に苦労していました。中小機構さんの販路支援などに，オスカー賞を取られているんやったら間

■図表9-6　支援が果たした役割

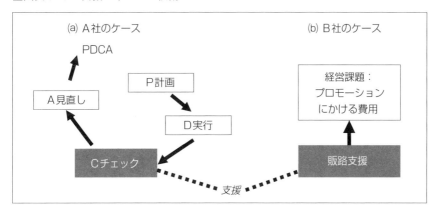

違いないよ，みたいな形で推薦していただいたり」したと話す。つまり，図表9-6(b)に示すように，支援が，経営課題の解決に役立ったと言える。

A社とB社のケースは，「事業が動き出したヒヨコがニワトリになる期間を半分にする支援を行うこと」というオスカー支援制度が掲げる目的を果たしうる事例であると考えられる。

(4) 制度デザインの課題

図表9-7に，各社の経営課題とオスカー認定事業の課題をまとめる。

各社が直面している課題には，用途開発や新事業という「事業そのものの課題」，販売促進や受注量増加という「販売活動に関わる課題」人材・生産拠点という「経営資源に関わる課題」，条例や産業支援のような「政策に関わる課題」，製品の環境情報のような「技術に関わる課題」があることがわかる。前節で明らかにしたように，B社は抱える課題に支援がマッチしていた。しかし，他のケースでは必ずしもそうではない。従って，制度デザインの課題として1つは，抱えている課題を丁寧に聞き取り把握すること，そして，課題にマッチする支援の実施や支援情報の提供を行うことである。

また，上述のように，環境ビジネス成功事例では，環境面での技術や知識の裏づけがあった。現在の支援では，中小企業診断士や経営経験者を派遣しているが，成功へ導くには，技術面での支援も検討する必要がある。さらに，事業

■図表9-7　各社の経営課題と認定事業の課題

	A社	B社	C社	D社	E社	F社	G社
オスカー認定事業の課題	開発した素材の応用	条例・規制との兼ね合い	他の製品開発	製品の環境以外のメリット	産業支援が手厚い海外との競争	現在は全体の仕事量の回復が課題	現在は新材料に注力
経営上の課題	もう1つの柱の事業展開	プロモーションにかける費用	顧客内シェア向上	人材	生産の国内回帰海外展開	仕事量の回復	製品の環境性能の評価

化の段階により直面する課題は変化するので，対応する支援を組み込むこと[7]も必要だと考えられる。環境に関する技術・知識や，事業の各段階での課題対応について，すべてをオスカー認定制度に組み込むことは不可能である。オスカー認定制度によって中小企業基盤整備機構の支援につながったB社の事例のように，必要な支援について他機関と連携することが有効だと考えられる。制度デザインの課題の2つは，他機関との連携の仕組みを構築することである。

6　オープン・イノベーションの可能性

(1) 分析課題に対する結果のまとめ

　本章では，中小企業の優れた新規事業を認定し助言など情報支援を行う京都市の企業価値創出支援制度を取り上げ，環境ビジネスで認定された中小企業へのインタビュー調査を行った。本章の目的は，環境ビジネス・イノベーションを志向する中小企業の特性，環境ビジネス成功の条件，および，情報支援制度の効果について解明することであった。そのために，5つのリサーチ・クエスチョン（RQ）「①環境ビジネスに挑戦する中小企業はどのような企業か」「②環境ビジネスに取り組む企業は環境マネジメントにも取り組んでいるか」「③環境ビジネスが成功している企業の特徴は何か」「④中小企業への情報支援は事業や経営にどのような影響を及ぼすか」「⑤制度の課題は何か」を立てた。

　5つのRQに関して，得られた結果は以下の5つの事項である。
　第1の環境ビジネス・イノベーションに挑む中小企業の特徴は，「外部との

関わりで自社の環境ビジネスを展開していること」である。具体的には「外部の異業種他社との連携で新事業を展開」「外部から専門家を招いて自社に不足する技術や知識を補い事業展開」および「外部から新素材を取り入れて自社独自の事業を展開」という3つのタイプが見られた。

第2の環境経営の取り組みについては,「プロアクティブであること」が示された。具体的な行動としては,「要求がない段階で環境マネジメントシステムの認証を取得」および「要求により認証取得した企業でも進んだ取り組み」があった。また,「経営者の態度」「強み」「国際化」という点で実証研究結果を支持することも示された。

第3の環境ビジネスに成功する企業の特徴は,「自社で基幹事業として位置づけている」および「技術や環境面での知識の裏づけがある」ことであった。

第4の情報支援による経営への効果では,積極的に応募した企業がより支援の効果を実感していること,および,ビジネス成功事例において「事業のPDCAをサポート」「抱える経営課題の解決をサポート」という経営に対する効果をもたらしたケースがあることも示した。

第5の制度の課題としては,「課題にマッチする支援の実施や支援情報の提供」および「他機関との連携の仕組みを構築」の必要性を論じた。

(2) オープン・イノベーションの可能性

上記の第1点は,社外の技術を利用するインバウンド型のオープン・イノベーションと関連があると言える。オープン・イノベーションは,Chesbrough(2003)が提唱し,企業の研究開発に関して近年注目されている概念である。

Chesbrough(2003)は,イノベーションのプロセスを「テクノロジーを活用し発展させることにより新たな製品・サービスを創造する過程」[8]であると定義し,従来型のクローズド・イノベーションから,新しいオープン・イノベーションへのパラダイム・シフトに着目している。

従来型のクローズド・イノベーションは,企業が自社の研究所で行われるもので,研究プロジェクトが社内で開発されて新製品がマーケットに出されるまで,研究と開発が一体としてなされるものである。その過程では,当初に有望

■図表9-8　オープン・イノベーションの概念

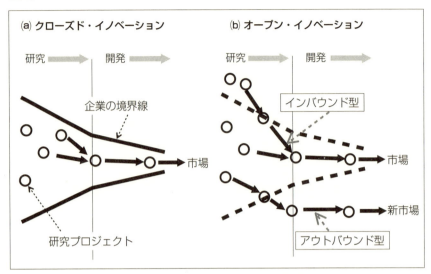

(出所) Chesbrough (2003) 図表序-2および図表序-4に基づき筆者作成

であっても開発中に有望でなくなるプロジェクトは取り除かれるため、スクリーニングされたプロジェクトは市場での成功率が高い[9]。したがって、クローズド・イノベーションでは、製品の販売に至ったプロジェクトは利益を獲得し、その利益により新たな研究開発投資がなされ、技術開発に結びつくという技術→製品→利益→研究開発投資→技術という閉じたサイクルになる[10]。

それに対し、オープン・イノベーションは、「企業内部と外部のアイデアを有機的に結合させ、価値を創造すること」[11] である。現在、アイデアは世の中に溢れているため、企業内部で研究開発を行うことが効率的でなくなっている[12]。クローズド・イノベーションでは、「製品が市場に出るまでのスピードがアップしたことと、新製品の寿命の短さに追いつけなくなった」ため、「企業内部のアイデアと外部（他社）のアイデアを用い、企業内部または外部において発展させ商品化させる」[13] 新しいマネジメントであるオープン・イノベーションが必要になっている。図表9-8に示すように、オープン・イノベーションでは、企業の境界線が強固なものではなくなり、企業内外のアクセスが、より自由になる[14]。

Chesbrough（2003）のオープン・イノベーションの定義は，輪郭が明確というわけではなかったので，研究者により異なる解釈である場合も少なくはなかった。Chesbrough自身もその後の論文において拡張した定義を提示し，技術や知識フローの方向を定義に含めている。企業の外から内への技術・知識フローの利用は「インバウンド型」，内から外へは「アウトバウンド型」のオープン・イノベーションとしている。さらに，金銭的な観点に加えて，非金銭的な技術・知識フローも含めている[15]。

　Schroll & Mild（2012）のレビュー論文によると，オープン・イノベーションは，2000年代のイノベーション・マネジメント研究においてもっとも議論されているトピックスで，2012年3月までにオープン・イノベーションをタイトル，キーワード，アブストラクトに含む査読付き論文は282件にも達している。特に，2009年と2010年で急増した。ケーススタディだけではなく近年では統計的解析も行われており，レビュー論文も複数発表されている。日本語でのレビューでは，例えば真鍋・安本（2010）がある。学会誌においても，例えば，Research Policy の Vol. 43, Issue 5 や『一橋ビジネスレビュー』2012年第60巻・第2号などで特集号が組まれている。企業のオープン・イノベーションに関する研究動向や分類などは，それらのレビューを参照されたい。

　最後に，本章のRQに対する5つの結果を，オープン・イノベーションという視点も含めて総括すると，研究目的の「環境ビジネス・イノベーションを志向する中小企業の特徴」「環境ビジネス成功の条件」「情報支援制度の効果」に関して，以下の3点が明らかになった。

　第1に，環境ビジネス・イノベーションを志向する中小企業は，「プロアクティブな環境経営」と「インバウンド型のオープン・イノベーションによる新事業展開」という特性がある。武石（2012）は，オープン・イノベーションは，「価値の創造と獲得の優れたメカニズム」[16]において「適格な手段として利用されて初めて効果を発揮する」と指摘している。本研究で見出された各企業における「外部との関わりで自社の環境ビジネス展開」が，武石（2012）の意味でのオープン・イノベーションかどうかについては，さらに調査を追加し検討する必要がある。従来，オープン・イノベーションに関する研究は大企業に焦点を当ててきたが，近年，中小企業を対象とする研究も行われている。例えば，

伊藤（2015）は，中小企業のインバウンド型オープン・イノベーションに対する公的機関の仲介機能や，経営者の事業構想力の重要性を指摘している。Brunswicker & van de Vrande（2014）は，中小企業のオープン・イノベーションに関する既存研究を整理した上で，研究は端緒についたばかりであり，理論的・実証的研究テーマが多く残されていると述べている。

第2に，環境ビジネス成功の必要条件[17]として，「環境面の知識・技術の裏付け」があり「基幹事業として位置づける」ことを挙げることができる。

第3に，本研究対象の情報支援制度については，「事業が動き出したヒヨコがニワトリになる期間を半分にする支援を行うこと」という制度の目的を果たしている事例が見出された点で，中小企業の経営にプラスの効果を持ちうると言える。ただし，上述の第5で述べたように，制度設計における課題は残されている。

■ [注]

1) この「イノベーション」の定義は，第1章で挙げた Rogers（2003）の「個人あるいは他の採用単位によって新しいと知覚されたアイデア，習慣，あるいは対象物」，および，Schumpeter（1926）邦訳シュムペーター（1977）が挙げる「新製品の開発，新生産の方法，新市場の開拓，新原材料の開発，新組織の構築，および，これら5つの新たな組み合わせ」に基づく。
2) 第2章でも述べたように，環境ビジネスに関して一貫した定義は存在しておらず，事業領域も多岐にわたり複数の分類が存在する。本書の第2章では「環境問題解決への有用性」の観点から環境ビジネスの分類を提示した。ここでの定義もそれに基づいている。他の分類と定義の議論については岸川（2010）を参照されたい。
3) 例えば，中小企業基盤整備機構（2010）を参照。
4) 京都市中小企業支援センターへのヒアリングは，2009年9月10日に著者が実施した。
5) 2011年から第2期として継続された。
6) 石川（2012）は，コンサルティングを通して，環境ビジネスの事業展開では，本業をしっかり運営しながら自社の強みを最大限に活用することが重要であると指摘している。
7) 事業の段階に適した人材支援の役割については，例えば，上島（2006）の株式会社モリカワの事例を参照されたい。
8) Chesbrough（2003）邦訳 p.2。
9) 前掲書 邦訳 p.6。
10) 前掲書 邦訳 p.5。
11) 前掲書 邦訳 p.8。
12) 前掲書 邦訳 p.3。
13) 前掲書 邦訳 p.8。

14) 前掲書 邦訳 p.9。
15) West et al.（2014）を参照。
16) 武石（2012）は，「価値の創造と獲得のメカニズム」を，Chesbrough（2003）の「ビジネスモデル」に対応させている。
17) 本研究では，環境ビジネスに成功している企業の特徴を検討したため，環境ビジネス成功の必要条件を明らかにしたものであり，十分条件ではない。そのため「条件」と記さず「必要条件」と明記した。

第 10 章

中小企業の環境経営イノベーション普及に向けて

1 各章のまとめ

(1) 環境経営と環境経営イノベーション:第1章〜第4章のまとめ

第1章から第3章では,「環境問題解決のアプローチとしての環境経営」「企業経営としての環境経営」「組織マネジメントとしての環境経営」というテーマで,「環境経営とは何か」について解説した。第1章では,環境経営を環境問題に対する企業経営からのアプローチとして捉え,環境経営の定義を示し,「企業経営の新しい概念・スタイル」「新たな技術・生産方法・原材料・製品・市場」「イノベーション普及による社会変革」という3つの観点から「環境経営イノベーション」の概念を提示した。第2章では,環境経営がどのような企業経営であるかという点について,経営学の基本的なフレームワークから環境経営の概念や要素を抽出した。第3章では,環境マネジメントシステムなど環境経営の組織マネジメントで活用される手法を紹介し,環境性と経済性向上のフレームワークにおける位置づけを示した。

第4章では,1997年から毎年実施されている日経環境経営度調査を通して,製造業の大企業の先進的な環境経営の変遷を「環境経営の3つのイノベーション」という切り口から概観し,大企業から中小企業を含めたサプライチェーンへ環境配慮要求が波及する背景を浮き彫りにした。第1章から第4章については第5章第1節にまとめた。

(2) 中小企業の環境経営に関する分析課題：第5章

　第5章では，第1章で挙げた3つの環境経営イノベーションに関して，第2章から第4章の内容を踏まえて，中小企業に関する分析課題を検討した。分析課題は中小企業の「環境活動の実態」「環境経営要因・戦略・経済性」「環境ビジネス・イノベーション」「環境経営支援」といった4つのカテゴリーに大別された。各分析課題については，第6章から第9章で扱うが，それに先立ち第5章では，中小企業の環境経営に関して，業界・経済団体・中小企業関連組織による日本の中小企業の実態調査，および，国際学術誌を中心に既存研究の動向を整理した。

　日本の中小企業の実態調査では，1990年代以降，資源リサイクル，環境マネジメントシステム導入，環境ビジネス，再生可能エネルギーについて，取り組みの動向や展開の可能性が示されている。

　中小企業の環境経営に関する既存の学術研究は，「環境経営の活動と戦略タイプ」「環境経営の内部・外部の要因」「環境性と経済性」「イノベーション」「政策・支援」といったカテゴリーに分類できる。

　「環境経営の活動と戦略タイプ」に関する研究では，中小企業が環境経営に対してリアクティブかプロアクティブかを実証分析する研究や，自主的活動内容の解明などがある。近年は中小企業でもプロアクティブな環境経営が広がりつつあることが示されている。

　「環境経営の内部・外部要因」に関する研究では，アンケート調査等による分析が行われている。外部要因としては，環境規制，および，市場やステイクホルダーの圧力・要求が挙げられている。内部要因としては，経営者の環境やコストに対する意識，企業属性や経営資源，組織文化や組織能力が挙げられている。外部要因や内部要因を含めて複数の要因の影響を分析する実証研究もなされている。

　「環境性と経済性」の関係に関しては，「環境経営により経済性を向上させるか」および「経済性の高さが環境経営促進に結びつくか」という異なる2つの方向からアプローチされている。前者については明確にポジティブな結果を示す実証研究は一部に留まっている。後者については，ポジティブな関係を指摘する研究がある。内部・外部要因と環境性，経済性の関係については，研究者

の関心により，いくつかのモデルが設定され実証分析されている。しかし，確立したモデルがあるわけではない。

「イノベーション」に関する研究では，技術，製品，組織といったイノベーションのタイプと必要な支援策の分類や，イノベーションを引き起こす要因についての実証分析がある。後者は上記の要因分析とも関連している。

「政策・支援」に関する研究では，規制や外部圧力の必要性と限界，中小企業に向けた環境マネジメントシステムの必要性や効果，情報・知識に関する外部支援の必要性や役割というテーマについて分析されている。また，中小企業の多様性に着目した政策デザインの指摘もなされている。

(3) 環境配慮要求が中小企業に与えた影響：第6章

第4章で示されたように，1990年代後半から，製造業大企業では環境経営が進み，それらの企業から取引先への環境配慮要求の動きが広まり，中小企業も対応を求められるようになった。第6章では，2004年と2006年に著者が実施したアンケート調査とその後のヒアリング調査から，取引先企業からの環境配慮要求が製造業中小企業に与えた影響を分析した。主な分析結果として，次の4つが得られた。

第1に，環境配慮要求には環境マネジメントシステム（EMS）関連と化学物質関連の事項があり，調査対象の機械・金属業やプラスチック加工業では，環境配慮要求が広まっていた。2006年の調査では，何らかの要求を受けていた中小企業の割合は回答企業の約6割にも上り，2004年度よりも増加していた。

第2に，中小企業のEMS認証取得は，多くの場合，取引先からの環境配慮要求の影響によると推察される。

第3に，環境配慮要求を受けた企業群の環境活動は，受けていない企業群と比較すると，「環境理念，体制，目的・目標・計画，社員環境教育といったEMS構築に関する活動」「リスク未然防止」「環境製品・部品」の項目が推進されていたことがわかった。環境製品・部品については取引先大企業のグリーン調達が一因であると考えられる。訓練などのリスクの未然防止に関する活動は，EMSを導入する以前にはほとんど行われていないため，環境配慮要求がきっかけになると考えられる。

第4に,取引先大企業からの環境配慮要求は,単なる圧力なのではなく,S社のように,中小企業自身がそれを契機として,組織の活動や事業に環境配慮を組み込み,組織の能力を向上させ,環境性と経済性を向上させる機会を獲得することも可能である。S社の環境経営イノベーションは,EMS認証取得をきっかけに自社にとって新たな経営スタイルを導入し,自社にとって新しい環境ビジネスを手がけてきたことである。EMS認証取得企業が常に環境経営イノベーションをなしうるのではなく,その機会の獲得は「導入を契機として,いかに組織能力を向上させるか」という点に依存する。

(4) 中小企業の環境経営推進の条件:第7章

① 情報支援利用と求める情報支援

第6章の事例として取り上げたS社では,活動の初期段階において取引先大企業から,EMSの認証取得に関する学習会や内部監査員研修といった情報支援も受けていた。第7章の前半では,第6章と同じアンケート調査データを用いて,情報支援の利用の実態と中小企業が求める情報支援を分析した。事前調査から,情報支援の提供主体は取引先,中小企業関連団体,自治体,認証機関があり,提供される場には,セミナー・学習会,および,アドバイス・コンサルティングがあるという知見を得ていたため,これらの支援を分析対象とした。主な分析結果として,次の2点が示された。

第1に,EMS関連,化学物質関連とも,約半数の中小企業が何らかの情報支援の利用経験があり,環境配慮要求を受けた中小企業では約7割が利用していた。

第2に,環境に関する不足情報の認知では,環境配慮要求を受けた企業群と受けていない企業群,あるいは,情報支援を利用した企業群と利用していない企業群で,相違があった。何らかの環境配慮要求を受けた7割以上の中小企業では不足情報を認識していた。また,EMSや化学物質に関する情報支援を利用した中小企業では8割以上が不足情報を認識していた。他方,環境配慮要求を受けていない場合,あるいは,情報支援利用がない場合では,6割前後の中小企業では不足する情報は特にないと回答していた。このことから,取引先からの環境配慮要求を受けて環境活動を始めた中小企業は情報の必要性に直面し,

第10章 中小企業の環境経営イノベーション普及に向けて

情報支援を利用し，さらに活動等に必要な情報の不足にも気づくと推察できる。他方，環境配慮要求を受けていない場合には環境活動を進める必要性が低く，必要な環境情報について「特にない」という回答が増えるものと考えられる。

② 経営者意識と不足する経営資源

第7章の前半では，環境経営に対する経営者の意識，および，不足すると感じている経営資源についても分析した。その結果，次の2点が明らかになった。

第1に，環境活動の推進に積極的・やや積極的と回答した中小企業が全体約4分の3を占めた。それらの企業では，コスト削減，事業面のメリット，差別化，信頼性という環境経営のメリットに関して，複数の項目を，積極的な理由として挙げていた。このことから，それらの経営者には，環境経営に関するプラスの認識が広まっていたことがわかる。他方，消極的・やや消極的な中小企業では，「取引上は必要ない」「環境以外の優先課題がある」「事業に結びつかない」のいずれかを挙げていた。

第2に，環境活動推進に関して資金，専門知識・情報，人材の3つの経営資源について，約75％の中小企業では少なくとも1つは不足と認識していた。調査では約7割の中小企業は，専門知識・情報と人材の少なくとも1つを課題として挙げており，「人材」という場合にも関連するスキルのような「情報的経営資源を有する人材」が含まれていると考えられるため，情報的経営資源の不足が顕著であると言える。

③ 構造方程式モデリングによる環境経営推進条件の分析

第7章の後半では，中小企業の環境性向上と，認証取得，情報支援利用，企業の経済性，および，規模・形態・開発力等の内部要因，取引先からの環境配慮要求や直面する市場の状況といった外部要因との関わりについて統計解析を行った。主な分析結果は，以下の6点である。

第1に，中小企業の環境性に直接的・間接的に最も影響を及ぼすものは環境配慮要求であった。ただし，環境配慮要求の大きさ自体が直接的に中小企業の環境性を高めるのではなく，環境配慮要求を通じて，経営者の環境意識を高めて情報支援利用やEMS認証取得を促すといった間接効果が，より大きな役割を果たすことが明らかになった。

第2に，環境性への直接効果が最も大きいものはEMS認証取得であった。

これは，第6章でも示された「EMSの導入や運用が契機となり環境経営が推進される」ということが，この分析からも支持できることを示唆している。

第3に，環境性向上に情報支援利用が与える影響では，間接効果よりも，情報支援利用によって環境活動が推進される直接効果の方が大きいことが示された。

第4に，経済性の高さは直接的・間接的に環境性向上に影響を与えるが，環境配慮要求，EMS認証取得，経営者環境意識，情報支援利用の各効果の方が，経済性による効果よりも大きいことが示された。また，経済性による直接効果と間接効果は，同程度の大きさであった。これらのことは，この分析モデルで設定した「経済性ゆえの環境性」に対して，次の2つを示唆するものと言える。1つは，経済性が大きい中小企業が「自動的に」環境性を向上できるというよりも，むしろ，経済性がEMS認証取得を支えることを通じて環境性を向上させることである。もう1つは，経済性の効果よりも，経営者の環境意識，および，EMS認証取得や情報支援利用という努力の効果の方が大きいことである。

第5に，経済性以外の企業活動に係る要因のうち，間接効果が最も大きいものは従業員数であり，規模が大きい中小企業ほど環境活動に取り組む傾向があると言える。また，輸出，下請比率，原材料価格変化，低コスト・販売力・品質といった強みも，小さい値であるが間接効果があることが明らかになった。

第6に，中小企業の企業活動要因と環境性向上について，2つの経路がある。第1の経路では，「規模が大きい」「下請け型である」「輸出している」「厳しい市場環境にある」という特徴をもつ中小企業では，取引先からの環境配慮要求に応えることによって環境性を高めることが可能である。第2の経路では，「規模が大きい」「品質・販売力・低コストといった強みがある」という特徴をもつ中小企業では，高い経済性を活かして環境性を向上させることが可能である。いずれの経路においても，EMS認証の取得や情報支援の利用が重要な役割を果たすことから，外部情報へのアクセスによる情報的経営資源獲得というイノベーションが環境経営の原動力となると言える。ただし，環境経営に関する新たな仕組みや情報の採用は，環境経営の情報的経営資源に目を向けようという経営者の意思決定が不可欠である。

(5) 中小企業の環境経営普及に対する環境コミュニケーションの役割：第8章

第8章では，情報支援に関して環境コミュニケーションの概念を提示し，「環境コミュニケーションの場」による中小企業の環境経営支援の事例を示した。経営活動プロセスの環境活動に関する支援では，環境法規制，EMS導入や運用，省エネなどについてのアドバイス，経営改善と結びつける環境活動の情報提供といった取り組みがある。環境ビジネスに関する支援では，環境配慮型製品の認定，新たな環境ビジネスの可能性の提示，地域の環境ビジネスの掘り起こしと情報交流といった内容がある。環境ビジネスに関する支援では，環境に特化したものでなく既存のビジネス支援に含まれる事例もある。その他の支援としては，環境出前授業を中小企業が実践できる場の提供，企業間ネットワーク構築による情報支援がある。また，市民団体と企業との対話により環境経営を推進した例もあった。

第8章の後半では，このような環境コミュニケーションによる支援について，エージェントベースモデルを作成し，シミュレーション分析により，その効果を示した。

第8章の最後には，中小企業の多様性に着目し，環境経営に関する中小企業の分類方法を提示した。数多い中小企業は単一ではなく，複数のアプローチが必要であると考えられる。自治体は，地域に存在する中小企業の特色を知り，それにフィットした支援を行う必要がある。

(6) 中小企業の環境ビジネス・イノベーション：第9章

第9章では，第8章で紹介した環境コミュニケーションによる支援策の中から，既存の制度での環境ビジネス支援を取り上げ，環境ビジネス・イノベーションを志向する中小企業の特性，環境ビジネス成功の条件，および，情報支援制度の効果を分析した。支援制度で認定された中小企業へのヒアリングから，「①環境ビジネスに挑戦する中小企業はどのような企業か」「②環境ビジネスに取り組む企業は環境マネジメントにも取り組んでいるか」「③環境ビジネスが成功している企業の特徴は何か」「④中小企業への情報支援は事業や経営にどのような影響を及ぼすか」「⑤制度の課題は何か」という5つのリサーチ・クエスチョンに対して解明した。得られた結果は次の5点である。

第1の環境ビジネス・イノベーションに挑む中小企業の特徴は,「外部との関わりで自社の環境ビジネスを展開していること」であった。この点については,オープン・イノベーションとの関連性を指摘した。第2の環境経営の取り組みについては,「プロアクティブであること」が示された。第3の環境ビジネスに成功する企業の特徴は,「自社で基幹事業として位置づけている」および「技術や環境面での知識の裏づけがある」ことであった。第4の情報支援による経営への効果では,積極的に応募した企業がより支援の効果を実感していることがわかった。また,ビジネス成功事例において「事業のPDCAをサポート」「抱える経営課題の解決をサポート」という経営に対する効果をもたらしたケースがあった。第5の制度の課題としては,「課題にマッチする支援の実施や支援情報の提供」および「他機関との連携の仕組みを構築」の必要性を論じた。

2　中小企業の環境経営に関する既存研究への新たな知見

　第6章から第9章の分析結果は,第5章で示した中小企業の環境経営に関する既存研究に対して,以下のような新たな知見を提供するものである。

(1)　日本の中小企業の環境経営に関する実態調査への貢献

　第5章の図表5-3に示したように,日本の業界・経済団体・中小企業関連組織による多くの実態調査や事例紹介がなされている。第6章と第7章で示したように,著者のアンケート調査分析は,以下の3つの特色があり,それらの点で既存の調査とは異なっている。

　第1に,取引先大企業からの環境配慮要求が中小企業の環境活動に及ぼす影響に着目していることである。既存研究では,ステイクホルダーの圧力が中小企業の環境活動を促進する要因となることは示されていたものの,どの程度の影響を及ぼしているかは明確ではなかった。著者の調査分析では具体的な影響を解明した。

　第2に,情報・知識の提供や学習の場の提供といった環境コミュニケーションによる支援に焦点を当て,中小企業の利用の実態と求める支援を明らかにし

第10章 中小企業の環境経営イノベーション普及に向けて

たことである。情報支援に関して言及する既存研究はいくつかあるが、具体的な事項や、利用する支援と求める支援の乖離についても踏み込んだ分析はほとんど見られない。

第3に、調査では既存研究と同様に環境性の向上と外部・内部の要因に関する項目が含まれているが、市場環境や情報支援も組み込んでいることである。

(2) 中小企業の環境経営に関する学術研究への貢献
① 環境経営の活動と戦略タイプ

第5章で紹介したように、中小企業の環境経営に関する戦略タイプの既存研究では、「リアクティブかプロアクティブか」という点の解明が中心であったが、著者の研究からは、環境配慮要求への対応というリアクティブ型から始まった場合でも、それを契機として自主的な環境活動を推進していくプロアクティブ型に移行するケースがあることを示した。

② 環境経営の内部要因と外部要因に関する分析モデル

第7章の構造方程式モデリングによる統計解析から、環境性向上への大きな影響を与える要因には、取引先からの環境配慮要求、EMS認証取得、情報支援利用、および、経営者の環境意識がある。経済性の高さも影響を与えるが相対的に小さい。企業属性や企業活動に係る要因で大きな影響を与えるものは従業員数であり、輸出、下請け比率、原材料価格変化、低コスト・販売力・品質といった強みも、小さい値であるが間接効果があることを示した。また、内部・外部要因と環境性向上には2つの経路があることも明らかになった。

それぞれの要因、あるいは、複数の要因については、既存研究においても示されており、本書の分析結果はそれらを支持するものと言える。本書の分析は、環境配慮要求や情報支援利用、市場環境、企業属性や事業形態、競争力といった幅広い要因を含めて、オリジナルなモデルを作成し解析していることに特徴がある。

③ 環境性と経済性

第7章では、環境性と経済性に正の相関があることが示された。ただし、調査データは、一部の中小企業が環境経営に取り組み始めた初期時点であり、構造方程式モデリングでは、「高い経済性ゆえの環境性向上」を前提としモデ

化し分析した。その結果，上述のまとめのような経済性の効果が示された。ただし，2000年代に環境経営に着手した中小企業は，現在では10年前後の月日を経ている。それらの中小企業では，環境経営やビジネスを発展させている。したがって，現時点で，すでに10年くらい環境に取り組む中小企業を対象とした調査分析を行い，環境活動による経済的メリットを分析することができると考えられる。その点は今後の課題に残されている。

④ イノベーション

既存研究では，イノベーションの定義が曖昧な研究もあり，例えば，イノベーションの要因分析研究では環境経営の推進要因との違いが明確でないものもある。第9章で示したように，著者は環境ビジネス・イノベーションを定義し，環境ビジネス・イノベーションを志向する中小企業の特性，環境ビジネス成功の条件，および，情報支援制度の効果を分析した。この研究の特徴は，同一の制度を利用する複数の中小企業への質的調査から，環境経営の特徴と制度の効果をリンクさせて解明したことである。

⑤ 政策・支援

中小企業の環境経営を促進する支援や政策について，本書の研究からは以下の2点が明らかになった。

1つは，第6章の分析で示したように，EMS認証取得による環境性向上や組織能力向上といった効果である。この点は，既存研究の結果をこの分析からも支持していると言える。

2つは，環境コミュニケーションによる情報支援が環境性向上に重要な役割を果たすことである。既存研究で示されていた外部支援の必要性，協働やネットワークの役割，取引先や中小企業関連団体の支援，ビジネス支援といった既存研究での知見を，著者の分析も支持している。著者の研究の特色は，事例紹介だけではなく，効果をエージェントベースモデリングによりシミュレーション分析したことである。

⑥ 中小企業の多様性と政策

中小企業は，業種や規模，経営資源など様々な点で多様である。そのため単一の政策でなくタイプに応じた複数の政策が必要であることが指摘されている。第8章では，既存研究で示されている経営者の環境優先・事業優先の意思によ

る分類以外に，EMSと環境ビジネスという2つの環境活動からの分類，中小企業が直面している様々な経営課題からの分類を示した．それぞれの分類について，具体的に有効な支援策を提示することは今後の課題で残されている．

3 分析結果に関する留意事項

上述のように，本書の研究は既存研究に対して，いくつかの点で支持し，いくつかの点で新たな知見を加えた．しかしながら，本書の分析は，非常に数が多い中小企業をすべて網羅したわけではなく，一部の業界の一部の企業を対象に調査研究を行ったものである．分析結果は有益な知見を提供しているものの，この点で，広く一般化できるには至っていないと言える．また，先にも述べたように，特に環境配慮要求の関係を分析するために，比較的初期の時点で調査を行った．現在は中小企業の環境経営も進んでおり，それを踏まえた新たな研究が必要になっている．

この点が本書の限界である．しかし，本書は，中小企業の環境経営イノベーション普及に対して，1つの小さな足跡となると考えている．本書の分析から，政策決定に携わる方々へは，中小企業の環境経営イノベーション普及に関して有効な支援策を示唆し，研究者の方々には研究動向を提示した．さらに，中小企業の方々に向けて，環境経営イノベーションとは何かというヒントをわずかだが提示できたのではないかと考えている．

4 今後の研究課題

中小企業の環境経営イノベーションに関して，今後の分析課題として，次の4つを指摘しておきたい．

第1は，繰り返しになるが，すでに継続して環境経営に取り組む中小企業を対象として，環境活動の実態，取引先との関係，環境性と経済性の関わり，向上した組織能力の内容，情報支援の効果，直面する課題といった事項を明らかにするために調査の設計を行い分析することである．

第2は，経営課題と環境経営推進という課題を同時に解決する支援について

分析することである。著者はこれまで，中小企業の環境経営を促進する「直接的な」支援策に焦点を当てて研究を進めてきた。しかし，第8章で示したように，中小企業は多くの経営課題を抱えており，一般経費，人材確保，顧客満足などの課題と比べて，環境対策の課題の優先度は相対的に低い場合が多い。販路開拓など本業に関わる課題であっても，経営相談や助言など中小企業への支援が不足しているのが現状である。第9章では，本業で販売促進課題を抱える中小企業が環境事業でも販路に課題を抱えており，両者を解決する支援を得た時に経営者が支援の効果を実感していたケースを示した。さらに，第8章では，中小企業が直面している経営課題の傾向で，中小企業のタイプが分類できることも示された。これらを踏まえて，これまでの研究を発展させて，「中小企業の主たる経営課題の解決に結びつけて，環境経営を促進する支援策」を検討することも研究課題である。

　第3は，オープン・イノベーションを活かす支援のデザインである。著者はこれまで「環境コミュニケーション」という切り口から，従来の補助金型支援策とは異なり，中小企業自身の知識やノウハウの獲得や学習を促進する支援に焦点を当てて，研究を進めてきた。第6章や第9章では，優れた環境ビジネスに取り組む中小企業では，外部との環境コミュニケーションの過程で，社外の技術等を利用するインバウンド型の「オープン・イノベーション」が生じていることを見出した。「中小企業が関わるオープン・イノベーションにはどのようなものがあるか」「環境経営を促進する有効なオープン・イノベーションとはどのようなものか」ということ，さらに，上記2の課題とリンクさせて「どのようにオープン・イノベーションを支援すれば，中小企業の経営課題解決と環境経営促進を両立させうるか。」ということを分析することも課題である。

　著者は，2014年度から新たな科研費の助成を受けて，これら3つの点について調査研究を行っている。個人研究でありほそぼそとした研究であるが，今後も論文や著書等で，新たな研究成果を提示したい。

　第4は，新たなツール開発である。環境経営は経営者の意思決定から始まるが，多くの経営課題を抱える中小企業では環境経営の導入に積極的になれない場合もある。そのような企業であっても，導入して数値を改善すれば自ずと環境経営の実践に結びつくツールがあれば役立つのではないだろうか。このよう

な問題意識から，筆者は他の研究者と共同で，交換代数に基づく多元簿記を応用した環境経済情報システムの方法（Zaima, Deguchi, & Lee（2015））に関する研究を始めている。今後は，このツール開発にも力を注ぎ，筆者自身も少しでも環境経営のイノベーション普及に貢献したいと考えている。

参考文献

Ammemberg, J., B. Börjesson and O. Hjelm (1999) "Joint EMS and Group Certification: A Cost-Effective Route for SMEs to Achieve ISO 14001", *Greener Management International*, Vol.28, pp.23-31.

Ammemberg, J., and O. Hjelm (2003) "Tracing business and environmental effects of environmental management systems—a study of networking small and medium-sized enterprises using a joint environmental management system", *Business Strategy and the Environment*, Vol.12, No.3, pp.163-174.

Andersen, O. (1997) "Industrial ecology and some implications for rural SMEs", *Business Strategy and the Environment*, Vol.6, No.3, pp.146-152.

Aragón-Correa, J.A., Hurtado-Torres, N., Sharma, S., and V. J. García-Morales (2008) "Environmental strategy and performance in small firms: A resource-based perspective", *Journal of Environmental Management*, Vol.86, pp.88-103.

Baden, D., Harwood, I.A., and Woodward, D.G. (2011) "The effects of procurement policies on 'downstream' corporate social responsibility activity: Content-analytic insights into the views and actions of SME owner-managers", *International Small Business Journal*, Vol.29, No.3, pp.259-277.

Barreteau, O., P. Garin, A. Dumontier, and G. Abrami (2003) "Agent-based facilitation of water allocation: case study in the Drome River Valley," *Group Decision and Negotiation*, Vol.12, pp.441-461.

Battisti, M., and M. Perry (2011) "Walking the talk? Environmental responsibility from the perspective of small-business owners", *Corporate Social Responsibility and Environmental Management*, Vol.18, No.3, pp.172-185.

Biondi, V., M. Frey and F. Iraldo (2000) "Environmental Management Systems and SMEs", *Green Management International*, Vol.29, pp.55-69.

Biondi, V., F. Iraldo, and S. Meredith (2002) "Achieving sustainability through environmental innovation: the role of SMEs", *International Journal of Technology Management*, Vol.24, No.5-6, pp.612-626.

Bos-Brouwers, H.E.J. (2010) "Corporate Sustainability and Innovation in SMEs: Evidence of Themes and Activities in Practice", *Business Strategy and the Environment*, Vol.19, pp.417-435.

Botkin, D.B., and E.A. Keller (2012), *Environmental Science: Earth as a Living Planet*, 8th edition, John Wiley & Sons Ltd.

Brammer, S., S. Hoejmose, and K. Marchant (2012) "Environmental Management in SMEs in the UK: Practices, Pressures and Perceived Benefits", *Business Strategy and the Environment*, Vol.21, No.7, pp.423-434.

Brunswicker, S., and V, van de Vrande (2014) "7. Exploring Open Innovation in Small and Medium-Sized Enterprises", in Chesbrough, H., W. Vanhaverbeke, and J. West (eds.) *New Frontiers in Open Innvation*, Oxford University Press.

参考文献

Burke, S., and W.F. Gaughran,（2006）"Intelligent environmental management for SMEs in manufacturing", *Robotics and Computer-Integrated Manufacturing*, Vol.22, No.5-6, pp.566-575.

Burke, S., and W. F. Gaughran（2007）"Developing a framework for sustainability management in engineering SMEs", *Robotics and Computer-Integrated Manufacturing*, Vol.23, No.6, pp.696-703.

Cambra-Fierro, J., S. Hart, and Y. Polo-Redondo（2008）"Environmental respect: Ethics or simply business? A study in the Small and Medium Enterprise (SME) context", *Journal of Business Ethics*, Vol.82, No.3, pp.645-656.

Cassells, S., and K. Lewis（2011）"SMEs and environmental responsibility: Do actions reflect attitudes?", *Corporate Social Responsibility and Environmental Management*, Vol.18, No.3, pp.186-199.

Chesbrough, H. W.（2003）*Open Innovation: The New Imperative for Creating and Profiting from Technology*, Harvard Business School Corporation.（ヘンリー・チェスブロウ著，大前恵一朗訳『OPEN INNOVATION―ハーバード流イノベーション戦略のすべて』産業能率大学出版部，2004年）

Clarke, J.（2004）"Trade associations: An appropriate channel for developing sustainable practice in SMEs", *Journal of Sustainable Tourism*, Vol.12, No.3, pp.194-208.

Clement, K., and M. Hansen（2003）"Financial incentives to improve environmental performance: A review of nordic public sector support for SMEs", *European Environment*, Vol.13, No.1, pp.34-47.

Cloquell-Ballester, V.-A., R. Monterde-Díaz,, V.-A. Cloquell-Ballester, and A.d.C. Torres-Sibille（2008）"Environmental education for small- and medium-sized enterprises: Methodology and e-learning experience in the Valencian region", *Journal of Environmental Management*, Vol.87, No.3, pp.507-520.

Cordano, M., R.S. Marshall, and M. Silverman（2010）"How do Small and Medium Enterprises Go "Green"? A Study of Environmental Management Programs in the U.S. Wine Industry", *Journal of Business Ethics*, Vol.92, No.3, pp 463-478.

Cuerva, M.C., Á. Triguero-Cano, and D. Córcoles（2014）"Drivers of green and non-green innovation: Empirical evidence in Low-Tech SMEs", *Journal of Cleaner Production*, Vol.68, pp.104-113.

der Brío, J. Á and B. Junquera（2003）"A review of the literature on environmental innovation management in SMEs: implications for public policies", *Technovation*, Vol.23, pp.939-948.

Evans, T. P. and H. Kelley（2004）"Multi-scale analysis of a household level agent-based model of landcover change," *Journal of Environmental Management*, Vol.72, No.1-2, pp.57-72.

Elkington, J.（1999）*Cannibals with Forks: Triple Bottom Line of 21st Century Business*, Capstone Publishing Ltd.

Epstein, M. J. and M.-J. Roy（1997）"Strategic Learning through Corporate Environmental Management: Implementing the ISO14001 Standard," *INSEAD, Center for the Management of Environmental Resources, Working Papers*, 97/61/AC.

Epstein, M. J. and M.-J. Roy（2000）"Strategic evaluation of environmental projects in SMEs",

Environmental Quality Management, Vol.9, No.3, pp.37-47.
Esty, D. C., and A. S. Winston, (2006) *Green to Gold: How Smart Companies Use Environmental Strategy to Innovate, Create Value, and Build Competitive Advantage*, Yale University Press. (ダニエル C.エスティ, アンドリュー S.ウインストン著, 村井 章子訳『グリーン・トゥ・ゴールド 企業に高収益をもたらす「環境マネジメント」戦略』アスペクト, 2008年)
Fernández-Viñé, M.B., T. Gómez-Navarro, and S.F. Capuz-Rizo (2013) "Assessment of the public administration tools for the improvement of the eco-efficiency of Small and Medium Sized Enterprises", *Journal of Cleaner Production*, Vol.47, pp.265-273.
Friedman, A. L., and S. Miles (2002) "SMEs and the environment: evaluating dissemination routes and handholding levels", *Business Strategy and the Environment*, Vol.11, No.5, pp.324-341.
Furukawa, S., and N. Odake (2010) "An analysis of eco-efficiency diffusion policy programs implementation in Japan: A case study of two European programs enhancing SMEs through environmental approaches", *2010 IEEE Nanotechnology Materials and Devices Conference*, NMDC2010, art. No.5652295, pp.235-240.
Gadenme, D. L., J. Kennedy and G. McKeiver (2009) "An Empirical Study of Environmental Awareness and Practices in SMEs", *Journal of Business Ethics*, Vol.84, No.1, pp 45-63.
González-Benito, J. and Ó. González-Benito (2006) "A Review of Determinant Factors of Environmental Proactivity", *Business Strategy and the Environment*, Vol.15, pp.87-102.
Granek, F., and M. Hassanali (2006) "The Toronto Region Sustainability Program: Insights on the adoption of pollution prevention practices by small to medium-sized manufacturers in the Greater Toronto Area (GTA)", *Journal of Cleaner Production*, Vol.14, No.6-7, pp.572-579.
Granly, B.M., and T. Welo (2014) "EMS and sustainability: Experiences with ISO 14001 and Eco-Lighthouse in Norwegian metal processing SMEs", *Journal of Cleaner Production*, Vol.64, pp.194-204.
Guében, C., and R.G. Skerratt (2007) "SMEs and environmental communications: Motivations and barriers to environmental reporting", *International Journal of Environment and Sustainable Development*, Vol.6, No.1, pp.1-16.
Haden, S. S. P., Oyler, J. D. and J. H. Humphreys (2009) "Historical, practical and theoretical perspectives on green management: An exploratory analysis", *Management Decision*, Vol.47, No.7, pp.1041-1055.
Halila, F. (2007) "Networks as a means of supporting the adoption of organizational innovations in SMEs: the case of Environmental Management Systems (EMSs) based on ISO 14001", *Corporate Social Responsibility and Environmental* Management, Vol.14, No.3, pp.167-181.
Hansen, O.E., B. Sondergard, and S. Meredith (2002) "Environmental innovations in small and medium sized enterprises", *Technology Analysis and Strategic Management*, Vol.14, No.1, pp.37-56.
Hardin, G. (1968) "The Tragedy of the Commons," *Science*, Vol.162, pp.1243-1248.
He, G., L. Zhang, A.P.J. Mol, T. Wang, and Y. Lu (2014) "Why small and medium chemical companies continue to pose severe environmental risks in rural China", *Environmental Pollution*, Vol.185, pp.158-167.

参考文献

Heckbert, S., B. Tim, and A. Reeson (2010) "Agent-based modeling in ecological economics," *Annuals of the New York Academy of Sciences, Issue: Ecological Economics Reviews*, Vol.1185, pp.39-53.

Heras, I., and G. Arana (2010) "Alternative models for environmental management in SMEs: the case of Ekoscan vs. ISO 14001", *Journal of Cleaner Production*, Vol.18, No.8, pp.726-735.

Hillary, R. (ed.) (2000) *Small and medium-sized enterprises and the environment: business imperatives*, Greenleaf Publishing Limited.

Hillary, R. (2004) "Environmental management systems and the smaller enterprise", *Journal of Cleaner Production*, Vol.12, No.6, pp.561-569.

Hitchens, D., M. Trainor, J. Clausen, S. Thankappan and B. de Marchi (eds.) (2003) *Small and Medium Sized Companies in Europe: Environmental Performance, Competitiveness and Management: International EU Case Studies*, Springer, GW

Hitchens, D., J. Clausen, M. Trainor, M. Keil and S. Thankappan (2003) "Competitiveness, Environmental Performance and Management of SMEs", *Green Management International*, Vol.44, pp.45-57.

Holt, D., S. Anthony, and H. Viney (2000) "Supporting Environmental Improvements in Small and Medium-Sized Enterprises in the UK", *Greener Management International*, Vol.30, pp.29-49.

Horváth, P., S. Berlin, and J.M. Pütter (2014) "Environmental management control systems in smes-an implementation schedule", *Studies in Managerial and Financial Accounting*, Vol.28, pp.53-79.

Howarth, R., and J. Fredericks (2012) "Sustainable SME practice: A reflection on supply-chain environmental management intervention", *Management of Environmental Quality*, Vol.23, No.6, pp.673-685.

Howgrave-Graham, A., and R. van Berkel (2007) "Assessment of cleaner production uptake: method development and trial with small businesses in Western Australia", Journal of Cleaner Production, Vol.15, No.8-9, pp.787-797.

Hutchinson, A., and F. Hutchinson (1995) "Sustainable regeneration of the UK's small and medium-sized enterprise sector: some implications of SME response to BS 7750", Greener *Management International*, Vol.9, pp.73-84.

Janssen, M. A., and W. Jager (2002) "Simulating diffusion of green products: Co-evolution between firms and consumers," *Journal of Evolutionary Economics*, Vol.12, pp.283-306.

Kess, P., K. Phusavat, and P. Jaiwong (2009) "External knowledge: The viewpoints from SMEs on organisational life cycles", *International Journal of Innovation and Learning*, Vol.6, No.1, pp.1-14.

Kiesling, E., M. Gunther, C. Stummer, and L. M. Wakolbinder (2012) "Agent-based simulation of innovation diffusion : a review", *Central European Journal of Operations Research*, Vol.20, No.2, pp.183-230.

Klewitz, J. and E. G. Hansen (2014) "Sustainability-oriented innovation of SMEs: a systematic review", *Journal of Cleaner Production*, Vol.65, pp.57-75.

Kurczewski, P. (2014) "Life cycle thinking in small and medium enterprises: The results of research on the implementation of life cycle tools in Polish SMEs - Part 1:", *International Journal of Life Cycle Assessment*, Vol.19, No.3, pp.593-600.

Kuscsik, Z., D. Holvath, and M. Gmitra (2007) "The critical properties of the agent-based model with environmental-economic interaction," *Physica A*, Vol.379, pp.199-206.

Lee, K.-H. (2009) "Why and how to adopt green management into business organizations? The case study of Korean SMEs in manufacturing industry", *Management Decision*, Vol.47, No.7, pp.1101-1121.

Lee, S.M., S.T. Kim, and D. Choi, D (2012) "Green supply chain management and organizational performance", *Industrial Management and Data Systems*, Vol.112, No.8, pp.1148-1180.

Lee, S.-Y., and R.D. Klassen (2008) "Drivers and enablers that foster environmental management capabilities in small- and medium-sized suppliers in supply chains", *Production and Management*, Vol.17, No.6, pp.573-586.

Lefebvre, É., L. A. Lefebvre, and S. Talbot (2003) "Determinants and impacts of environmental performance in SMEs", *R&D Management*, Vol.33 No.3, pp.263-283.

Lin, L.-H., and J.-F. Lan, (2013) "Green supply chain management for the SME automotive suppliers", *International Journal of Automotive Technology and Management*, Vol.13, No.4, pp.372-390.

London, T., and S. L. Hart (2010) *Next Generation Business Strategies for the Base of the Pyramid: New Approaches for Building Mutual Value*, FT Press. (テッド・ロンドン, スチュアート・L・ハート (編著), 清川幸美 (訳)『BOPビジネス 市場共創の戦略』英治出版, 2011年)

Luken, R. and R. Stares (2005) "Small Business Responsibility in Developing Countries: A Threat or an Opportunity?", *Business Strategy and the Environment*, Vol.14, pp.38-53.

Lynch-Wood, G., and D. Williamson (2014) "Civil Regulation, the Environment and the Compliance Orientations of SMEs", *Journal of Business Ethics*, Vol.125, pp.467-480.

Madsen, H., K. Sinding, and J. P. Ulhoi (1997) "Sustainability and corporate environmental focus: An analysis of Danish small and medium sized companies", *Managerial & Decision Economics*, Vol.18 No.6, pp.443-453.

Matthews, R. B., N. G. Gilbert, A. Roach, J. G. Polhill, and N. M. Gotts (2007) "Agent-based land-use models: a review of applications," *Landscape Ecology*, Vol.22, No.10, pp.1447-1459.

Meité, V., J. Baeyens, and R. Dewil (2009) "Towards safety, hygiene and environmental (SHE) management in African small and medium companies", *Journal of Environmental Management*, Vol.90, No.3, pp.1463-1468.

Merritt, J. Q. (1998) "EM into SME won't go? Attitudes, awareness and practices in the London Borough of Croydon", *Business Strategy and the Environment*, Vol.7, No.2, pp.90–100.

Mosler, H.-J., and T. Martens (2007) "Designing environmental campaigns by using agent-based simulations: Strategies for changing environmental attitudes," Journal of *Environmental Management*, Vol.88, pp.805-816.

Noci, G., and R. Verganti (1999) "Managing 'green' product innovation in small firms", *R&D Management*, Vol.29, No.1, pp.3-15.

参考文献

OECD（1999）*The Environmental Goods & Services Industry.*
Ottman, J. A., E. R. Stafford, and C. L. Hartman（2006）"Avoiding Green Marketing Myopia: Ways to Improve Consumer Appeal for Environmentally Preferable Products", *Environment*, Vol.48, No.5, pp.23-36.
Ottman, J. A.（2011）*The New Rules of Green Marketing: Strategies, Tools, and Inspiration for Sustainable Branding*, Berrett-Koehler Publishers.
Oxborrow, L., and C. Brindley（2013）"Adoption of 'eco-advantage' by SMEs: Emerging opportunities and constraints", *European Journal of Innovation Management*, Vol.16, No.3, pp.355-375.
Parker, D. C., S. M. Manson, M. A. Janssen, M. J. Hoffmann, and P. Deadman（2003）"Multi-agent systems for the simulation of land-use and land-cover change: a review," *Annals of the Association of American Geographers*, Vol.93, pp.316-340
Parker, C. M., J. Redmond, and M. Simpson（2009）"A review of interventions to encourage SMEs to make environmental improvements," *Environment and Planning C: Government and Policy*, Vol.27, pp.279-301.
Patton, D., and I. Worthington（2003）"SMEs and environmental regulations: A study of the UK screen-printing sector", *Environment and Planning C: Government and Policy*, Vol.21, No.4, pp.549-566.
Peters, M. and R. K. Turner（2004）"SME Environmental Attitudes and Participation in Local-scale Voluntary Initiatives: Some Practical Applications", *Journal of Environmental Planning and Management*, Vol.47, No.3, pp.449-473.
Petts, J., A. Herd, and M. O'Heocha（1998）"Environmental responsiveness, individuals and organizational learning: SME experience", *Journal of Environmental Planning and Management*, Vol.41, No.6, pp.711-730.
Petts, J., A. Herd, S. Gerrard and C. Home（1999）"The Climate and Culture of Environmental Compliance within SMEs", *Business Strategy and the Environment*, Vol.8, pp.14-30.
Petts, J.（2000）"The Regulator-Regulated Relationship and Environmental Protection: Perceptions in Small and Medium-Sized Enterprises", *Environment and Planning C: Government and Policy*. Vol.18, No.2, pp.191-206.
Porter, M. E., and M. R. Kramer（2006）"Strategy & Society: The Link between Competitive Advantage and Corporate Social Responsibility", *Harvard Business Review*, December 2006. （マイケル E. ポーター, マーク R. クラマー「競争優位のCSR戦略」ダイヤモンド Harvard Business Review, 2008年1月号）
Porter, M. E., and M. R. Kramer（2011）"Creating Shared Value: How to reinvent capitalism -- and unleash a wave of innovation and growth", *Harvard Business Review*, January-February, 2011.（マイケル E. ポーター, マーク R. クラマー「Creating Shared Value：経済的価値と社会的価値を同時実現する共通価値の戦略」『ダイヤモンドHarvard Business Review』2011年6月号）
Rao, P., O. La O' Castillo, P.S. Intal Jr., and A. Sajid（2006）"Environmental indicators for small and medium enterprises in the Philippines: An empirical research", *Journal of Cleaner Production*, Vol.14, No.5, pp.505-515.

Rao, P., A.K. Singh, O. La O'Castillo, P.S. Intal Jr., and A. Sajid (2009) "A metric for corporate environmental indicators for small and medium enterprises in the Philippines", *Business Strategy and the Environment*, Vol.18, No.1, pp.14-31.

Reed, M. S. (2008) "Stakeholder participation for environmental management", *Biological Conservation*, Vol.141, pp.2417-2431.

Revell, A., and B. Rutherfoord (2003) "UK Environmental Policy and the Small Firm: Broadening the Focus", *Business Strategy and the Environment*, Vol.12, pp.26-35.

Revell, A., and B. Blackburn (2007) "The business case for sustainability? An examination of small firms in the UK's construction and restaurant sectors", *Business Strategy and the Environment*, Vol.16, No.6, pp.404-420.

Rodgers, C. (2010) "Sustainable entrepreneurship in SMEs: A case study analysis", *Corporate Social Responsibility and Environmental Management*, Vol.17, No.3, pp.125-132.

Rogers, E. M. (2003) *Diffusion of Innovations 5th edition*, Free Press. (邦訳:三藤利雄訳『イノベーションの普及』翔泳社, 2007年)

Schaltegger, S., R. Burritt, and H. Petersen (2003) "13. Corporate Environmental Strategies", *An Introduction to Corporate Environmental Management: Striving for Sustainability*, Greenleaf Publishing.

Schroll, A. and A. Mild (2012) "A critical review of empirical research on open innovation adoption", *Journal für Betriebswirtsch*, Vol.62, pp.85-118.

Schumpeter, J.A. (1926) *Theorie der Wirtschaftlichen Entwicklung, 2*, Aufl., (シュムペーター著, 塩野谷祐一・中山伊知郎・東畑精一訳『経済発展の理論』岩波文庫, 1977年).

Schwoon, M. (2006) "Simulating the adoption of fuel cell vehicles," *Journal of Evolutionary Economics*, Vol.16, pp.435-472.

Seiffert, M.E.B. (2008) "Environmental impact evaluation using a cooperative model for implementing EMS (ISO 14001) in small and medium-sized enterprises", *Journal of Cleaner Production*, Vol.16, No.14, pp.1447-1461.

Senge, P., B. Smith, N. Kruschwitz, J. Laur, and S. Schley (2008) *The Necessary Revolution: How Individuals and Organizations Are Working Together to Create a Sustainable World*, Nicholas Brealey Publishing. (ピーター・センゲ他著, 有賀裕子訳『持続可能な未来へ組織と個人による変革』日本経済新聞出版社, 2010年).

Shearlock, C., P. Hooper, and S. Millington (2000) "Environmental Improvements in Small and Medium-Sized Enterprises", *Greener Management International*, Vol.30, pp.50-60.

Simpson, M., N. Taylor and K. Barker (2004) "Environmental responsibility in SMEs: does it deliver competitive advantage?", *Business Strategy and the Environment*, Vol.13, No.3, pp.156-171.

Squazzoni, F. (2010) "The impact of agent-based models in the social sciences after 15 years of incursions", *History of Economic Ideas*, Vol.18, No.2, pp.197-234.

Stewart, H., and R. Gapp, R. (2014) "Achieving effective sustainable management: A small-medium enterprise case study", *Corporate Social Responsibility and Environmental Management*, Vol.21, No.1, pp.52-64.

Studer, S., S. Tsang, R. Welford, and P. Hills (2008) "SMEs and voluntary environmental initiatives: A study of stakeholders' perspectives in Hong Kong", *Journal of Environmental Planning and Management*, Vol.51, No.2, pp.285-301.

Taylor, N., K. Barker, and M. Simpson (2003) "Achieving 'sustainable business': a study of perceptions of environmental best practice by SMEs in South Yorkshire", *Environment and Planning C: Government and Policy*, Vol.21, No.1, pp.89-105.

Triguero, A., L. Moreno-Mondéjar, and M.A. Davia (2013) "Drivers of different types of eco-innovation in European SMEs", *Ecological Economics*, Vol.92, pp.25-33.

Uhlaner, L.M., M.M. Berent-Braun, R.J.M. Jeurissen, and G. de Wit (2012) "Beyond Size: Predicting Engagement in Environmental Management Practices of Dutch SME", *Journal of Business Ethics*, Vol.109, No.4, pp.411-429.

UNEP International Panel for Sustainable Resource Management (2010), *Metal Stocks in Society, Scientific Synthesis*. (日本語版：国連環境計画・持続可能な資源管理に関する国際パネル, 環境省仮訳『金属の社会蓄積量　科学的総合報告書』)

UNEP International Panel for Sustainable Resource Management (2012), *Measuring Water Use in A Green Economy*.

van Berkel, R. (2007) "Cleaner production and eco-efficiency in Australian small firms", *International Journal of Environmental Technology and Management*, Vol.7, No.5-6, pp.672-693.

van Hemel, C., and J. Cramer (2002) "Barriers and stimuli for ecodesign in SMEs", *Journal of Cleaner Production*, Vol.10, No.5, pp.439-453.

von Malmborg, F. B. (2002) "Environmental management systems, communicative action and organizational learning", *Business Strategy and the Environment*, Vol.11, No.5, pp.312-323.

Walker, H., and L. Preuss (2008) "Fostering sustainability through sourcing from small businesses: public sector perspectives", *Journal of Cleaner Production*, Vol.16, No.15, pp.1600-1609.

Wang, H.-F. and S. M. Gupta (2011) *Green Supply Chain Management: Product Life Cycle Approach*, McGraw-Hill Professiona.

Wells, R.P., and D. Galbraith (1999) "Proyecto Guadalajara: Promoting sustainable development through the adoption of ISO 14001 by small and medium-sized enterprises", *Greener Management International*, Vol.28, pp.90-102.

Weng, M.-H., and C.-Y. Lin (2011) "Determinants of green innovation adoption for small and medium-size enterprises (SMES)", *African Journal of Business Management*, Vol.5, No.22, pp.9154-91.

West, J., A. Salter, W. Vanhaverbeke, and H. Chesbrough (2014) "Open Innovation: The Next Decade", *Research Policy*, Vol.43, No.5, pp.805-811.

Williams, S. and A. Schaefer (2013) "Small and Medium Sized Enterprises and Sustainability: Managers' Values and Engagement with Environmental Climate Change Issues", *Business Strategy* and the Environment, Vol.22, pp.173-186.

Williamson, D., and G. Lynch-Wood (2001) "A new paradigm for SME environmental practice", *TQM Magazine*, Vol.13, No.6, pp.424-432.

Williamson D., G. Lynch-Wood, and J. Ramsay (2006) "Drivers of Environmental Behavior in

Manufacruring SMEs and the Implications for CSR", *Journal of Business Ethics*, Vol.67, pp.317-330.

Wilson, C.D.H., I.D. Williams and S. Kemp (2012) "An evaluation of the impact and effectiveness of environmental legislation in small and medium-sized enterprises: Experiences from the UK", *Business Strategy and the Environment*, Vol.21, No.3, pp.141-156.

World Commission on Environment and Development (WCED) (1987) *Our Common Future*, Oxford University Press, USA. (邦訳:環境と開発に関する世界委員会著・大来佐武郎監修, 『地球の未来を守るために』福武書店, 1987年)

Worthington, I., and D. Patton (2005) "Strategic Intent in the Management of the Green Environment within SMEs", *Long Range Planning*, Vol.38, pp.197-212.

Zackrisson, M., C. Rocha, K. Christiansen, and A. Jarnehammar (2008) "Stepwise environmental product declarations: ten SME case studies", *Journal of Cleaner Production*, Vol.16, No.17, pp.1872-1886.

Zaima, K. (2005) "Effects of structural and behavioral strategies toward the environmentally conscious society: Agent-Based Approach," in T. Terano, H. Kita, T. Kaneda, K. Arai, and H. Deguchi (eds.) *Agent-Based Simulation From Modeling Methodologies to Real-World Applications*, pp.233-246, Springer-Verlag Tokyo.

Zaima, K. (2006) "Agent-based simulation on the diffusion of research and development for environmentally conscious products," in K. Arai, H. Deguchi, and H. Matsui (eds.), *Agent-Based Modeling Meets Gaming Simulation*, pp.119-138, Springer-Verlag Tokyo.

Zaima, K. (2013) "Conditions to Diffuse Green Management into SMEs and the Role of Knowledge Support: Agent-Based Modeling,*"Journal of Advanced Computational Intelligence & Intelligent Informatics*, Vol.17, No.2, pp.252-262.

Zaima, K., H. Deguchi, and H. Lee (2015) "A Methodology for Environmental Information System Based on Multi-dimensional Bookkeeping System for Material & Service Accounts", *Proceedings of 2015 IEEE/SICE International Symposium on System Integration*, December 11-13, Meijo University, Nagoya, Japan.

Zhang, B., J. Bi, Z. Yuan, J. Ge, B. Liu, and M. Bu (2008) "Why do firms engage in environmental management? An empirical study in China", *Journal of Cleaner Production*, Vol.16, No.10, pp.1036-1045.

Zhang, T., G., Sonja and R. Garcia (2011) "A study of the diffusion of alternative fuel vehicles: An agent-based modeling approach," *Journal of Product Innovation Management*, Vol.28, pp.152-168.

Zorpas, A. (2010) "Environmental management systems as sustainable tools in the way of life for the SMEs and VSMEs", *Bioresource Technology*, Vol.101, No.6, pp.1544-1557.

石川憲昭(2012)「環境ビジネスを絶対成功に導く市場探索と感性価値と協力関係」『近代中小企業』2012年2月号, pp.8-12.

伊丹敬之・加護野忠男(2003)『ゼミナール経営学 第3版』日本経済新聞社.

伊丹敬之・軽部 大(2004)『見えざる資産の戦略と論理』日本経済新聞社

伊藤誠悟（2015）「8　中小企業　経営資源の制約を乗り越える」米倉誠一郎・清水　洋編『オープン・イノベーションのマネジメント』有斐閣．
上島東一郎（2006）「株式会社モリカワ　中小企業・ベンチャー企業の成長戦略～環境ビジネスへの挑戦～」『テクノロジーマネジメント』2006/10，pp.34-39．
植田和弘（1996）『環境経済学』岩波書店．
大沼　進（2007）『人はどのような環境問題解決を望むのか―社会的ジレンマからのアプローチ』ナカニシヤ出版．
カーボン・ディスクロージャー・プロジェクト（Carbon Disclosure Project, CDP）（2012）『CDPジャパン500気候変動レポート2012　レジリエンスを再考し事業を変革すべき時』
加護野忠男・吉村典久（2006）『1からの経営学』中央経済社．
環境庁（1992）『環境白書　平成4年版』
環境省（2001）『環境白書　平成13年版』
環境省（2003）『環境白書　平成15年版』
環境省（2004）『平成15年度　環境にやさしい企業行動調査　調査結果』平成16年9月
環境省（2012）『環境白書　平成24年版』
関東経済産業局（2010）『広域関東圏における中小企業の省エネルギー推進に関する調査報告書』
関東経済産業局（2013）『中小企業向け　経営改善事例集　～環境視点が企業を変革する～中小企業向け環境視点による　経営改善テクニック集　基本編・実務編』
機械振興協会経済研究所（2004）『中小企業における環境ビジネスの現状分析と発展課題－環境負荷低減型社会に向けた中小製造業の新市場創造』
機械振興協会経済研究所（2006）『中小製造業におけるエコ・イノベーションの創造と戦略経営の課題』
岸川善光（編著）（2010）『エコビジネス特論』学文社．
京都産業エコ・エネルギー推進機構（2014）『平成25年度　中小事業者等　省エネ・節電診断事業　事例集』
金原達夫・金子慎治（2005）『環境経営の分析』白桃書房．
倉阪秀史（2015）『環境政策論　第3版』信山社．
倉田健児（2006）『環境経営のルーツを求めて　「環境マネジメントシステム」という考え方の意義と将来』社団法人産業環境管理協会．
黒澤正一（2001）『ISO14001を学ぶ人のために―環境マネジメント・環境監査入門』ミネルヴァ書房．
黒澤正一（2005）『ISO14001　やさしいガイドブック』ナカニシヤ出版．
広域関東圏産業活性化センター（2005）『中小製造業の環境経営化による企業競争力に関する調査　調査報告書』
國部克彦（2011）『環境経営意思決定を支援する会計システム』中央経済社．
國部克彦・伊坪徳宏・水口　剛（2012）『環境経営・会計 第2版』有斐閣．
國部克彦（編著）（2013）『社会環境情報ディスクロージャーの展開』中央経済社．
在間敬子（2001）「環境マネジメントシステムと組織学習：株式会社島津製作所の事例から」『経済論叢』第168巻第5・6号，pp.61-79．
在間敬子（2003）「企業組織と環境保全活動：株式会社島津製作所の事例を中心に」『調査と

283

研究』第26号,pp.92-110.
在間敬子(2005a)「中小企業の環境対策の現状と課題」『専修大学商学研究年報』第30号,pp.95-120.
在間敬子(2005b)「グリーン圧力が中小企業に及ぼす影響に関する実証分析:機械・金属業のケース」『商工金融』第55巻第11号,pp.21-37.
在間敬子(2007)「中小企業の環境経営の現状と課題:機械・金属業とプラスチック業の業種間比較と経年比較から」『商工金融』第57巻第5号,pp.47-60.
在間敬子(2008a)「第12章.環境マネジメント」『マネジメントを学ぶ』京都産業大学経営学部編,ミネルヴァ書房.
在間敬子(2008b)「中小企業の環境経営推進の条件に関する実証分析:機械・金属業とプラスチック加工業のケース」『社会・経済システム』No.29, pp.67-76.
在間敬子(2008c)「環境配慮型社会をデザインするエージェントベースモデリング:研究の現状と今後の分析課題」『オペレーションズ・リサーチ』Vol.53 No.12, pp.678-685.
在間敬子(2010a)「第1章 社会的ジレンマ解決のための環境コミュニケーション」見目洋子・在間敬子編著『環境コミュニケーションのダイナミズム—市場インセンティブと市民社会への浸透』(改訂版).
在間敬子(2010b)「企業をハブとした家庭でのCO_2削減:事例分析に基づく多様性を含む環境政策デザイン」『進化経済学論集』,第14集(CD-ROM, pp.744-761).
在間敬子(2010c)「中小企業の環境経営に対する支援の現状と課題:地域社会における環境コミュニケーションデザインに向けて」『社会・経済システム』第31号(No.31),pp.45-58.
在間敬子(2011)「第6章 環境ビジネスを活かすソーシャル・ビジネス:「環境+a」の価値を持たせる」大室悦賀・大阪NPOセンター編著『ソーシャル・ビジネス−地域の課題をビジネスで解決する』中央経済社.
在間敬子(2012)「中小企業の環境経営の普及に関するエージェントベースモデリング:方法と分析課題」『進化経済学論集』,第16集(http://jafeeosaka.web.fc2.com/pdf/B3-3zaima2.pdf).
在間敬子(2013)「中小企業の環境ビジネス・イノベーション:成功する企業特性と情報支援の効果」企業と社会フォーラム編『持続可能な発展とイノベーション』(企業と社会フォーラム年報2013),pp.145-185,千倉書房(査読有).
在間敬子(2014)「第4章 水資源の利用政策を考える」「第8章 気候変動政策を考える」「第12章 水資源利用政策を考える」森晶寿他(2014)『環境政策論 政策手段と環境マネジメント』ミネルヴァ書房.
在間敬子(2015)「第10章 企業社会の「つながり」と社会的課題のガバナンス」大室悦賀編『企業と社会』中央経済社.
嵯峨生馬(2011)『プロボノ―新しい社会貢献 新しい働き方』勁草書房.
坂下昭宣(2000)『経営学への招待 改訂版』白桃書房.
商工総合研究所(2011)『中小企業の環境対応』
商工中金調査部(2008)『中小企業の環境問題への取り組みに関する調査 2008年7月調査』
杉浦淳吉(2003)『環境配慮の社会心理学』ナカニシヤ出版.
全国中小企業共済財団(2010)『中小企業における環境対策への意識と取り組み等に関する

調査　調査結果報告書』
高橋由明・鈴木幸毅（編）（2005）『環境問題の経営学』ミネルヴァ書房．
武石　彰（2012）「オープン・イノベーション：成功のメカニズムと課題」『一橋ビジネスレビュー』60巻2号，pp.16-26．
谷本寛治（編著）（2004）『CSR経営　企業の社会的責任とステイクホルダー』中央経済社．
谷本寛治（2006）『CSR　企業と社会を考える』　NTT出版．
谷本寛治（2006）『ソーシャル・エンタープライズ―社会的企業の台頭』中央経済社．
谷本寛治編著（2012）「序章：持続可能な発展とマルチ・ステイクホルダー」企業と社会フォーラム編『持続可能な発展とマルチ・ステイクホルダー』千倉書房．
中小企業基盤整備機構（2010）『中小機構調査レポートNo.6　中小企業の環境ビジネス参入に関わる短期調査』
中小企業金融公庫総合研究所（2005）『中小企業のエコビジネスチャンス』
中小企業金融公庫調査部（1994）『再資源化を考慮した製品へのシフトと中小企業の対応』
中小企業金融公庫調査部（1998）『廃棄物処理とリサイクルビジネスにおける中小企業の動向』
中小企業研究センター（2002）『中小企業の環境経営戦略―ISO14001認証取得の現状と課題―』同友館．
中小企業庁（2010）『中小企業白書（2010年版）』平成22年4月．
中小企業庁（2012）『中小企業白書（2012年版）』平成24年4月．
貫　隆夫・奥林康司・稲葉元吉（編）（2003）『環境問題と経営学』中央経済社．
出口　弘（2004）「エージェントベースモデリングによる問題解決―エージェントベース社会システム科学としてのABM―」『オペレーションズ・リサーチ』Vol.49, No.3, pp.161-167．
日経エコロジー（2013）「グリーンウォッシュを防ぐ　環境コミュニケーション，次の一手」『日経エコロジー』2013年3月号．
日経エコロジー編集（2014）『日経エコロジー厳選 環境キーワード事典』日経BP社．
日本政策金融公庫総合研究所（2011）『中小企業による環境問題への対応　～中小企業各層が取り組む環境改善活動の実態～』
日本政策金融公庫総合研究所（2011）『電気自動車をはじめとする自動車産業の新たな展開と部品サプライヤーの動向　～次世代自動車に対応する中小サプライヤーの現状と課題～』
日本政策金融公庫総合研究所（2012）『環境保護機運の高まりに対応して中小企業がとる企業行動の実態　～CO_2削減・省エネ・環境ビジネスに取り組む経営戦略の実例～』
日本政策金融公庫総合研究所（2012）『環境・新エネルギー産業を支える中小企業の技術と新たなビジネスチャンス～太陽電池・風力発電・電気自動車・省エネを支える環境技術の実態～』
日本政策投資銀行国際協力部（2003）『中小企業における環境対策　中央鍍金工業協同組合ケーススタディ』
日本貿易振興機構（2011）『環境ビジネス関連中小企業のグローバル展開に関する調査』
浜銀総合研究所（2011）『中小企業における今後の環境・エネルギー対策に関する対応動向アンケート調査報告書』

浜辺陽一郎（2006）『コンプライアンスの考え方』中公新書.
林　進（1988）「コミュニケーションと人間社会」林進編『コミュニケーション論』有斐閣.
広瀬幸雄（1995）『環境と消費の社会心理学：共益と私益のジレンマ』名古屋大学出版会.
藤井　聡（2003）『社会的ジレンマの処方箋』ナカニシヤ出版.
藤田　誠（2011）『スタンダード経営学』中央経済社.
松下和夫（2002）『環境ガバナンス　市民・企業・自治体・政府の役割』岩波書店.
松下和夫編著（2007）『環境ガバナンス論　市民・企業・自治体・政府の役割』岩波書店.
真鍋誠司・安本雅典（2010）「オープン・イノベーションの諸相－文献サーベイ－」『研究　技術　計画』Vol.25, No.1, pp.8-35.
水口　剛（編著）（2011）『環境と金融・投資の潮流』中央経済社.
水口　剛（2012）「第8章　環境情報開示と環境報告書」, 國部克彦・伊坪徳宏・水口　剛『環境経営・会計 第2版』有斐閣.
森　晶寿・孫　穎・竹歳一紀・在間敬子（2014）『環境政策論』ミネルヴァ書房.
盛山和夫・海野道郎（1991）『秩序問題と社会的ジレンマ』ハーベスト社.
安田三郎（1981）「第1章　相互行為・役割・コミュニケーション」安田三郎他編『基礎社会学　第II巻　社会過程』東洋経済新報社.
山形与志樹・水田秀行（2001）「京都議定書・国際排出量取引のエージェントベースシミュレーション」『オペレーションズ・リサーチ』Vol.46, No.10, pp.555-560.
山岸俊男（1990）『社会的ジレンマのしくみ：「自分ひとりぐらいの心理」の招くもの』サイエンス社.

日経産業新聞　1992年2月4日「大手企業　広がる地球環境憲章　資源の有効利用と廃棄物削減を柱に」
日経産業新聞　1997年11月25日「「環境」が消費者の尺度に　対策で政府を頼るな　株式市場も選別の目」
日経産業新聞　1997年11月25日「「コストに耐える」キヤノン社長」
日経産業新聞　1997年11月27日「環境経営新時代　グローバル化への条件2　技術が決める次の主役　先行投資，世界から注目」
日経産業新聞　1997年11月28日「環境経営新時代3　グローバル化への条件　「株主の目」情報開示迫る」
日経産業新聞　1997年11月28日「企業の環境対策は今1　「再資源化率定めず」半数」
日経産業新聞　1997年12月2日「企業の環境対策は今2　環境経営度調査から　CO_2削減目標策定まず　省エネ投資，大企業に」
日経産業新聞　1997年12月5日「企業の環境対策は今3　環境経営度調査から　国際規格ISO14001取得　積極姿勢6割強」
日経産業新聞　1997年12月5日「企業の環境対策は今4　環境経営度調査から　報告書作成は1割強」
日経産業新聞　1997年12月16日「企業の環境対策は今5　環境経営度調査から　「部品や素材を選別」半数」
日経産業新聞　1998年12月22日「環境経営度調査から　上位10社，『環境会計』で先行　各社，専門組織を拡充」

参考文献

日経産業新聞　1999年12月16日「環境対策は経営の中枢　社員の創意工夫が成果　桜井正光リコー社長」

日経産業新聞　1999年12月21日「第3回環境経営度調査　社内の指揮・体制　非製造業はトップ主導　社内外教育，7割超が実践」

日経産業新聞　2001年12月13日「第5回環境経営度調査　ビジョン　トップ主導が不可欠」

日経産業新聞　2001年12月19日「第5回環境経営度調査から　環境戦略　実践段階へ」

日経産業新聞　2002年12月18日「第6回環境経営度調査5　社員教育　業績反映で意識向上」

日経産業新聞　2003年12月12日「第7回環境経営度調査1　製品対策広がるすそ野　LCA，電機から建設まで」

日経産業新聞　2005年12月9日「環境経営躍進の原動力　現場の知恵全社で共有　専門委設け，事例を発掘　住友電気工業」

日経産業新聞　2006年12月1日「製造業過去10回　総合首位はキヤノン　国際市場で先手　精密機器系が上位」

日経産業新聞　2006年12月1日「製造業首位トヨタ　渡辺社長コメント　様々な角度から技術開発進める」

日経産業新聞　2006年12月25日「第10回環境経営度調査　環境経営総合力の時代　「国際企業」がリードした10年　各国の規制先取り」

日経産業新聞　2007年12月3日「経営トップ自ら方針　製造業総合首位　トヨタ渡辺社長コメント　ハイブリッドの搭載車種倍増へ」

日経産業新聞　2008年12月3日「環境経営度調査　REACH規制　欧州市場攻略のカギ」

日経産業新聞　2008年12月4日「環境経営実力診断　ソニー　製品　再生までエコ徹底　輸送も地球に優しく」

日経産業新聞　2008年12月8日「環境経営実力診断　コニカミノルタ　廃棄ゼロ　海外に「伝道」細やかな改善　省エネも支援」

日経産業新聞　2009年12月3日「第13回環境経営度本社調査　エコ　企業戦略の軸に　世界視野トップ陣頭」

日経産業新聞　2009年12月17日「環境経営度特集　環境対策　手法広がる　ライフサイクルアセスメント」

日経産業新聞　2010年1月12日「パナソニック環境に集中　10年度方針異業種競争に直面　AV・白物省エネ前面」

日経産業新聞　2011年1月5日「企業の環境活動，頭打ち　09年度報告書作成など減少　環境省調査」

日経産業新聞　2011年2月24日「環境経営度特集　低炭素化，経営の根幹へ　トップ関与の動き広がる」

日経産業新聞　2011年7月22日「スマートグリッド　丸紅が統括部署　グループの各部門連携」

日経産業新聞　2011年12月19日「スマートコミュニティー事業　東芝，海外比率6割に　15年度売上高」

日経産業新聞　2012年1月12日「製品の水使用　開発指標に　材料から廃棄まで算定」

日経産業新聞　2012年2月27日「環境経営度特集　トップ主導で一歩先　『社長直轄』半数

287

日経産業新聞　2012年3月14日「日立，2つの戦略本部新設　クラウド・インフラ案件対応」
日経産業新聞　2013年1月28日「第16回環境経営度調査　総合首位の東芝　佐々木社長に聞く　あらゆる製品，環境優位に」
日経産業新聞　2013年2月25日「環境経営度特集　グローバル競争に勝つ　環境経営推進体制　トップが自ら参加」
日経産業新聞　2013年8月23日「コニカミノルタ　部品調達先のCO_2削減工程改善提案　コスト圧縮と両立」
日経産業新聞　2014年1月27日「CO_2幅広く算定5割に　国際競争に不可欠」
日経産業新聞　2014年1月27日「環境経営度調査　生物多様性　影響の定量化　把握進む」
日経産業新聞　2014年1月27日「2年連続首位　東芝の田中社長に聞く　ビジネスとの一体化重視」
日経産業新聞　2014年1月28日「データ　製造業，海外での排出物把握68％」
日経産業新聞　2014年1月28日「攻める企業1　環境経営度調査から　トヨタ　HV電池の再利用促進　グループで仕組み」
日経産業新聞　2014年1月29日「攻める企業2　環境経営度調査から　海外の厳しい基準に対応　リコー，環境ラベルで先行　省エネ・合理性同時に追求」
日経産業新聞　2014年2月3日「データ　製造業77％　生物多様性を推進」
日経産業新聞　2014年2月24日「第17回環境経営度調査　進化するエコ経営　社会問題解決と両輪　市場開く原動力に」
日経産業新聞　2014年2月24日「環境経営度特集　見える化技術後押し　オフィス・店舗　EMS導入　省エネ率先」
日経産業新聞　2014年2月24日「環境経営度特集　年々広がる対象分野　環境経営推進体制　目標設定常識に」
日経産業新聞　2014年2月24日「年々広がる対象分野　水資源対策　製造と非製造で意識に大きな差」
日経産業新聞　2014年2月24日「環境対策隅々に浸透　製品対策　車載廃電池，再利用広がる」
日本経済新聞　2011年9月23日「環境製品「まるごと」提案　売上高3000億円超に　パナソニック，15年度目標」
日本経済新聞　2011年6月2日「環境都市事業　三菱重，受注3兆円に　14年度，収益の柱に育成」
日本経済新聞　2011年11月29日「環境製品「まるごと」の売上高　18年度1兆円に」
日本経済新聞　2012年3月29日「清水建設，エコ事業を社長直轄組織で推進」
日本経済新聞　2014年2月12日「統合報告書　導入企業広がる」
日本経済新聞　2015年2月21日「統合報告書の発行急増　投資家との対話に備え」

索　引

〔英数索引〕

AUDIO分析 ………………………… 78
BOPビジネス ……………………… 42
CSV（Creating Shared Value）…… 34
ESG（環境・社会・ガバナンス）… 43
IPO分析 …………………………… 74
ISO14001 ………………………… 61
KES ………………………………… 66
LCA ………………………………… 40
LOHAS（ロハス） ………………… 42
PDCA ……………………………… 65
REACH規制 ……………………… 93
RoHS指令 ………………………… 86
SRI（社会的責任投資）ファンド … 43

〔和文索引〕

あ行

アウトバウンド型………………… 257
イノベーション…………………… 12
イノベーション普及……………… 12
インバウンド型…………………… 257
エージェントベースモデリング… 214
エコアクション21………………… 66
エコステージ……………………… 66
エコファンド……………………… 43
オープン・イノベーション……… 255
温室効果ガス（GHG）プロトコル
　　　　………………………………… 43

か行

カーボン・ディスクロージャー・
　プロジェクト………………… 43, 73

化学物質等安全データシート……… 143
革新型戦略………………………… 33
拡大生産者責任…………………… 86
環境汚染物質排出移動登録……… 86
環境会計…………………………… 69
環境格付…………………………… 43
環境価値…………………………… 49
環境監査政策声明………………… 61
環境経営………………………… 2, 9
環境貢献型………………………… 23
環境効率…………………………… 77
環境コスト領域…………………… 35
環境コミュニケーション………… 204
環境コミュニケーションの場…… 204
環境債務…………………………… 70
環境情報…………………………… 69
環境性・社会性・ガバナンス…… 8
環境総合指標……………………… 181
環境適合設計……………………… 41
環境配慮型………………………… 22
環境配慮に関する態度と行動の
　ギャップ………………………… 101
環境配慮要求……………………… 137
環境配慮要求程度………………… 185
環境ビジネス……………………… 22
環境ビジネス領域………………… 36
環境負荷…………………………… 36
環境フットプリント……………… 42
環境ブランド領域………………… 37
環境報告書………………………… 70
環境マーケティング……………… 42
環境マネジメント………………… 1
環境マネジメントシステム……… 58
環境問題解決型…………………… 22

289

環境問題解決支援型………………	22
環境融資………………………………	43
環境ラベル……………………	42, 75
環境リスク領域………………………	36
環境理念………………………………	25
企業外部の要因………………………	27
企業とステイクホルダーの関係……	39
企業内部の要因………………………	27
企業の社会的責任（Corporate Social Responsibility, CSR）………………	9
企業の新たな存在意義………………	48
企業の存在意義………………………	46
基本的活動……………………………	24
共有価値（共通価値）の創造………	34
近視眼的環境マーケティング………	37
グリーンウォッシュ…………………	42
グリーン購入…………………………	41
グリーン・コンシューマ……………	42
グリーン・サプライチェーン・マネジメント…………………………	43
グリーン調達…………………………	41
経営活動のプロセス…………………	20
経営資源………………………………	26
経営者の役割…………………………	27
原単位…………………………………	76
国際標準化機構………………………	60
コミュニケーション…………………	204
コンプライアンス……………………	23

さ行

削減貢献量……………………………	77
事業活動の環境負荷の全体像………	74
資源生産性……………………………	77
自主的アプローチ……………………	62
持続可能性……………………………	6
社会貢献………………………………	20
社会的ジレンマ………………………	3

社会的責任投資………………………	43
情報支援………………………………	170
情報支援の利用………………………	170
情報支援利用程度……………………	187
情報利用………………………………	170
スコープ3……………………………	43
ステイクホルダー………………	25, 38
ステイクホルダーダイアログ………	45
ステイクホルダー・マップ…………	79
製品・サービス・事業………………	20
製品のライフサイクルアセスメント	74
積極型戦略……………………………	33
ソーシャル・ビジネス………………	42
総量……………………………………	76
組織能力………………………………	125
組織の環境影響評価…………………	70

た行

中小企業のオープン・イノベーション……………………………………	258
中小企業の環境ビジネス・イノベーション……………………………	241
中小企業のタイプ……………………	236
中小企業の多様性……………………	133
中小企業の定義………………………	14
統合報告………………………………	43

な行

日経環境経営度調査…………………	85

は行

場………………………………………	204
バルディーズ原則……………………	61
非財務情報……………………………	43
付加価値…………………………	46, 48
プロアクティブ型……………………	121
プロボノ………………………………	45

防衛型戦略……………………… 32

ま行

マテリアル・バランス…………… 70, 74
マテリアルフローコスト会計……… 70
無関心型戦略……………………… 32
無差別型戦略……………………… 32

や行

予防原則…………………………… 61

ら行

ライフサイクルアセスメント…… 40, 70
リアクティブ型………………………… 121
理念的インセンティブ……………… 51
レスポンシブル・ケア……………… 61

〈責任編集者紹介〉

植田　和弘（うえた　かずひろ）
1975年京都大学工学部卒業，大阪大学大学院博士課程修了，ロンドン大学及び未来資源研究所研究員，ダブリン大学客員教授等を経て，現在，京都大学大学院経済学研究科教授及び同地球環境学堂教授。経済学博士，工学博士。CDM and Sustainable Development in China from Japanese Perspectives, Hong Kong University Press, 2012, edition『国民のためのエネルギー原論』（共編著，日本経済新聞出版社，2011年）『サステイナビリティの経済学』（監訳，岩波書店，2007年），『リーディングス環境』全5巻（共編著，有斐閣，2005-6年），『環境経済学』（岩波書店，1996年）他，著書多数。

國部　克彦（こくぶ　かつひこ）
1985年大阪市立大学商学部卒業，同大学院経営学研究科博士課程修了，大阪市立大学助教授，LSE客員研究員，神戸大学助教授等を経て，現在，神戸大学大学院経営学研究科教授。北京理工大学珠海学院客座教授。博士（経営学）。ISO/TC207/WG8議長。『低炭素型サプライチェーン経営』（共編著，中央経済社，2015年），『環境経営意思決定を支援する会計システム』（編著，中央経済社，2011年），『環境経営・会計（第二版）』（共著，有斐閣，2012年），『社会環境情報ディスクロージャーの展開』（編著，中央経済社，2013年）他，著書多数。

《著者紹介》

在間　敬子（ざいま　けいこ）

大阪大学理学部卒業後，東レ株式会社開発研究所で高分子材料研究に携わる。環境問題への関心から市民活動に参加したことがきっかけで，環境情報の提供に関する問題意識が芽生え，研究を志して大学院に進学。
2001年京都大学大学院経済学研究科博士後期課程修了。専修大学商学部講師，同助教授等を経て，現在，京都産業大学経営学部教授。博士（経済学）。
近著に，"Green Management: Environmental-Financial Performance Nexus and Dimensions of Innovation"　企業と社会フォーラム編『持続可能性と戦略』pp. 118-135，千倉書房，2015年　等がある。

環境経営イノベーション⑦
中小企業の環境経営イノベーション

2016年1月20日　第1版第1刷発行

責任編集者　植　田　和　弘
　　　　　　國　部　克　彦
著　者　在　間　敬　子
発行者　山　本　　　継
発行所　㈱中央経済社
発売元　㈱中央経済グループ
　　　　パブリッシング

〒101-0051　東京都千代田区神田神保町1-31-2
電話　03 (3293) 3371 (編集代表)
　　　03 (3293) 3381 (営業代表)
http://www.chuokeizai.co.jp/
印刷／三英印刷㈱
製本／誠　製　本㈱

ⓒ 2016
Printed in Japan

＊頁の「欠落」や「順序違い」などがありましたらお取り替えいたしますので発売元までご送付ください。（送料小社負担）
ISBN978-4-502-16041-7　C3034

JCOPY〈出版者著作権管理機構委託出版物〉本書を無断で複写複製（コピー）することは，著作権法上の例外を除き，禁じられています。本書をコピーされる場合は事前に出版者著作権管理機構（JCOPY）の許諾を受けてください。
JCOPY〈http://www.jcopy.or.jp　eメール：info@jcopy.or.jp　電話：03-3513-6969〉

環境経営イノベーションシリーズ

植田和弘・國部克彦〔責任編集〕 全10巻

環境と経済の両立を実現するためのマネジメント手法である「環境経営」。地球環境問題が喫緊の課題となった今日，環境経営は従来の手法を遥かに超えた次元に到達する必要がある。「環境経営イノベーション」シリーズは，革新的なマネジメント手法とそれを創造するための仕組み作りについての理論・実践方法を追求するとともに，それを支えるマーケットや社会の変革方法についても提言。環境経済と環境経営の架橋ともいうべき待望のシリーズ。

- ◆ 1 **環境経営イノベーションの理論と実践**
  植田和弘・國部克彦・岩田裕樹・大西 靖〔著〕
- ◆ 2 **環境経営の経済分析**
  馬奈木俊介〔著〕
- ◆ 3 **環境と金融・投資の潮流**
  水口 剛〔編著〕
- 4 **企業経営と環境評価**
  栗山浩一〔編著〕
- ◆ 5 **環境経営意思決定を支援する会計システム**
  國部克彦〔編著〕
- ◆ 6 **社会環境情報ディスクロージャーの展開**
  國部克彦〔編著〕
- ◆ 7 **中小企業の環境経営イノベーション**
  在間敬子〔著〕
- 8 **循環型社会と企業システム**
  石川雅紀・小島理沙〔著〕
- 9 **環境マーケティング**
  西尾チヅル〔著〕
- 10 **グリーン・イノベーション**
  植田和弘・島本 実〔編著〕

（◆印＝既刊）

中央経済社